COMPLIANCE, ÉTICA, RESPONSABILIDADE SOCIAL E EMPRESARIAL

Uma Visão Prática

Delação premiada · acordo de leniência · lobby · agentes reguladores · accountability · cultura organizacional · associações de classe

LUIS ROBERTO ANTONIK

COMPLIANCE, ÉTICA, RESPONSABILIDADE SOCIAL E EMPRESARIAL

Uma Visão Prática

ALTA BOOKS
EDITORA
Rio de Janeiro, 2016

Compliance, Ética, Responsabilidade Social e Empresarial — Delação premiada, acordo de leniência, lobby, agentes reguladores, accountability, cultura organizacional e associações de classe

Impresso no Brasil — 1ª Edição, 2016.

Edição revisada conforme Acordo Ortográfico da Língua Portuguesa de 2009.

Produção Editorial	**Supervisão Editorial**	**Design Editorial**	**Captação e Contratação de Obras Nacionais**	**Vendas Atacado e Varejo**
Editora Alta Books	Sergio Luiz de Souza	Aurélio Corrêa	J. A. Rugeri	Daniele Fonseca
Gerência Editorial	**Produtor Editorial**	**Marketing Editorial**	Marco Pace	Viviane Paiva
Anderson Vieira	Claudia Braga	marketing@altabooks.com.br	autoria@altabooks.com.br	comercial@altabooks.com.br
Assistente Editorial	Thiê Alves			**Ouvidoria**
Jessica Carvalho				ouvidoria@altabooks.com.br

Equipe Editorial	Bianca Teodoro Carolina Giannini	Christian Danniel Juliana de Oliveira	Renan Castro Silas Amaro

Revisão Gramatical	**Layout e Diagramação**	**Capa**
Audrey Pereira Vivian Sbravatti	Daniel Vargas	Aurélio Corrêa

Erratas e arquivos de apoio: No site da editora relatamos, com a devida correção, qualquer erro encontrado em nossos livros, bem como disponibilizamos arquivos de apoio se aplicáveis à obra em questão.

Acesse o site www.altabooks.com.br e procure pelo título do livro desejado para ter acesso às erratas, aos arquivos de apoio e/ou a outros conteúdos aplicáveis à obra.

Suporte Técnico: A obra é comercializada na forma em que está, sem direito a suporte técnico ou orientação pessoal/exclusiva ao leitor.

Dados Internacionais de Catalogação na Publicação (CIP)

A635c Antonik, Luis Roberto.
Compliance, ética, responsabilidade social e empresarial : uma visão prática / Luis Roberto Antonik. – Rio de Janeiro, RJ : Alta Books, 2016.
336 p. ; 24 cm.

Inclui índice e apêndice.
ISBN 978-85-7608-968-1

1. Ética empresarial. 2. Ética pública. 3. Associações comerciais - Brasil. 4. Regimes tributários. 5. Compliance - Legislação - Brasil. 6. Governança corporativa. 7. Sustentabilidade. 8. Responsabilidade social. I. Título.

CDU 658:174
CDD 174.4

Índice para catálogo sistemático:
1. Ética empresarial 658:174

(Bibliotecária responsável: Sabrina Leal Araujo – CRB 10/1507)

ALTA BOOKS EDITORA

Rua Viúva Cláudio, 291 — Bairro Industrial do Jacaré
CEP: 20970-031 — Rio de Janeiro
Tels.: 21 3278-8069/8419 Fax: 21 3277-1253
www.altabooks.com.br — e-mail: altabooks@altabooks.com.br
www.facebook.com/altabooks — www.twitter.com/alta_books

"Não precisamos de leis, mas de um banho de ética."

(Marco Aurélio Mello, ministro do STF)

À Dione Patruni, pela amizade, paciência e dedicação.

Sobre o Autor

Luis Roberto Antonik é doutor em Philosophy in Business Administration (Ph.D.) pela Florida Christian University em Orlando, Flórida. É mestre em Gestão Empresarial pela Escola Brasileira de Administração Pública (EBAP), da Fundação Getulio Vargas do Rio de Janeiro. Graduado em Geografia, Ciências Econômicas e Administração. Autor de vários livros nas áreas de finanças, Matemática comercial e Filosofia.

É professor e executivo.

Agradecimentos

Aos meus professores Benedito Cabral de Medeiros Filho, Ph.D., P.D., C.; Fernando Pianaro, Ph.D., P.D.; e Anthony Portigliatti, Ph.D. Ao engenheiro Luiz Nicolaewsky, pela sempre presente ajuda e orientação.

À jornalista Kennia Rodrigues, pela inestimável ajuda na pesquisa, contextualização e correção dos textos.

Ao jornalista Paulo Henrique de Castro, pelas incansáveis revisões dos conteúdos, pela correção dos textos, formatação e estruturação do livro.

Sumário

Algumas Considerações Sobre Este Livro

Sobre este livro

Se você trabalha na área de negócios, numa companhia minimamente organizada, provavelmente tenha acesso a todas as informações necessárias sobre o comportamento das organizações. As organizações são as pessoas que as representam e eticamente assumem o papel dos donos ou dos acionistas. O respeito destes às regras mínimas exigidas pela sociedade, no aspecto moral e dos bons costumes, permeará a empresa e seus empregados e logo chegará aos clientes, criando um ambiente de confiança mútua e de responsabilidade conjugada pelo serviço prestado ou pelo produto fabricado. Sinceramente, duvido que leia este livro de uma capa à outra. Pensando nisso, procurei dar ao leitor a possibilidade de "pular" assuntos que julga dominar ou que considere menos importantes. Aliás, esta modalidade é característica dos livros da Editora Alta Books. Os capítulos são divididos em partes distintas entre si; entretanto, formam um conjunto lógico e encadeado de conhecimentos.

Convenções Usadas Neste Livro

Este livro foi escrito para ser de fácil leitura e entendimento. Os temas abordados são de extrema aplicação no trabalho, independentemente da área de atuação. Os assuntos são citados diariamente em revistas e jornais, não apenas nos especializados, mas em todos os gêneros.

Curiosamente, mesmo a ética sendo tão enfatizada neste início de terceiro milênio, os problemas ligados às organizações se multiplicam no mundo inteiro e assumem as primeiras páginas dos jornais. No Brasil, onde a questão é endêmica e beira os limites epidemiológicos, o assunto merece um destaque especial.

Para ler este livro, não há necessidade de consultar um dicionário, pois todas as citações, nomes, siglas e significados são explicados detalhadamente, de modo que qualquer leigo possa ler os textos e entendê-los. As explicações mais elaboradas estão dispostas ao longo do texto ou no índice remissivo.

Todas as figuras, gráficos e esquemas apresentados foram elaborados pelo próprio autor.

O Que Você Não Deve Ler

A ética empresarial é abordada de modo gradativo e completo neste livro. Antes de falar em ética, discorro sobre organizações e formas de estruturação permitidas pela legislação brasileira, como a empresa individual, as companhias limitadas, as sociedades anônimas e suas respectivas opções tributárias. Este tema assume enorme importância diante da complexa estrutura fiscal dentro da legislação brasileira. Em seguida, faço uma breve revisão sobre as estruturas administrativas e as formas de organização departamentalizadas.

Ao trabalhar com a matéria fim deste livro, você poderá encontrar assuntos dos quais não se lembre mais. Pensando nisso, procurei citar referências bibliográficas para possibilitar um complemento teórico.

A minha experiência como professor diz que conhecer assuntos complementares à ética empresarial é importante. No entanto, diante da premência do tempo, defendo que devemos ler apenas o necessário.

Só de Passagem

Acredito que separar minhas experiências e colocações daquilo que poderia ser considerado tolo é difícil. Ou melhor, algo abordado neste livro pode ser considerado inútil para alguns, mas não para outros (os meus anos de vivência na área podem provar que são importantes).

Empresas éticas são confiáveis e os empregados gostam de trabalhar nelas, pois sabem que, em qualquer circunstância, a providência adotada sempre será pela justiça.

Requisitos Para Ler Este Livro

Para ler este livro, não é necessária nenhuma ferramenta: tudo é minuciosamente explicado e representado por figuras. Nenhum conhecimento profundo é exigido para se compreender os capítulos. A lógica aqui desenvolvida é básica. Acredito que a maior dificuldade possa estar na racionalização e na composição do problema, o que não está relacionado a conceitos sobre ética ou ao conhecimento jurídico da matéria, mas com a inteligência e a vivência comercial do leitor, independentemente da sua área de atuação.

Como Este Livro Está Organizado

De início, o livro faz uma introdução daquilo que a ética representa e como ela se fundamentou na história. Posteriormente, percorre as possíveis formas de associação comercial existentes no Brasil e os regimes tributários e fiscais. Logo em seguida, abordo a lei brasileira de ***compliance***, bem como legislações similares no mundo, para depois falar sobre governança corporativa, sustentabilidade, relatórios e balanço social. Depois de alinhados nos conceitos, estaremos preparados para discutir ética e negócios, reputação e responsabilidade, inclusive e especialmente na área de marketing. Por conseguinte, falo sobre códigos de ética empresarial, líderes preocupados com sustentabilidade, empresas cidadãs e responsabilidade social. E, finalmente, no ponto alto do livro, apresento os dez mandamentos da ética empresarial e pública. Uma curiosidade: sua empresa os pratica?

De Lá Para Cá, Daqui Para Lá

O domínio dos assuntos abordados neste livro propiciará ao executivo uma habilidade inigualável no trabalho e aumentará a sua empregabilidade. No entanto, sugiro que se aprofunde naquilo que julgar mais importante para seus objetivos pessoais e profissionais.

Empresas éticas são confiáveis, entregam produtos no prazo e com a qualidade exigida. Não se aproveitam da sazonalidade para engordar seus lucros à custa da necessidade dos clientes. Os empregados têm satisfação em trabalhar nessas firmas, pois eles sabem que serão tratados com justiça em qualquer circunstância.

De todas as maneiras, o livro foi construído para que o leitor possa manuseá-lo por partes, sem necessariamente iniciar pela primeira e terminar na sexta. Evidentemente, lê-lo seguindo a sequência usual o ajudará a embasar os assuntos e a formar uma base sólida para trabalhar em negócios e finanças.

Contudo, se julgar que o tema abordado é pouco para a sua capacidade, pule partes e leia aquelas em cujos assuntos precise melhorar.

Se estiver trabalhando com este assunto e ele não for mera curiosidade, aconselho que leia outros livros sobre o mesmo tema. Ao final deste livro, indico alguns títulos como sugestões de leituras complementares.

Introdução

A palavra "ética" deriva do grego "ethikos" e significa aquilo que faz parte dos bons costumes. Pode assumir a forma de substantivo feminino, como a área da filosofia responsável pela pesquisa dos princípios que motivam, disciplinam e orientam o comportamento humano, em especial aquilo que diz respeito a normas, comportamentos e preceitos presentes na realidade social. Mas, ética também pode ser um conjunto de regras que atribuem valor e regem a vida das pessoas, dos grupos ou da sociedade como um todo.

Com base neste conceito, pode-se perceber que, embora não seja possível distorcer o certo em relação ao errado, o conceito de ética pode variar ligeiramente de uma sociedade para outra. Já a definição de moral pode variar drasticamente, pois está ligada estritamente aos costumes.

Discriminar uma mulher pela sua condição feminina é certo ou errado? É errado, pois não resta dúvida de que essa não é uma ação ética. Em uma sociedade muçulmana, relegar a mulher a tarefas menores pode ser moralmente aceito. Mas, sob o ponto de vista ético, está errado, e um dia, não importa em quantos anos, isso também será errado lá.

É importante diferenciar os aspectos morais dos éticos. A moral tem como fundamento a obediência aos hábitos e aos costumes da sociedade, da família e da religião. A ética, por sua vez, tem como base outra definição conceitual e busca na razão a solidez para os seus conceitos.

Assim, sob o aspecto moral, é totalmente possível relegar a mulher a um segundo plano. Mas, com base na ética, não faz nenhum sentido diminuir qualquer pessoa, muito menos pela sua condição sexual.

Na filosofia clássica, a ética não estava ligada apenas ao bom hábito ou ao bom costume, mas era fundamentada sob o conceito de promover ou encontrar a melhor forma de viver e conviver.

No período pré-socrático, nos séculos VII e VI a.C., começam a ser estabelecidos os primeiros conceitos de ética e moral, inclusive suas diferenças, iniciando-se um período na história do homem chamado de "reflexão moral", no qual destacam-se filósofos como Tales de Mileto e Pitágoras. Este último fundou uma seita que obrigava os seus seguidores a manterem uma relação entre moral, conduta e as leis da matemática. É neste momento que conhecemos aquilo que chamaríamos de sistema ético, como os tratados morais de Demócrito, cujas primeiras condições formais orientam que o ensinamento moral é obrigado a atender aos princípios básicos antes de se lançar pelos caminhos da busca, da pesquisa e da ciência. Entretanto, é com Sócrates que se percebe o primeiro esforço para entender os sistemas morais e éticos na prática, com a compatibilização entre a conduta dos indivíduos e a busca do conhecimento científico.

O judaísmo trouxe enorme contribuição à ética que conhecemos hoje. Por ser uma religião bastante rígida e antiga, consolidou, através dos tempos, regras de moral e ética amplas e definidas, abrangendo todas as áreas do conhecimento. Essas regras foram transmitidas pelas gerações por meio da Torá. A marca que deve reger o comportamento do judeu é a ética, aquele que pratica atos justos e bons. Ao mesmo tempo, a Torá mostra como a má conduta pode ser evitada e controlada. A ética é o fiel da balança, em que o bem sempre estará acima do mal. Dominar maus instintos, vencer os obstáculos e as tentações da vida é uma forma de exercer a ética.

Já no Cristianismo, que se destaca por sua fé num único Deus, a vida ética não é definida por sua interação com a sociedade, mas por sua relação espiritual e interior com Deus. Diferentemente de outras filosofias, duas ideias se sobressaem nessa religião. A primeira é que a virtude se define pela relação com Deus e não com a sociedade. A interação social depende da qualidade da relação com Deus, único mediador entre cada indivíduo e o social. Por esse motivo, as suas virtudes principais são a fé e a caridade. O segundo ponto é que o livre-arbítrio nos dirige originalmente para o mal e para o pecado. Os humanos são fracos e pecadores. Ou seja, ao contrário dos gregos, que pregavam a racionalidade como forma de enfrentar as paixões e os apetites carnais, a própria vontade do cristão o retira do caminho do bem e, por conta disso, ele precisa do divino para recolocá-lo no caminho certo. Esta formulação filosófica possibilitou a criação de uma nova ideia sobre moral, a ideia do dever.

A partir da revolução industrial, a ética declara independência da filosofia e passa a se ocupar da guarda das normas morais da sociedade, a explicar e a justificar os costumes nos aglomerados sociais e a oferecer soluções para ultrapassar as angústias mais corriqueiras. Nesse sentido, a ética pode ser definida como a ciência que estuda a conduta humana e a moral, bem como a qualidade desse comportamento, julgando-o sob a ótica do bem e do mal. Mas não se pode jamais confundir a ética com a lei, muito embora devamos considerar que a lei deve ser baseada na ética.

Já no ambiente empresarial, a ética é a garantia da reputação da organização. Seus valores são respeitados com o objetivo de assegurar a sua perenidade e sobrevivência e, como não poderia deixar de ser, assegurar resultados.

A sociedade do século XXI necessita de empresas confiáveis, seja sob o ponto de vista da necessidade de fidelização do cliente, assegurando um fluxo de produtos e serviços de qualidade a preços justos, seja sob a ótica dos investidores, que esperam ver o seu patrimônio protegido, ou ainda sob a perspectiva da sociedade, com a qual se relaciona.

Condutas éticas e códigos respeitados e seguidos asseguram governança e perenidade, fatores indispensáveis para aqueles que desejam se firmar, crescer ou se manter grandes. Qualidade não significa fazer bem-feito, pois isso está implícito. Qualidade é fazer sempre igual, comportar-se igualmente e repetidamente do mesmo modo. O sucesso empresarial depende diretamente da percepção que a sociedade tem da companhia. Ela deve mostrar a todos que beneficiará o conjunto social na totalidade: funcionários, acionistas, fornecedores e clientes.

Empresas que enganam clientes podem fazê-lo por períodos curtos de tempo. A mão invisível[1] sempre estará a postos para colocar as coisas nos devidos lugares. Anúncios publicitários mostrando vantagens falsas têm hora e dia para morrer e também para matar a empresa. Construir uma reputação é muito difícil, mas para perdê-la basta apenas um deslize.

Um dos pontos de extrema controvérsia nas organizações é a capacidade de alcançar lucros. Uma empresa que se aproveita de uma situação de sazonalidade para aumentar os preços e fazer mais resultado não está agindo de acordo com os princípios das boas relações e da fidelidade com os clientes, pois bastou um momento de incerteza para se aproveitar da situação e enganar aqueles que nela confiaram. Definitivamente, essa não é uma prática recomendada para quem deseja ser respeitado e se firmar no mercado.

O lucro é decorrência de um bom produto ou serviço prestado. Sem ele, a empresa não sobrevive, mas aquele que tem o lucro como objetivo único, por certo, não poderá ser ético. A ganância cega o homem. O grande desafio não é obter resultados, mas fazê-lo com responsabilidade socioambiental.

Em síntese, valores éticos são um conjunto de procedimentos que ajudam a organização a atingir objetivos e a revelar aos acionistas como se pretende conduzir os negócios. Os valores éticos assumidos por uma empresa deixam claro aos empregados que ela é justa e mostram aos clientes que o suprimento de produtos e serviços será feito sempre dentro da normalidade, obedecendo aos padrões de qualidade e razoabilidade de preços, seja na alegria ou na tristeza. Mas, sobretudo, a ética é espontânea. Cumprir normas e regulamentos não diploma uma entidade como ética, pois isso é "*compliance*".

Para atender a esses objetivos, códigos de ética são sempre bem-aceitos, não apenas porque formalizam as intenções que a empresa tem na cabeça, mas porque firmam um compromisso e estabelecem as condições de comportamento que, por conseguinte, deverão ser respeitadas.

I

Organização Empresarial

» A primeira parte do livro mostra as formas de organização empresarial mais comuns adotadas pelas empresas (como, por exemplo, as sociedades anônimas e as companhias limitadas) e os respectivos sistemas tributários que tais firmas podem adotar para atender à legislação brasileira. Em seguida, abordamos algumas formas de estruturas organizacionais, suas funções, seus processos e projetos. Sobre este ponto, o leitor pode se perguntar qual é a relação entre os regimes tributários e as formas de se estruturar uma companhia com a ética empresarial. Esta questão será respondida ao longo do texto, mas já adianto que alguns usam a legislação para pagar menos impostos (o que representa uma prática pouco ortodoxa), bem como se organizam no formato de companhia limitada para diminuir a transparência da empresa (outra prática não condizente com os princípios éticos). Já a estrutura organizacional está diretamente ligada à eficiência da gestão.

» Estruturas muito verticalizadas, por sua vez, dificultam a comunicação e propiciam que gestores fiquem muito distantes das operações, fazendo que as mensagens demorem ou mesmo não cheguem aos colaboradores, dificultando assim o controle de processos dentro da empresa.

» Por fim, esta parte aborda ainda questões ligadas especificamente à ética e à gestão empresarial; problemas como responsabilidade operacional, controles de resultados e seus sistemas de verificação, como, por exemplo, as auditorias internas e externas.

Capítulo I
Formas de Organização Empresarial

"Observe que existe apenas uma Fênix no mundo, o exército também tem apenas um comandante e toda grande organização tem apenas um presidente, não dois. As monarquias têm apenas um rei. Os medíocres são comuns. As eminências e as mentes preclaras abundam pouco. E quanto mais reconhecidos são os notáveis, mais difícil é de alcançá-los. Muitos reis antigos trataram de alcançar a fama de César[2] *e de Alexandre*[3]*, mas foi um objetivo vão, pois é impossível fazer-se reconhecer apenas com simples palavras, que não são mais do que ar sem os feitos que as avalizem. Por isso, são poucos os Sênecas*[4] *e apenas Apolo*[5] *conseguiu alcançar a fama*[6]*"*[7]*.*

O Código Civil[8] prevê cinco formas de constituição para pessoa jurídica de direito privado no Brasil, que são as seguintes: sociedades, associações, fundações, organizações religiosas e partidos políticos[9].

As sociedades podem ser empresárias, devendo ter seus atos constitutivos inscritos no Registro Público de Empresas Mercantis (Junta Comercial). Ou simplesmente, seu contrato social é inscrito no Registro Civil das Pessoas Jurídicas (cartórios de títulos e documentos). Pode ser empresário qualquer pessoa capaz (maior de 18 anos ou emancipado) que possa exprimir validamente suas vontades[10].

Ao constituir uma nova sociedade, empresária ou simples, o empreendedor expressa seus objetivos em um documento chamado *contrato social* ou *estatuto social*.

Tecnicamente, essa lista de propósitos é chamada de *objeto social*. Ademais, o investidor considera ainda um rol de variáveis para o negócio, tais como sócios, mercado, clientes e empregados.

Além disso, para constituir uma empresa, o empresário opta por um tipo de atividade empresarial que melhor se adapta aos seus objetivos, conforme as possibilidades previstas na norma legal brasileira.

» Empresário individual (antiga firma individual).

» Empresa Individual de Responsabilidade Limitada (Eireli).

» Sociedade de Pessoas ou Empresa Limitada (Cia. Ltda.).

» Sociedade Anônima (S.A.).

A ética empresarial está ligada a todos os tipos de empresa. Todavia, as S.A., principalmente as abertas, são mais cuidadosas com a socioambiental e a transparência. A legislação das sociedades anônimas, por exemplo, obriga as empresas a publicarem relatórios anuais, demonstrativos de valor adicionado, entre outros documentos. Seus atos são constantemente vigiados pelos analistas de mercado, pelas entidades governamentais e pela mídia. Isso se justifica, pois tais empresas normalmente são maiores em ativos e faturamento, assim como têm mais possibilidades de relacionamento social e comercial.

À frente, veremos cada uma das formas de organização existentes. As possibilidades aqui apresentadas estão simplificadas e não esgotam as múltiplas alternativas possíveis. Análises mais aprofundadas devem ser orientadas por especialistas e contadores.

Tipos de empresas permitidas pela legislação brasileira

Empresário Individual

Companhia de uma única pessoa, a empresa individual é caracterizada para operar em pequenos negócios. Funciona unicamente para produzir resultados ao dono, pois a empresa e a pessoa física do proprietário se confundem. A legislação não permite a constituição desse tipo de empresa se o objeto social for a prestação de serviço. O empresário tem responsabilidade ilimitada sobre os resultados e não apenas sobre os valores investidos na firma, mas também seus bens pessoais podem ser utilizados para cumprir compromissos com os credores. O capital do empresário individual provém de seus recursos diretos e ele possui CNPJ próprio.

Empresa Individual de Responsabilidade Limitada – Eireli

Criada pela Lei nº 12.441/11, a empresa individual de responsabilidade limitada (Eireli) é constituída por um único titular, detentor de capital social integralizado, a partir de 100 salários-mínimos. O titular da Eireli responderá pelas dívidas da empresa com seus bens pessoais até o limite de seu capital social. A Eireli é regulada, no que for possível, pelas normas aplicáveis às sociedades limitadas. É caracterizada por pequenos negócios, normalmente formados por artistas e atletas. Possui CNPJ próprio.

Sociedade de Pessoas ou Empresa Limitada (Cia Ltda.)

É uma empresa constituída a partir de acordo formal chamado de *contrato social*. É mandatória a pluralidade de sócios, no mínimo dois, sejam pessoas jurídicas ou físicas. A Cia Ltda. pode sofrer procedimentos falimentares. Integraliza capital social, sem definir valor mínimo ou máximo. Os sócios têm responsabilidade limitada ao capital subscrito e não podem ser responsabilizados pelos prejuízos oriundos da atividade com valores além de suas participações ou quotas. Assim, suas responsabilidades estão limitadas ao capital que subscreveram. Pode usar firma ou denominação na constituição do nome, acrescendo à frente a palavra *Limitada* ou a expressão Ltda., conforme previsto no art. 1.158 do Código Civil brasileiro. Caso esta sigla seja omitida, pode-se pressupor a inexistência de limites para a responsabilidade dos sócios. Esse tipo de sociedade é muito utilizado no Brasil, pois, pela flexibilidade da legislação, não é obrigada a dar transparência aos seus negócios e resultados. Algumas das mais importantes multinacionais instaladas no país são constituídas sob esse tipo de sociedade e não tornam públicos os seus resultados e balanços.

Sociedade Anônima (S.A.)

É uma sociedade empresarial intangível, com poderes semelhantes aos das pessoas físicas. A Lei nº 6.404/76 e vários complementos posteriores indicam os elementos deste importante tipo de organização. Essa empresa, em qualquer caso, é uma pessoa jurídica de direito privado cuja natureza sempre será mercantil. Tais organizações podem ser de capital aberto ou fechado. A sociedade anônima aberta é aquela cujas ações (debêntures, partes beneficiárias, etc.) são negociadas nas bolsas de valores ou no mercado de balcão. Deve ser cadastrada com seus valores mobiliários registrados perante a CVM (Comissão de Valores Mobiliários). Já a fechada não emite valores mobiliários negociáveis nesses mercados. Ela tem seu capital dividido em ações e seus sócios ou acionistas não possuem nenhum tipo de responsabilidade. Pode acionar e ser acionada juridicamente, estabelecer contratos e ser parte deles. Normalmente, possuem muitos acionistas. Algumas sociedades anônimas são capazes de afetar a vida de muitas pessoas da sociedade pelo seu gigantismo. Seus integrantes são os próprios acionistas, cujas decisões são tomadas em assembleia; elegem um conselho de administração, que, por sua vez, escolhe a diretoria executiva da companhia.

Regimes tributários admitidos pela legislação brasileira

Da mesma forma como quando abordamos os tipos de empresas, podemos perguntar se é possível fazer uma ligação entre regime tributário e ética empresarial.

A resposta evidente é que sim, e as principais razões são duas. As empresas optantes pelo regime do lucro real têm a obrigação de ser transparentes, especialmente as limitadas de grande porte e as sociedades anônimas. Esta última, se for aberta, ou seja, se negociar suas ações em bolsas de valores, será submetida a uma miríade de normas e regulamentos, todos criados com a intenção de prevenir fraudes e de lançar luz a resultados e detalhes de gestão.

Já a maior parte das empresas, as menores em porte, não possuem obrigações de transparência. Elas elaboram demonstrações financeiras estritamente por obrigação legal, raramente na condição de produzir elementos reais de resultado e gerenciamento.

Para exemplificar, suponhamos que uma pequena empresa limitada pretenda tomar um empréstimo bancário. A instituição financeira exigirá suas demonstrações de balanço e seus resultados e, não obstante, os examinará com rigor. Concluindo serem ótimos, a instituição provavelmente pedirá ao sócio ou proprietário que avalize a operação com seus bens particulares na qualidade de pessoa física. Uma das razões para tal exigência é melhorar o nível de garantia do empréstimo, pois os bens do proprietário são identificados e avaliados com maior clareza. Outro motivo refere-se à confiabilidade das informações e das demonstrações financeiras e contábeis.

Para complementar, o acesso das empresas maiores a um sistema contábil mais confiável, com auditoria interna e aconselhamento jurídico, lhes garante também mais acuracidade na gestão e melhora consideravelmente a confiança nas suas demonstrações.

Em termos de impostos federais, segundo a legislação brasileira, os empresários dispõem de quatro opções: lucro real; lucro presumido, Simples Nacional; e lucro arbitrado, este último não muito usado no país.

Lucro Real

Regime obrigatório para algumas empresas, notadamente ligado ao volume de seu faturamento ou à atividade exercida. O pagamento do Imposto de Renda e da Contribuição Social sobre o Lucro é estabelecido a partir do lucro líquido do exercício apurado pela pessoa jurídica, repleto de ajustes complicadíssimos, todos exigidos pela legislação fiscal e em linha com as normas gerais de contabilidade. Além desses tributos, no lucro real são pagos o PIS e o Cofins pelo regime não cumulativo, ou seja, os valores destas contribuições nas aquisições de insumos são usados como crédito.

Lucro Presumido

Já no lucro presumido, a tributação do Imposto de Renda de Pessoa Jurídica (IRPJ) e da Contribuição Social sobre o Lucro (CSLL) é totalmente simplificada e realizada a partir de uma presunção de lucro, daí a palavra "presumido". Esse percentual é de 8% para as atividades comerciais e industriais e de 32% ou, excepcionalmente, de 16% para as atividades de serviços. Do mesmo modo como ocorre no lucro real, algumas condicionantes são consideradas, como, por exemplo, o limite de R$ 78 milhões de receita no ano anterior. Ademais, ao contrário do que se passa no lucro real, o lucro presumido não admite regime não cumulativo de PIS e Cofins para o recolhimento de tributos com alíquotas mais baixas.

Simples Nacional

Inúmeras simplificações foram introduzidas no Simples Nacional, não apenas nas contribuições federais (IRPJ, CSLL, PIS, Cofins, IPI, Contribuições Previdenciárias), mas também nas estaduais (ICMS) e municipais (ISS).

Esse tipo de regime simplificado alcança as firmas de pequeno porte e as microempresas, cuja receita anual está limitada a R$ 3,6 milhões. Algumas atividades não se enquadram nessa modalidade, como as realizadas por cooperativas, empresas cujo capital tem a participação de outras pessoas jurídicas ou pessoas jurídicas cujo sócio seja administrador de pessoa jurídica de fins lucrativos com receita bruta que ultrapasse o limite imposto pelo Simples. Nesse regime, impostos, taxas e contribuições são unificados, inclusive e principalmente, os encargos previdenciários (aliás, uma das grandes vantagens do Simples Nacional). Para se ter ideia, segundo a RAI/MTE/2010, das 6 milhões de empresas existentes no país, 5,6 milhões optavam pelo Simples (94%).

Vejamos a seguir um quadro–resumo das quatro opções de regimes tributários oferecidos pela legislação brasileira.

Regime tributário	Quem pode adotar?	Como funciona?	Muito importante
Simples	Pequenas e médias empresas com faturamento anual de até R$ 3,6 milhões.	Uma série de tributos é paga em uma única declaração simplificada. Uma única alíquota incide sobre o faturamento, sendo maior quanto mais a empresa tiver recebido.	Empresas com poucos funcionários e maior faturamento podem ter sua carga tributária ampliada em razão das contribuições devidas à Previdência Social. Sua competitividade é reduzida em alguns casos, pois quem compra de empresas do Simples recebe menos crédito de ICMS.
Lucro presumido	Empresas com faturamento anual menor do que R$ 48 milhões.	As alíquotas incidem sobre o faturamento total, a partir de percentagens predeterminadas de acordo com a atividade.	Se a empresa obtiver pouco lucro, pode ser mais adequado enquadrar-se no lucro real.
Lucro real	Todas as empresas. Porém, é obrigatório para aquelas com faturamento maior que R$ 48 milhões.	IR e outros impostos são calculados com base no lucro. Além disso, PIS e Cofins podem ser deduzidos com a utilização de créditos.	Em caso de lucro alto, as outras formas de tributação podem ser menos custosas. A apuração do tributo nesta modalidade é mais complexa.
Lucro arbitrado	Os indicados pela Receita Federal e pelo próprio contribuinte, mediante condições previstas na legislação.	A determinação das bases de cálculo de IRPJ e CSLL é semelhante à base do lucro presumido, com acréscimo de 20%.	Ocorre por iniciativa da RF quando a escrituração é desqualificada. Arbitramento, por conta do contribuinte, pode ocorrer em casos fortuitos, conforme a legislação, mas desde que conhecida a receita bruta.

Quadro 1.1 – Regimes tributários no Brasil[11]

Os quadros 1.1 e 1.2[12] detalham resumidamente os modelos tributários existentes no Brasil e indicam a complexidade de cada sistema, apontando a necessidade de a empresa buscar uma consultoria contábil, independentemente do regime adotado, para que não incorra em erros rigorosamente auditados pela Receita Federal, nem pague mais impostos.

	Simples	Lucro presumido	Lucro real
Nível de faturamento	Até R$ 3,6 milhões por ano.	Até R$ 48 milhões por ano.	Podem participar todas as empresas.
Cálculo do imposto	As alíquotas são fixas e dependem do faturamento do setor. O percentual do imposto é fixado de acordo com o segmento, sempre sobre a receita.	Os 25% de IR incidem sobre o lucro predefinido de 8% para a indústria e para a maior parte do comércio e de 32% para a maioria dos serviços. A CSLL de 9% incide sobre a receita da indústria e do comércio e sobre 32% nos serviços.	O Imposto de Renda (de 25%) e a CSLL (de 9%) são cobrados sobre o lucro realmente apurado. Apenas as instituições financeiras pagam 15% de CSLL.
Para quem serve?	Microempresas (faturamento de até R$ 360 mil ao ano) e pequenas empresas (faturamento de R$ 360 mil a R$ 3,6 milhões ao ano).	Para as empresas que possuem uma margem líquida real superior à presumida pela legislação fiscal (8% da receita para a indústria e a maior parte do comércio e 32% para a maioria dos serviços).	Para empresas que possuem uma margem líquida real inferior à presumida pela legislação fiscal.
Principais regras	O Simples Nacional é um regime unificado de cobrança e arrecadação de tributos (IR, contribuição social e previdenciária, PIS/Pasep, Cofins, IPI, ICMS e ISS).	A alíquota do PIS é de 0,65% e a da Cofins de 3% sobre a receita. Mas nenhum crédito pode ser descontado.	A legislação fiscal é mais complexa. As alíquotas do PIS (1,65%) e da Cofins (7,6%) são maiores que no lucro presumido.

Atenção	Outros benefícios, isenções fiscais municipais ou estaduais não são possíveis no Simples.	Se a margem de lucro for inferior aos percentuais predefinidos, a empresa pagará mais impostos pelo sistema de lucro presumido.	É possível descontar créditos referentes a despesas relacionadas ao processo produtivo, o que pode representar ganhos.

Quadro 1.2 – Como escolher o melhor regime tributário[13]?

O quadro a seguir resume as características dos quatro tipos de empresas adotados no Brasil sob a ótica da responsabilidade dos sócios, conforme a legislação.

Tipo de empresa / obrigação	Responsabilidade dos sócios	Capital mínimo	Imposto de renda[14]	Opção pelo Simples	Legislação	Número de sócios
Empresário Individual	Irrestrita	Não há	Lucro presumido e lucro real	Sim, depende da atividade e da receita	Lei nº 10.406/02 no CCB	Um
Empresa Individual de Responsabilidade Limitada	Limitada ao capital social	100 salários mínimos	Lucro presumido e lucro real	Sim, depende da atividade e da receita	Lei nº 12.441/11 e no CCB	Um
Empresa Limitada	Limitada ao capital social	Não há	Lucro presumido e lucro real	Sim, depende da atividade e da receita	Lei nº 10.406/02 no CCB	No mínimo dois
Sociedade Anônima	Nenhuma	Não há	Lucro real	Não	Lei nº 6.404/76	Ilimitado

Quadro 1.3 – Formas de organização empresarial

O quadro 1.4, de autoria do professor Fernando de Almeida Santos, resume os sistemas contábeis e seus respectivos relatórios, indicando-os por porte, normas contábeis e demonstrações contábeis exigidas[15].

Porte	Microempresas e empresas de pequeno porte (*)	Empresas de médio porte	Empresas de grande porte (**)
Perfil	Microempresa = receita bruta anual de até R$ 360.000,00. Pequeno porte = receita bruta anual acima de R$ 360.000,00 até R$ 3.600.000,00	a) Não têm obrigação pública de prestação de contas; b) não são classificadas como microempresas; c) não são classificadas como empresas de pequeno porte	Receitas brutas anuais acima de R$ 300.000.000,00 ou ativos acima de R$ 240.000.000,00
Normas contábeis que devem seguir	ITG 1000	NBC TG 1000	Normas contábeis completas
Plano de contas simplificado	Obrigatório	Não	Não
Balanço patrimonial	Obrigatório	Obrigatório	Obrigatório
Demonstração de resultados do exercício	Obrigatória	Obrigatória	Obrigatória
Notas explicativas	Obrigatórias	Obrigatórias	Obrigatórias
Demonstração do resultado abrangente	Não é obrigatória, mas é estimulada pelo Conselho Federal de Contabilidade	Obrigatória	Obrigatória

Demonstração das mutações do patrimônio líquido	Não é obrigatória, mas é estimulada pelo Conselho Federal de Contabilidade	Obrigatória	Obrigatória
Demonstração dos fluxos de caixa	Não é obrigatória, mas é estimulada pelo Conselho Federal de Contabilidade	Obrigatória	Obrigatória
Demonstração do valor adicionado	Não	Não	Obrigatória
Obrigatoriedade de divulgação e publicidade de informações	Não	Não	A obrigatoriedade de divulgação e publicidade de informações se destina única e exclusivamente às sociedades anônimas de capital aberto e fechado

(*) O critério de classificação possui exceções, que devem ser consultadas com base na legislação vigente.

(**) As empresas de capital aberto são equiparadas às empresas de grande porte.

Quadro 1.4 – Porte, normas contábeis e demonstrações contábeis

Vejamos um exemplo hipotético de uma multinacional que recebeu incentivos fiscais, terreno e outras benesses para se instalar num determinado estado. Não é uma regra, mas caso um cidadão brasileiro deseje saber informações de ordem econômica e financeira sobre esta companhia, ele deverá consultar o site da matriz no exterior. Por que isso acontece?

Porque elas se organizam na forma de companhias limitadas. Diante disso, na busca por maior transparência, alguns órgãos reguladores brasileiros exigem que, independentemente da forma de organização, a empresa deverá publicar suas demonstrações financeiras de acordo com a Lei nº 6.404/76. Exemplo: Banco Central do Brasil e Agência Nacional de Telecomunicações (Anatel).

Capítulo II
Estruturação Organizacional

"Mais se consegue de um talento mediano com dedicada aplicação, do que de um gênio sem ela. A reputação se compra a preço de trabalho e esforço e se valoriza por ele, pois pouco vale aquilo que custa pouco, ainda que, para os empregos mais simples, a aplicação seja um requisito básico que raras vezes se opõe ao gênio. Muitos são excelentes num posto mediano, porque isso os previne do desespero de chegar a um cargo mais alto na organização, no qual nunca passarão de dirigentes medíocres. Isso é muito ruim, mas é ainda pior conformar-se em ser medíocre num cargo alto, podendo ser excelente num médio".[16]

Formas de estruturas organizacionais empresariais

Vamos repetir a pergunta pela terceira vez. Pode a estrutura tornar uma empresa mais ética?

A resposta é não. Entretanto, o modelo organizacional adotado pode facilitar a comunicação na cadeia gerencial e também ser fundamental na melhoria da eficiência dos sistemas de controle interno, prevenindo falhas e fraudes e mitigando riscos éticos.

Mas se isso é verdade, as empresas apenas se constituiriam sob a forma matricial ou por processos? (Analisaremos essas alternativas mais à frente, ainda neste capítulo).

Não é tão simples assim, pois algumas estruturas exigirão maturidade institucional e organização de primeira linha, atributos que poucos conseguem implantar.

Para que uma organização seja administrada com um mínimo de eficiência, suas atividades devem ser agrupadas — tanto quanto for possível — por processo.

Entender o que é agrupar atividades por processo não é uma tarefa fácil. De modo geral, os alunos têm enorme dificuldade de entender o que é organizar uma função por processo. Vejamos um exemplo do processo de vendas:

Produtos e serviços colocados à disposição dos clientes:

» Tipo de produto;

» Quantidade e variedade;

» Qualidade.

Clientes que consomem os produtos ou serviços:

» Meios de distribuição;

» Tipos de clientes;

» Tamanho e poder econômico dos clientes;

» Estatísticas de consumos;

» Localização dos clientes.

Precificação de produtos e serviços:

» Comparações com a concorrência;

» Estabelecimento de preços de produtos e serviços;

» Considerações de custos de produção e distribuição;

» Quantidades vendidas, descontos e promoções;

» Necessidade, frequência de alteração nos preços;

» Manutenção de preços de vendas.

Promoções de vendas:

» Canais de comunicação com os clientes;

» Funções de preços promocionais;

» Aquisição da força de vendas;

» Treinamento da força de vendas;

» Atendimento antes e depois das vendas;

» Remuneração dos vendedores;

» Avaliação da força de vendas.

Uma análise rápida mostra que é preciso colocar as funções do processo de vendas abaixo de uma gerência única. Contudo, examinando as atividades com um pouco mais de detalhe, percebemos que algumas delas "fogem" do escopo das vendas e ficamos na dúvida se deveriam, ou não, estar sob a gerência comercial. Por exemplo: contratar um vendedor é tarefa da área comercial ou de recursos humanos? Precificar um produto ou serviço, analisando seus custos e estabelecendo preços de venda, comissões e valores, é função financeira ou comercial?

Esses questionamentos mostram que encontrar uma departamentalização ideal, voltada para processos e não para pessoas, é uma tarefa bastante difícil.

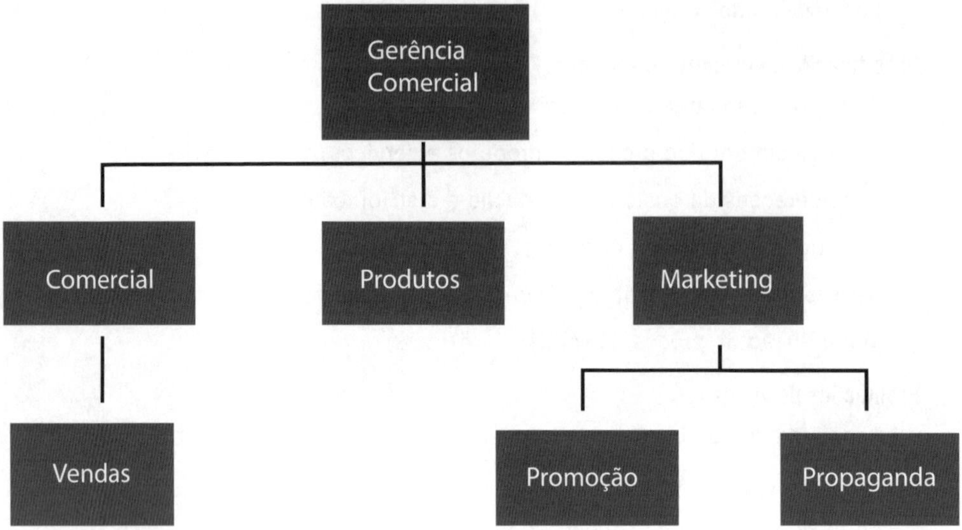

Figura 2.1 – Organização da área comercial

Quando pensamos na companhia como um todo, a departamentalização fica ainda mais complicada. É claro que raramente fazemos um processo de departamentalização em "base zero", ou seja, partindo do nada. As empresas nascem e crescem e seus departamentos evoluem conjuntamente, isso sem falar que, ao longo do tempo, ajustes são promovidos para melhor adequar os departamentos à realidade do "ambiente".

Não são raras as vezes em que contratamos uma consultoria qualificada para rever os processos e adequar a organização ao mercado. Essas consultorias são ótimas, pois profissionais especializados, com vivência e que não estão inseridos na rotina da empresa, têm mais condições de entender e avaliar com isenção se aquilo que a firma pratica em termos de gestão está correto e, principalmente, com atenção estrita no processo, sem olhar para pessoas.

Com vistas a realçar a ética empresarial, colocamos em destaque, na figura 2.2, dois órgãos que contribuem enormemente para a ética: a auditoria interna e a controladoria financeira. Como veremos adiante no capítulo VI, sobre o comportamento gerencial, homens são iguais em todos os lugares. No século XVI, Nicolau Maquiavel aconselhava seus príncipes para que não deixassem a administração ao léu. Isso significa dizer que controles são necessários, pois de nada adiantam bons propósitos se não nos certificamos de que todos os preceitos gerenciais foram cumpridos. É como dizem os pecuaristas: a melhor forma de engordar o gado é o olho do dono. "Não deixe que eu tiro", ensinou Maquiavel, "é a minha natureza, eu sou assim". Nós, seres humanos, precisamos dos controles, até mesmo para nos mostrar oportunidades de melhorias.

Neste contexto, empresas socialmente responsáveis têm zelo com a organização, mas sobretudo com o controle. Treinamentos românticos e cartazes afixados nas paredes não coíbem desvios. Empresários preparados pregam a ética, mas sobretudo verificam se ela está sendo aplicada. Isso é primordial em administração.

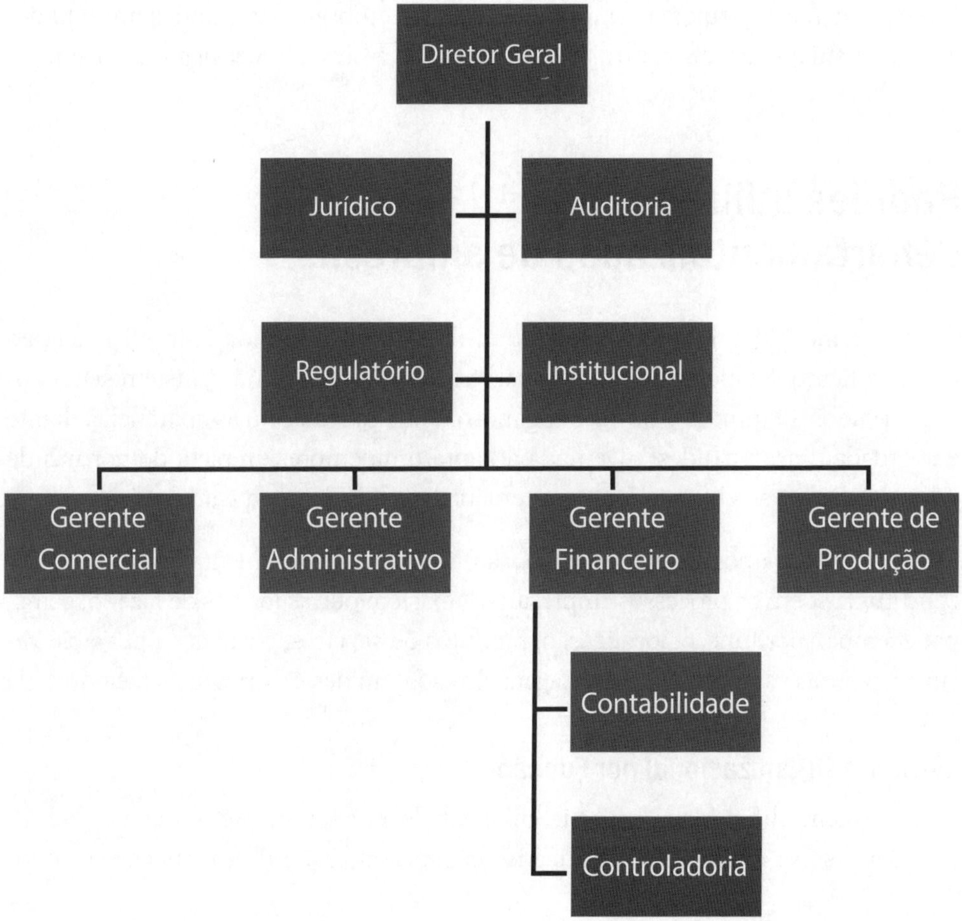

Figura 2.2 – Organograma da empresa

As atividades empresariais devem ser atribuídas às pessoas de maneira ordenada e processual, para que a organização possa, assim, atingir seu objetivo principal e cumprir sua missão. Isso significa que as tarefas empresariais agrupadas por processos, embora se inter-relacionem, são organizadas em formas de "caixinhas", cada qual com um gerente responsável.

Conforme veremos mais adiante, sem controle adequado, a ética empresarial não existe, pois — embora ela deva perpassar por todos dentro da organização — é indispensável ser vigilante na sua aplicação. Nós, humanos, tendemos a fazer o mais fácil sempre, e manter um comportamento ético é quase sempre difícil, daí a necessidade de organizar e controlar.

Não imagine que essa aplicação se refere apenas a grandes corporações, pois principalmente as pequenas empresas (e que vislumbram ser grandes um dia) devem também adotar tais controles e estruturas e, assim, crescer nesse ambiente.

Padrões utilizados na departamentalização de empresas

Qualquer modelo organizacional é bom, desde que responda com eficiência ao gerenciamento. Responsabilidade social, ética e *compliance* não existem sem controles rígidos. O mundo é hostil e enganoso, onde prevalecem as aparências diante da verdade e das virtudes[17]. De nada adianta uma empresa repleta de normas de governabilidade se elas não forem sistemática e exaustivamente auditadas.

Embora estejamos insistindo na noção de que a departamentalização deva ser constituída sobre os processos empresariais, existem outras formas de fazê-lo, como, por exemplo: por função, localização, produtos ou serviços, clientes ou projetos. Vejamos, pois, as vantagens e desvantagens de cada um desses principais métodos.

Estrutura Organizacional por Função

A primeira dificuldade consiste em estabelecer exatamente o que é uma função. Seu uso se explica e é justificado na especialização da execução das atividades. Estas são divididas em gerências funcionais de primeiro nível: produção, comercialização, finanças e administração[18].

As empresas as adaptam segundo o que acreditam ser o melhor modo de operação. Para cada uma das funções é designado um responsável, cuja denominação pode variar muito de uma firma para outra: gerente, supervisor, superintendente, diretor, vice-presidente, etc.

A tônica fundamental deste tipo de estrutura funcional é a especialização das áreas (caixinhas). Todos os gerentes, de todos os níveis, se subordinam em cadeia aos níveis mais altos do comando funcional, cada vez mais especializados.

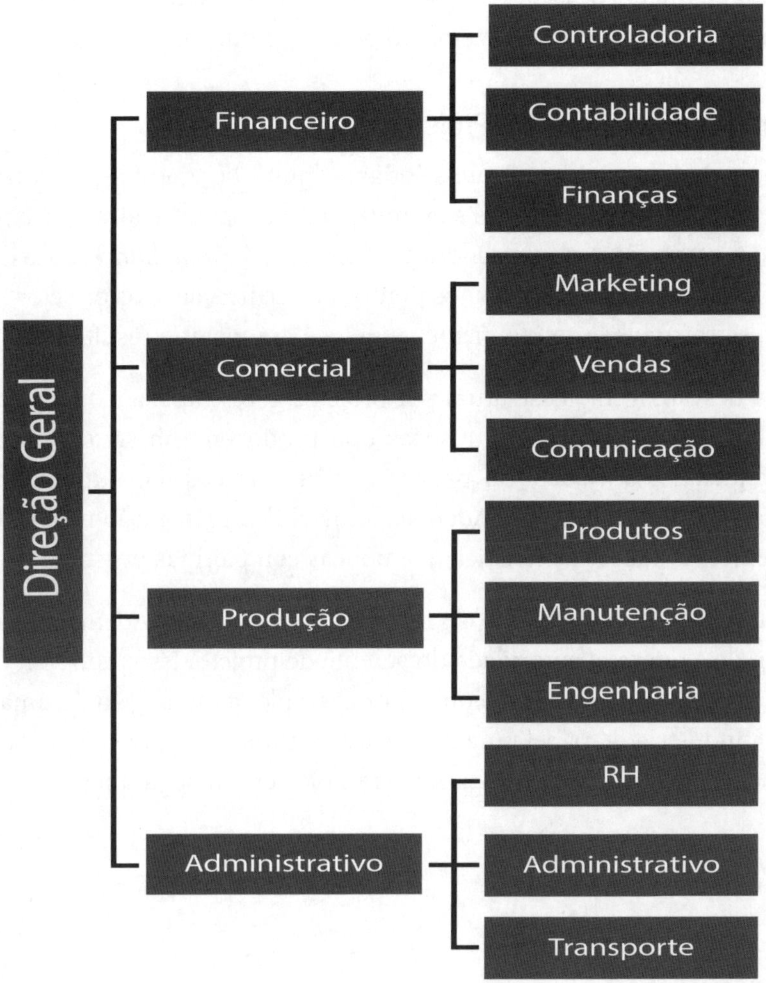

Figura 2.3 – Estrutura funcional

Esse tipo de organização tem como inconveniente o excesso de “caixinhas” (gerências), e pior: cada uma delas poderá se tornar uma ilha. A direção-geral deve observar isso com cuidado especial, pois se essas gerências operarem de forma isolada, a empresa pode perder unidade e ter problemas graves com questões de disciplina e coordenação.

Além desse conflito entre as funções, essa estrutura também provoca um número indesejado de objetivos. Como vantagens, no entanto, é uma estrutura fácil de ser implantada e apreendida e, além disso, os especialistas são valorizados.

Em termos de controle, que é o nosso objetivo, esse tipo de estrutura deve concentrar suas atenções sobre as estruturas funcionais de primeiro nível, como no exemplo da figura 2.3: financeiro, comercial, produção e administrativo.

Estrutura Organizacional por Projetos

Trata-se de uma estrutura que se adapta muito bem a qualquer tipo de comando. Como se sabe, controles são indispensáveis para se alcançar objetivos e para o bom gerenciamento e a condução empresarial. *Compliance*, ética e responsabilidade social precisam de muitos pontos de verificação, e os projetos, pela sua natureza estruturada, são totalmente voltados para metas e resultados.

Como desvantagem, a estrutura por projetos não se aplica a qualquer tipo de companhia. De modo geral, indústrias que produzem em série (notadamente peças pequenas e variadas) ou prestadores de serviços têm dificuldade de se adaptar a esse tipo de sistema. Ademais, o nível de organização necessário é extremamente elevado, característica que poucas companhias possuem.

As unidades de projetos são transitórias e autônomas. Ademais, trabalham em separado, com total autoridade do gerente de projeto. Isso tudo sem falar que projetos têm início, meio e fim, como, por exemplo, a montagem de uma máquina para a indústria de papel ou a construção de um edifício residencial. Para os empregados, esse tipo de organização gera uma certa insegurança.

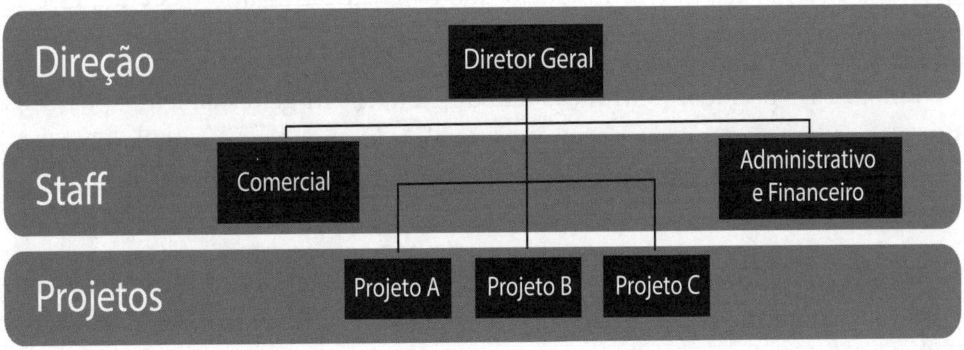

Figura 2.4 – Estrutura por projetos

Uma derivação mais sofisticada da administração por projetos é a chamada ***estrutura matricial***, na qual os projetos se sobrepõem às funções.

Os trabalhos operacionais são organizados por projetos; contudo, neste formato de estruturação de uma firma, as atividades de *staff* ou apoio (comercial, contabilidade, jurídico, etc.) mesclam-se numa outra estrutura, que objetiva maximizar os recursos. Um advogado, por exemplo, embora não esteja locado diretamente no projeto, mas na função jurídica, presta serviços temporariamente a um ou mais projetos, enquanto estes durarem. A estrutura matricial tem como dificuldade a chamada "chefia dupla", pois o advogado responde para o gerente jurídico funcionalmente, mas hierarquicamente ao gerente do projeto, por exemplo.

Apenas empresas muito organizadas, estruturadas e maduras podem usar esse sistema. A estrutura matricial também é ótima opção em termos de controle.

Estrutura Organizacional por Processos

Segundo o dicionário Aurélio, processo é uma ação continuada de operações que apresentam certa unidade ou que se reproduzem com regularidade contínua e prolongada.

Implantar uma estrutura organizacional por processo não é tarefa trivial. Apenas organizações muito maduras e repletas de tecnologia de gestão consegùem fazê-lo. Trata-se de um modelo que enfatiza o trabalho das equipes que agem em intensa cooperação.

Empresas concebidas por função têm dificuldades de gerenciamento, pois seus gerentes enxergam apenas a estrutura vertical. Já as empresas orientadas por processos têm como foco exclusivo o atendimento às necessidades dos clientes, seja interno ou externo.

Desse modo, as gerências são constituídas com este viés, pois tanto quanto possível o conjunto de atividades relacionadas ao atendimento do cliente é agrupado. Por exemplo: a logística, em vez de localizar-se na área administrativa, é colocada junto com a comercial. A aferição da qualidade de produtos e serviços não está na produção, mas na área comercial, como a comunicação e a pós-venda, por exemplo. Por quê?

Ora, todas essas atividades são relacionadas ao atendimento ao cliente. Se ele foi muito bem atendido, o preço está alinhado com o mercado e a entrega foi realizada dentro do prazo estipulado, a recompensa recairá apenas sobre uma área. Por outro lado, nas estruturas funcionais, quando o sistema de atendimento ao cliente não funciona, os culpados estão dispersos em vários lugares e departamentos diferentes, dificultando o diagnóstico e as medidas corretivas. As principais vantagens desse modelo são as seguintes:

» As funções não são inimigas e muito menos concorrentes, pois o objetivo é único.

» Os gestores enxergam a organização horizontalmente.

» As funções interagem entre si e o chefe age sobre o processo que está diretamente sob sua subordinação.

» As desculpas pelo insucesso são minimizadas. Se o produto não for vendido, não há como tentar responsabilizar outro departamento.

» As medidas de controle e desempenho são maximizadas nessa estrutura.

As maiores dificuldades desse sistema estão no campo gerencial, pois os gerentes especialistas da estrutura funcional deixam o lugar para um gerente generalista, no sentido estrito da palavra. Executivos com essas características são mais difíceis de encontrar no mercado.

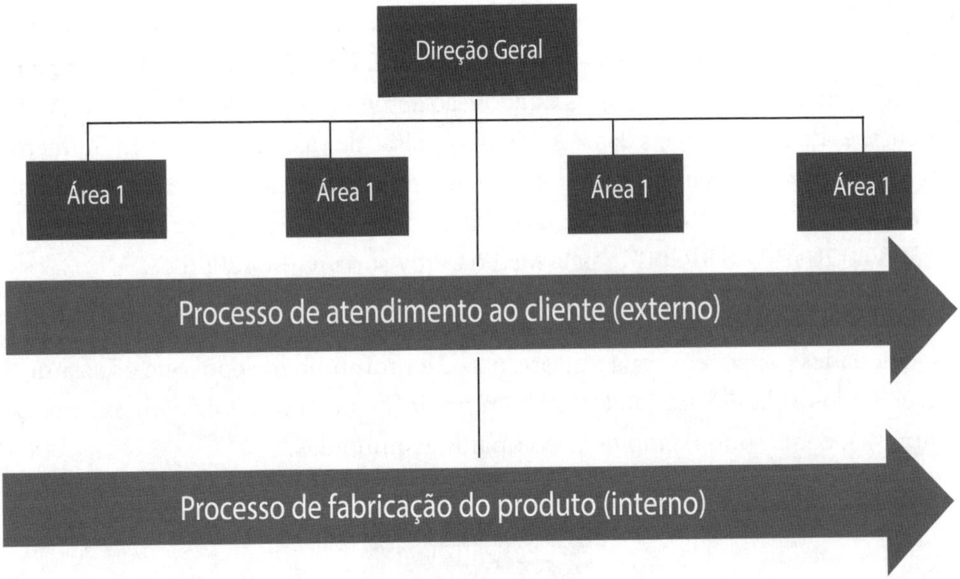

Figura 2.5 – Estrutura por processos

Outras Formas de Estrutura Organizacional

Como são muitas as formas de estruturas organizacionais, é preciso encontrar a que melhor se adapte às necessidades e aos propósitos empresariais. É essencial conhecer profundamente suas limitações, procurando as formas estruturais que o *staff* da empresa tenha competência para implantar e gerenciar.

Qualquer que seja a estrutura, as empresas não são ambientes democráticos. Ordem, hierarquia e disciplina são fatores indispensáveis em qualquer organização. Os resultados são a sua essência; sem eles, não se sobrevive. Em resumo, é indispensável ter controle para ser uma empresa ética e com responsabilidade social.

Estrutura Organizacional Segundo a Lei das Sociedades Anônimas

A Lei nº 6.404, de 15 de dezembro de 1976, é o documento legal que rege as sociedades anônimas, tendo sido promulgada no regime militar pelo então presidente Ernesto Geisel, quando o professor Mário Henrique Simonsen era ministro da

Fazenda. É considerada, por muitos, uma cópia da lei norte-americana, a chamada *Model Business Corporation Act* – MBCA (Lei das Sociedades por Ações). Muito embora saibamos que naquele país os estados são autônomos para legislar — face às repercussões de que os papéis das S.A. têm nas bolsas de valores —, existem inúmeros documentos federais que regulamentam esse tipo de empresa. Desde a sua promulgação, a Lei nº 6.404/1976 foi atualizada diversas vezes pelas Leis nº 9.457/1997, nº 10.303/2001, nº 11.638/2007 e pela Medida Provisória nº 449/2008.

Muito embora a Lei nº 6.404/1976 tenha uma destinação específica, ou seja, as sociedades por ações, a sua importância e a profundidade com que os assuntos relacionados a ela são abordados acabam por influenciar todos os demais tipos de empresas, como, por exemplo, as companhias limitadas.

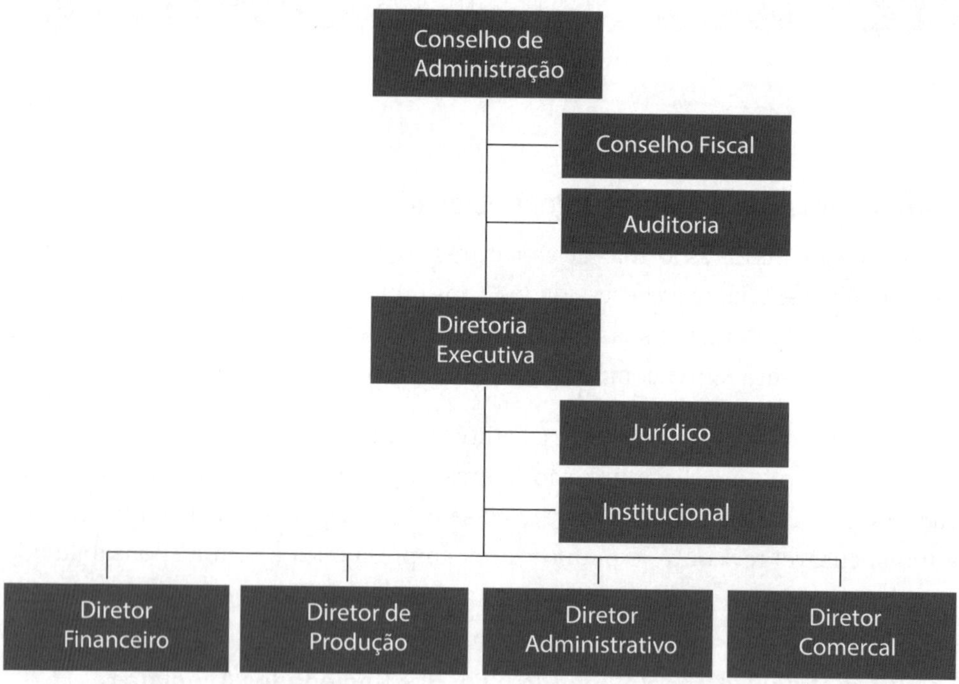

Figura 2.6 – Estrutura organizacional segundo a Lei nº 6.404/1976

De acordo com a figura 2.6, a principal entidade dentro de uma sociedade anônima é o Conselho de Administração. Desse modo, o principal executivo da companhia será o seu presidente. Esse conselho é eleito segundo o que é estabelecido no estatuto e, para elaborar tal documento e mesmo eleger os membros, a empresa deve obedecer às determinações contidas no corpo da lei.

Abaixo do Conselho está a Diretoria Executiva, cujo diretor-geral foi escolhido pelos membros do conselho, sempre seguindo o determinado no estatuto. No conceito americano, é chamado de "presidente" apenas o presidente do Conselho de Administração. O principal executivo nunca é assim denominado, para evitar maus entendimentos e não confundir as responsabilidades. O principal executivo operacional da companhia, no conceito americano, é o ***chief executive officer*** (diretor executivo) ou mais comumente conhecido como CEO.

II

Compliance, Ética e Responsabilidade Social na Organização Empresarial

» Nesta parte, trato da legislação brasileira de *compliance*, ou seja, de atendimento à normativa legal estabelecida, com especial abordagem da Lei Anticorrupção brasileira e da sua regulamentação. Debato e analiso temas recorrentes nos noticiários nacionais (como acordos de leniência e delação premiada) e verifico os principais elementos deste mal que corrói o mundo empresarial desde tempos imemoriais: a corrupção. Em seguida, abordo conceitos e exemplos de empresas socialmente responsáveis, sua certificação e o envolvimento do corpo gerencial e de colaboradores nesta jornada. Neste ponto do livro, classifico a ética como uma atitude empresarial voluntária, pois se o procedimento a ser cumprido estivesse estabelecido em alguma norma ou lei, o assunto seria de *compliance* e não de ética. Para encerrar, relato como são os procedimentos e as normas, mas principalmente os controles necessários para se alcançar resultados satisfatórios no campo da ética empresarial, bem como o papel importante que os gestores das companhias têm na construção de uma organização socialmente responsável.

Capítulo III
Estruturas Empresariais, Compliance, Ética e Responsabilidade Social

"É muito bom ser correto em palavras e obras. Sempre falar a favor do bem e atuar com ética: um mostra o seu alto espírito; o outro, o seu grande coração; e os dois somados indicam uma alma superior. É necessário que exista perfeita correspondência entre palavras, obras e fatos, semelhante ao homem e à mulher, que são feitos um para o outro e caminham unidos. Não é de todo mal admirar os outros, mas é melhor ganhar admiração. É fácil dizer e difícil fazer, mas o fazer e o falar devem andar sempre juntos. As obras são as coisas mais importantes na vida de um homem e suas palavras são o brilho que as embelezam. As palavras voam, os feitos ficam. As boas ações são o fruto de quem sabe pensar. Por isso, as grandes façanhas são próprias dos sábios[19]*."*

Gestão operacional e ética

Estruturar uma companhia requer tempo, maturidade institucional e profissionalismo de gestão. A mais adequada estrutura organizacional — regime tributário, tipo de empresa, etc. — não se constrói em um trimestre, ainda que com o auxílio de um consultor. Estruturas organizacionais que funcionam bem são construídas ao longo de décadas e aperfeiçoadas com muito trabalho.

Adotar ética, *compliance* e responsabilidade social como tônicas gerenciais é um processo mais difícil ainda e requer maturidade empresarial e solidez de propósitos. Os acionistas têm papel primordial nas formas como o trabalho será conduzido, pois é pela manifestação da vontade deles que será conhecida a direção a se seguir, os objetivos a serem alcançados e, o mais importante, como os propósitos serão atingidos.

É aconselhável contar com a ajuda de profissionais especializados para definir essa rota, mesmo que a firma seja pequena. Assim, ela poderá se desenvolver em um ambiente sadio, no qual os gestores terão a consciência de que carregam o desafio do lucro e igualmente o desafio das responsabilidades sociais. Neste caso, os consultores que participam da construção de uma empresa e auxiliam-na a traçar o melhor caminho para atingir sua missão crescem juntos com ela. E a percepção daqueles que estão "de fora" das operações é valiosa e pode contribuir para melhorar essa estruturação.

A seguir, analisaremos as responsabilidades básicas, hegemônicas, de uma empresa (notadamente: ética, compromissos legais, sociais e econômicos) representadas na figura 3.1.

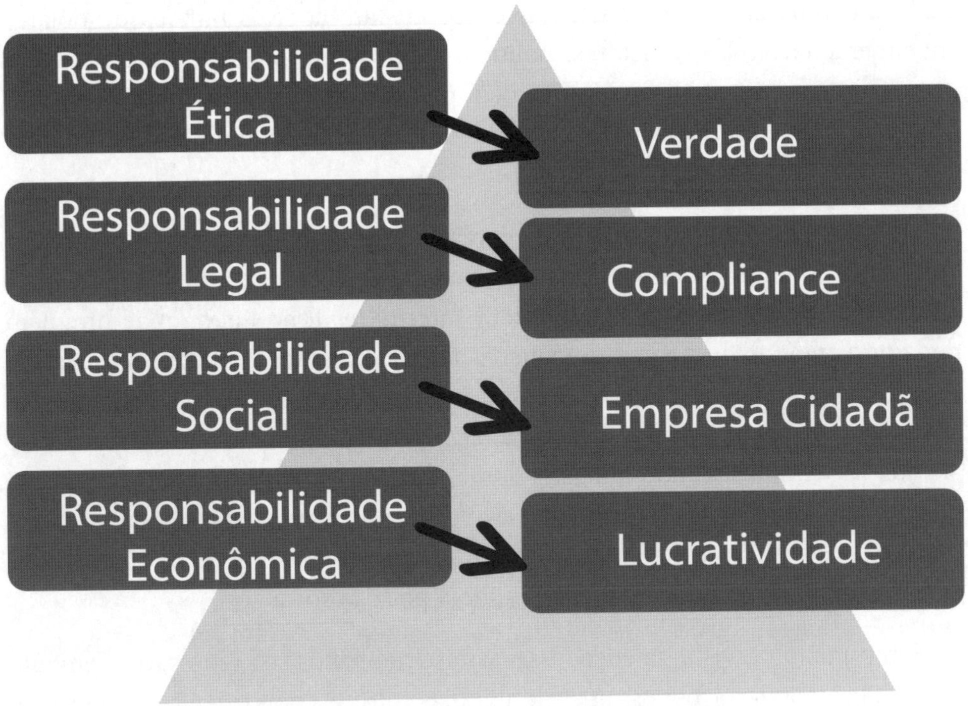

Figura 3.1 – Responsabilidades empresariais

A ética como tônica de gestão

É mandatória a adoção da ética como tônica de gestão empresarial. Ignorá-la pode custar muito caro, como veremos no decorrer destes capítulos. A ética está ligada ao certo e ao errado; já a moral é vinculada aos costumes.

O Fórum Econômico Mundial aponta que a corrupção tem um alto preço para as nações. Seu custo equivale a duas vezes o Produto Interno Bruto (PIB) brasileiro, uma soma correspondente a cerca de 5% do PIB global (Deloitte, 2014).

Em alguns países, como na Índia, as propinas fazem parte da cultura e estão incorporadas ao dia a dia das empresas e da administração pública. Segundo a *Transparency International*[20] (Transparência Internacional), a corrupção reduz o PIB da Índia em 1% e os desvios éticos custam ao país bilhões de dólares anualmente em todos os setores: político, empresarial, policial, judiciário, mas principalmente no público. Assim, o simples ato de emplacar um carro, fazer uma matrícula em uma faculdade ou internar um doente em um hospital requer o pagamento de um valor "por fora".

Ou seja, é costume recompensar representantes públicos que cumprem suas obrigações, quando liberam obras e alvarás, por exemplo. Fatos semelhantes também são relatados pela ***Transparency International*** no Egito, onde ninguém poderia estranhar que obras de construção civil costumeiramente recebessem andares adicionais, superando o número autorizado pelos agentes públicos. Nessas duas sociedades, não está errado oferecer pequenas recompensas em troca de facilidades. Ainda segundo a mesma fonte, também na cultura asiática, embora pujante, moderna e tecnologicamente avançada, são visíveis os resquícios dos antigos sistemas de castas, nos quais determinadas pessoas impõem seus desejos, conseguindo favores e facilidades segundo a posição social.

Sob o ponto de vista da ética, esses comportamentos são reprovados, embora aceitos pela moral e pelos costumes de algumas culturas, pois não é correto receber favores para exercer aquilo que se faz por dever. Neste sentido, é muito comum, nos Estados Unidos e na Europa, empresas e principalmente entidades públicas adotarem códigos de ética para impedir que seus empregados/servidores recebam presentes, de qualquer valor (leia mais sobre presentes no capítulo XVII, sobre os dez mandamentos da ética). Assim, um executivo de banco americano poderia ser punido pela instituição caso aceitasse uma caixa de vinhos pelo empenho demonstrado na consecução de negócios com uma corretora de valores. Nestas sociedades, os usos e os costumes tornaram tal procedimento imoral.

Princípios de responsabilidade operacional

O princípio básico da responsabilidade operacional consiste em duas medidas: segregação de funções e controle.

Não é possível que o indivíduo com autoridade para fazer uma concessão também seja o beneficiado; é indispensável separar as ações, pois quem paga não pode ao mesmo tempo receber. Em negócios, esta separação de funções é chamada de "segregação de função". Como complemento, ter responsabilidade significa controlar. Sistemas de auditoria interna, externa e indicadores de controladoria são fatores primordiais para demonstrar responsabilidade operacional.

"Desde as origens da economia, existem, no mundo dos negócios, aqueles que se dedicam à prática de fraudes, armadilhas, sistemas e esquemas para enganar e roubar o próximo"[21]. O Código de Hammurabi[22] já definia, há quatro milênios, vários tipos de fraudes e suas punições. Pesquisas revelaram que, no antigo Egito, por volta de 500 a.C., os ricos eram fraudados com a venda de falsos gatos e de outros animais sagrados embalsamados para cerimônias fúnebres. As múmias desses animais, na realidade, continham somente gravetos e algodão[23].

Na área operacional, muitas empresas colocam seus próprios empregados como responsáveis pelo sistema de recompensas por desempenho, os quais são extremamente severos em punir falhas, mas benevolentes em recompensar regiamente o sucesso alcançado.

Alguns dos sistemas de recompensa por resultado adotados nas empresas são incongruentes quando vistos sob a ótica da ética empresarial. Somos homens e somos todos iguais e, portanto, capazes de fraudar o sistema de recompensas para beneficiar o nosso próprio desempenho operacional.

Por exemplo: empresas que adotam políticas de recompensas anuais de curto prazo e sem planejamento estão totalmente equivocadas, pois seus executivos poderão provocar a derrocada do negócio no prazo de um ano, embolsar uma gorda quantia em gratificações e, em seguida, ser dispensados pelos malefícios que provocaram. Desse modo, é necessário estruturar o modelo de recompensas baseado num sistema antifraude, cujos prazos sejam satisfatoriamente alongados e impeçam que aventureiros de ocasião possam se aproveitar de tais lacunas para aumentar seus rendimentos.

Vejamos hipoteticamente o caso de uma importante empresa de serviços que passava por dificuldades com resultados negativos e que, por isso, mudou o seu quadro gerencial. O lucro sob a gestão dos novos diretores apareceu no curto prazo de poucos meses. Entre as medidas figuram cortes de despesas, principalmente na área de operações, e extinção das equipes de manutenção preventiva (os reparos passaram a ser realizados por demanda). A manutenção dos serviços prestados aos clientes domésticos, que já eram terceirizados e executados por empreiteiras, teve seus valores drasticamente reduzidos, chegando a descontos de até 50% em relação ao anteriormente pago por uma visita. Reclamações à parte, aqueles prestadores de serviços que concordaram em continuar trabalhando com os valores rebaixados tiveram a qualidade de seu trabalho diminuída, necessariamente. Com este conjunto de medidas, a companhia rapidamente mudou o desempenho, alcançou seus objetivos econômico-financeiros e os bônus pagos. Dois anos depois, entretanto, os níveis de qualidade ficaram tão baixos que a companhia começou um processo de degradação de serviços, inclusive perdendo clientes para a concorrência. O executivo principal foi desligado. O mal irremediável já estava feito.

Quando os empregados gerenciam o próprio desempenho operacional — dentro de um sistema que recompensa o sucesso e pune as falhas (Morgan, 1996) —, eles são incentivados a se engajar em inúmeras falcatruas e tramoias para benefício próprio. Em última análise, eles são "empurrados" para a ilegalidade pelo próprio sistema ou pior: pela estrutura organizacional adotada, que os leva a ocultar situações e a distorcer fatos. Sendo assim, os empregados tendem a encontrar formas de obscurecer assuntos e problemas, levando a administração a acreditar que os negócios estão se desenvolvendo na normalidade e os resultados parecem muito melhores do que realmente são.

A literatura policial mostra que, normalmente, esses problemas demoram dois ou três anos para que sejam descobertos. Determinadas estruturas e formas de gestão empresarial levam os gerentes a escutar aquilo que gostariam de ouvir, o que é péssimo para os controles. Se a falta de ética ferir clientes internos, apenas os acionistas serão penalizados. Porém, quando envolve clientes externos (fornecedores), a repercussão é ainda maior e leva, às vezes, milhares de vidas e centenas de empresas ao desespero.

Estruturas organizacionais que distanciam a gestão da operação estão fadadas ao fracasso (veja mais detalhes sobre estruturas organizacionais no capítulo II). A pressão diária dos assuntos da companhia já é um fator de distanciamento entre a direção e as áreas funcionais. Adicionalmente, estruturas excessivamente verticalizadas, autônomas e especializadas estorvam sobremaneira os controles. A interação desses fatores poderá ser catastrófica em termos de resultados.

Controles de perdas e fraudes

As empresas que não controlam continuamente seus executivos normalmente perdem, a cada ano, 5% de suas receitas para a astúcia de seus empregados, o que equivale a quase 3,7 trilhões de dólares em nível mundial, segundo relatório da CSO[24], consultoria americana especializada em análise de risco e segurança empresarial.

A edição de 2014 do Estudo Global sobre Fraude, lançado pela *Association of Certified Fraud Examiners* – ACFE[25] (Associação dos Analistas de Fraude Certificados) mostrou uma perda média de 45 mil dólares por fraude. Mais de 20% dos 1,5 mil casos analisados em 100 países eram de empresas que tinham empregados que deixaram as companhias com pelo menos US$ 1 milhão.

Os responsáveis pela fraude ou os principais causadores dos danos às empresas são os próprios empregados de quem muitos gestores jamais suspeitariam. Mais de 80% dos fraudadores eram réus primários que tinham trabalhado na firma por anos, sendo dois terços do sexo masculino.

Via de regra, o fraudador não trabalha com a expectativa de roubar. Ele costuma fazê-lo por causa de algum tipo de circunstância que o colocou em situação propícia ou de necessidade de dinheiro.

Em 85% dos casos estudados, as fraudes mais corriqueiras constituem-se em apropriação indébita de ativos, o que pode incluir despesas de viagem, criação de faturas falsas ou simplesmente remessa do dinheiro da companhia para a conta corrente de uma empresa fictícia.

Nos casos mais sofisticados, pessoas de nível executivo alteram as demonstrações financeiras para dar a impressão de que os ganhos da empresa pareçam melhores. Tais fraudes, chamadas na língua inglesa de "cook the books" ("cozinhar os livros"), significam mascarar os resultados contábeis para, deste modo, atingir metas e receber, em alguns casos, significativas quantias em bônus de desempenho. Segundo também a ACFE, esses golpes resultaram em uma perda média de US$ 1 milhão.

Ainda segundo estudo da ACFE, os empregados que trabalhavam nas áreas de contabilidade, operações, vendas, alta gerência, atendimento ao cliente, compras e/ou financiamento cometeram mais de três quartos das fraudes. Na maioria dos casos, as organizações não recuperam nenhuma ou apenas uma fração das perdas.

Vale destacar que as pequenas empresas, especialmente as não profissionalizadas e familiares, que geralmente possuem menor número de controles antifraude, sofreram perdas maiores do que as grandes.

A forma mais comum como os fraudadores são descobertos é por meio de denúncias de empregados companheiros (40%), o que constitui mais do que o dobro da taxa de qualquer outro método de detecção, como uma auditoria interna, por exemplo.

Por isso, com a finalidade de reduzir as perdas, muitas empresas criam uma linha direta para denúncias (***whistle blower***)[26], ao mesmo tempo em que educam os funcionários sobre o tipo de atividade fraudulenta, ensinando-os a identificar "sinais" em seus colegas, como o nível de vida incompatível com o salário, além da análise de relatórios e controles. Já chega a 50% o número de empresas com linhas diretas, segundo a pesquisa da ACFE.

Outro método eficaz na redução de fraudes é o monitoramento de dados com a sistematização e a análise de transações incomuns. Segundo a ACFE, essa medida pode reduzir as perdas em 60% e aumentar a detecção em 50% em comparação com empresas que não utilizam dessa arma. Nas companhias maiores e mais organizadas, áreas críticas são analisadas minuciosamente pela auditoria interna, uma medida barata que pode evitar perdas bilionárias. Infelizmente, empresas importantes consideram a auditoria interna um custo (e não um investimento) e acabam se valendo apenas da auditoria externa. Essa avaliação é um erro grave, pois a auditoria externa tem a finalidade de verificar se a contabilidade foi elaborada segundo as regras vigentes. Já a auditoria interna pode se valer da análise detalhada de documentos, isso sem falar do conhecimento sobre os procedimentos e controles da empresa. Ou seja, uma complementa a outra; ambas são indispensáveis.

As auditorias externas têm papel fundamental na prevenção de problemas, pois — ao examinarem as contas do cliente — elas não apenas apontam erros, como sugerem melhorias. Seus auditores comumente têm elevado nível escolar e competência administrativa em organização e métodos, habilidades que auxiliam na construção de sistemas de controles internos e prevenção de fraudes.

Para prevenir fraudes, é imperativo melhorar os controles internos permanentemente. Uma empresa social e eticamente responsável controla seus empregados. Ambientes excessivamente democráticos são nocivos à sociedade e expõem os homens aos seus instintos mais primários. Controles "frouxos" não são éticos. As empresas que mantêm um olhar atento sobre suas contas sofrem menos perdas. Aqueles que agem e aplicam a lei somente após serem alertados por um empregado, fornecedor, auditor ou algum outro terceiro gerenciam suas empresas irresponsavelmente e são suscetíveis de incorrer em grandes perdas.

Flexibilidade para aceitar erros e incertezas

Embora neste início de milênio tentemos mostrar que empresas modernas são democráticas, pois permitem que seus empregados levem um animal de estimação ou plantas para o trabalho ou, ainda, colem em suas baias toda a espécie de cartazes e fotos de família, as companhias na verdade são ainda muito fechadas e ditatoriais.

Como os gerentes, em sua maioria, são experientes e bem formados, alguns acabam sendo permissivos demais com seus colaboradores considerados "gênios" e lhes admitem uma tolerância capaz de arrepiar Taylor[27], fazendo "marqueteiramente" farta divulgação dessas liberalidades como forma de mostrar que a firma é criativa e é um bom lugar para se trabalhar.

Todavia, o ambiente empresarial é majoritariamente ditatorial em produção industrial, linhas de montagem, logística e centros de atendimentos, por exemplo. Talvez isso mude no futuro, mas dentro da cultura atual e especialmente da moral norte-americana e europeia, teremos um longo período de tempo até que aconteçam mudanças.

Ford[28] e Taylor e seus modelos totalitários não estavam errados. Eles foram produtos de uma época e, por isso, não deveriam ser criticados por escolásticos deste início do século XXI. Suas ações estabeleceram os alicerces daquilo que chamamos de empresas responsáveis. Seus pressupostos são os pilares da administração humanizada em que vivemos em nossos dias. As bases que Ford e Taylor lançaram nos permitiram aperfeiçoar a administração e alcançar a tecnologia de gestão que usamos hoje. O que diriam os críticos do fordismo e do taylorismo se analisassem os ambientes descritos por Engels[29]? Quais seriam as suas impressões ao ler as petrificantes descrições de Charles Dickens30 nas páginas do romance "Hard Times" ("Tempos Difíceis")?

Empresas são organismos vivos e, com o passar do tempo, especialmente com a ajuda de consultores, constroem uma cultura organizacional que incentive o aprendizado ou que, pelo menos, não o iniba. Para aprender, é preciso que a mente do gerente esteja aberta a mudanças e apta a adaptar o dia a dia empresarial aos novos tempos. É indispensável estar aberto aos erros e, em especial, flexível ao aprendizado que estes mesmos erros possam trazer ao ambiente.

Embora, em sua maioria, as empresas sejam ditatoriais, a nova leva de trabalhadores terá mais dificuldade para entender gerentes, pois os tempos mudaram e os gestores estão sendo desafiados a fazer o mesmo trabalho e conseguir os mesmos lucros de um modo mais humanizado.

Neste contexto, a empresa pode permitir que o empregado conteste as hipóteses gerenciais sem, no entanto, transgredi-las ou desafiá-las, admitindo assim a crítica construtiva e o aprendizado para o desenvolvimento empresarial.

Perceba o leitor que aqui falamos em aceitar erros. No entanto, não estamos autorizados a conviver com eles na empresa. Em ambientes empresariais complexos, analisar os erros, que são inevitáveis, faz parte do aprendizado, ou seja, é lidar de maneira construtiva com a incerteza e com a possibilidade estatística de falhas, jamais de modo a impor medo ou insegurança nos que as cometeram. Do contrário, os empregados serão levados a esconder os erros e as falhas e acobertar desvios para proteger a si mesmos e aos seus colegas, negando até mesmo que eles aconteçam.

Do outro lado, um ambiente empresarial sadio e inteligente nasce de uma série de elementos de controle, cujos resultados são debatidos com os subordinados, que são encorajados a analisar e a aceitar a situação problemática e complexa com que estão lidando.

Se monitorados com controle estatístico de falhas, retroalimentação ou *feedback*, os acontecimentos negativos acabam adquirindo valor prático, podendo ser importantes fontes de aquisição de inteligência empresarial. Erros legítimos são diferentes de equívocos, que poderiam e deveriam ser evitados[31].

O emprego da Análise SWOT[32] é um exemplo latente do ambiente de trabalho que se preocupa com a incerteza e trabalha com os erros qualitativos (não numéricos). Trata-se de um instrumento simples capaz de produzir resultados surpreendentes. A técnica da análise foi desenvolvida pelo professor Albert Humphrey, da Universidade de Stanford (EUA). No entanto, sua criação é um tanto controversa e creditada a vários professores.

Aqueles que apreciam a leitura de Sun Tzu (500 a.C.), escritor chinês mais conhecido por sua obra "A Arte da Guerra", poderão encontrar em suas páginas as seguintes palavras: "Concentre-se nos pontos fortes, reconheça as fraquezas, agarre as oportunidades e proteja-se contra as ameaças"[33].

A sigla SWOT provém das iniciais das palavras ***strength***, ***weakness***, ***opportunities*** e ***threats***, que significam, em português, "forças", "fraquezas", "oportunidades" e "ameaças", respectivamente. A aplicação dessa análise faz parte do planejamento tático de uma empresa, não importa quantos empregados ela tenha. Periodicamente, o gerente reúne-se, ainda que "consigo mesmo", e pensa nos resultados, mas do ponto de vista qualitativo, ou seja, sem considerar objetivos numéricos.

Figura 3.2 – Análise Swot

A simplicidade da Análise SWOT está no fato de poder ser executada com apenas uma folha de papel dividida em quatro partes. Na sala de aula, sempre oriento os meus alunos para que não tentem analisar problemas "de cabeça". Para ter melhores resultados, é preciso escrever aquilo que se pensa. A análise faz a empresa "pensar" e analisar questões do ponto de vista interno e externo, ou seja:

» Análise interna: pontos fortes (forças) e pontos fracos (fraquezas).

» Análise externa: oportunidades e ameaças.

A Análise SWOT é uma técnica para analisar os cenários nos quais a empresa está inserida; uma poderosa ferramenta para os empresários acompanharem o desempenho do orçamento empresarial e avaliar os ambientes internos e externos à empresa. Utilizada em qualquer área, a técnica obriga as pessoas a "pensarem" a empresa e a se inteirarem daquilo que acontece dentro e fora dela.

Já sob o ponto de vista numérico ou estatístico, quem conhece a vida das empresas sabe que os problemas devem ser controlados com todo o cuidado e rigor, pois pequenos erros acabam se transformando em grandes e os grandes ficam ainda maiores. Estatisticamente falando, empresas têm de se organizar e controlar tudo aquilo que for relevante.

Com os dados da contabilidade, por exemplo, é possível construir relatórios simples e transformá-los em indicadores (pois números são mais facilmente geridos). Peter Drucker (1909 – 2005) é considerado o pai da administração moderna. Entre suas muitas contribuições, ele deixou para as empresas uma lição muito importante, chamada de "APO" ou *Administração por Objetivos*. A APO consiste num sistema de administração empresarial cuja finalidade é medir numericamente o desempenho das diferentes áreas e setores da empresa em todos os níveis administrativos.

Trata-se de um processo pelo qual os proprietários e subordinados identificam objetivos comuns a serem alcançados e definem áreas de responsabilidade de acordo com os resultados planejados no orçamento. Essas métricas guiam a empresa na sua atividade. O mais interessante nesse processo de avaliação e acompanhamento de desempenho é que a técnica da APO é um instrumento de administração participativa que envolve empresários, gerentes e subordinados. Pela técnica de Administração por Objetivos, todos discutem as métricas a serem avaliadas, estabelecem objetivos em consenso e depois as avaliam.

Figura 3.3 – Planejamento estratégico

Objetivos numéricos trazem resultado garantido. Ao estabelecer metas, a empresa deve cuidar para que elas sejam fixadas por ordem de prioridade e proporcionalmente quanto ao valor que contribuem para o controle geral da firma. De nada adianta estabelecer um número muito elevado de desafios a serem alcançados. Poucos, não mais que vinte, abrangendo todas as áreas da firma, são suficientes. Para estabelecer objetivos que guiem os negócios, o empresário deve levar em conta alguns critérios:

» Os termos dos objetivos devem ser claros e fáceis de serem entendidos. É necessário evitar textos complicados e palavras rebuscadas.

» Para tudo deve-se determinar tempo de consecução e nunca deixar nada sem prazo. Coloque prazos intermediários que estimulam a equipe.

» Faça avaliações permanentes com a equipe. Reúna-se com o corpo gerencial pelo menos uma vez por semana para discutir os resultados e propor estratégias.

» Não basta acompanhar, é necessário corrigir o rumo e estabelecer novas rotas para os objetivos mais difíceis de serem alcançados.

» O foco deve ser na atividade e no resultado, nunca nas pessoas.

Capítulo IV
Compliance nas Organizações Empresariais

"Nunca falte com o respeito a ninguém. Que a integridade seja a regra a guiar sua vida e carreira. Tenha mais medo da severidade do seu próprio ditame do que dos ensinamentos das pessoas em geral. Deixe de fazer o indecente, mais pelo temor da sua inteligência do que pelo rigor de qualquer autoridade ou lei. Chegue mesmo a temer a si mesmo e não vai necessitar do látego imaginário com que se castigava."
Sêneca [34], [35].

A ética empresarial traduz a filosofia e os objetivos fundamentais de um negócio. Uma companhia tem como objetivo trazer o máximo de retorno sobre os investimentos dos acionistas. Caso abra mão dos lucros, ela estará traindo a confiança da missão que lhe foi delegada. Do mesmo modo, o corpo gerencial dessa firma, respeitados os limites fixados por ela mesma e, principalmente, o regramento estabelecido na lei, deve, na sua tarefa de gestão, maximizar os retornos.

Entretanto, os executivos devem conter seus instintos e ter em mente que o excesso de ambição e a visão do lucro imediatista prejudicam a empresa em longo prazo. Além de produzir resultados, um gerente socialmente responsável precisa manter a responsabilidade fiduciária, não só com os acionistas, mas também com fornecedores, clientes e, principalmente, com o governo. É este conceito que torna a tarefa do gestor um desafio: não basta obter lucro, ele precisa ser "limpo".

Os investidores, por seu turno, precisam despir-se de atributos negativos, instintos nocivos e paixão exagerada pelo material. A avidez pela riqueza é inerente à natureza humana e encontra motivação no dinheiro. No entanto, é prudente ter sabedoria para usufruir da força econômica; ser forte e agressivo não é o suficiente para se manter rico e poderoso; é necessário possuir *virtù*[36] para manter o domínio adquirido[37].

Uma empresa ética não explora seus fornecedores, nem paga algum tipo de propina para os compradores dos seus produtos. Respeita os colaboradores e os fornecedores e não comete crimes contra o meio ambiente. Essas condutas, associadas ao lucro, são características de companhias socialmente responsáveis. Observe que gerenciar uma firma significa seguir regras, muitas das quais não estão sequer escritas.

Neste capítulo, analiso o *compliance*. O termo não existe na língua portuguesa; por isso, está sujeito a variadas interpretações. Em geral, o *compliance* é a adesão da companhia a normas ou procedimentos de determinado setor. Seu objetivo primordial é o combate à corrupção.

Diferentemente da ética, que é assumida com espontaneidade, o *compliance* está relacionado à responsabilidade legal (figura 3.1). Ser ético é agir voluntariamente com princípios morais para com a sociedade. Já *compliance* é cumprir com regras e regulamentos; é trabalhar ou agir dentro da lei.

Para exemplificar, uma empresa industrial automotiva obedece ao *compliance* na medida em que produz automóveis de acordo com normas e especificações de fabricação estabelecidas em projetos que reúnem diretrizes técnicas sobre controle ambiental, segurança, poluição, etc.

Um diretor de uma concessionária que presta serviços públicos feriria uma norma de *compliance* caso oferecesse uma viagem de férias a um técnico de uma agência reguladora. As normas federais de relacionamento com a sociedade seriam transgredidas se um gestor público aceitasse presente ou brinde cujo valor ultrapassasse R$ 100,00, pois o Código de Conduta da Alta Administração Federal regula esse procedimento.

Formado por leis, decretos, resoluções, normas, atos e portarias, o *compliance* é todo arcabouço regulatório aplicado pelas agências que controlam e regulam o setor no qual a empresa está inserida.

As maiores e mais organizadas corporações também criam suas próprias normativas internas para direcionar o comportamento de seus diretores e executivos e, assim, coibir comportamentos negativos, desvios de conduta e inconformidades. Sob a ótica dos executivos, o *compliance* pressupõe atender, além da normativa regulatória e legal, as resoluções internas da companhia.

A palavra *compliance* vem do inglês, "*to comply*", que significa seguir regras, instruções, normas, diretrizes ou simplesmente responder a um comando. O *compliance* pressupõe adesão e respeito a normas e regulamentos.

A implementação do *compliance* pelas empresas é fundamental no combate à corrupção, cuja atividade assume cinco aspectos fundamentais, segundo o *Global Integrity Summit* (Cúpula Global da Integridade), da *Griffith University* (Deloitte, 2014):

» Regulamentação: regras claras, factíveis e disseminadas, acordadas por todos na sociedade.

- Educação: formação e capacitação sobre conceitos de integridade e ética para engajar os envolvidos.
- Cooperação: integração e colaboração entre diferentes países e instâncias regulamentares e de investigação.
- Transparência: ferramentas de divulgação, monitoramento e acompanhamento de informações públicas.
- Independência: liberdade para investigação e julgamento de casos de corrupção.

Praticar corrupção no Brasil pode custar caro

A mídia estampa diariamente, em suas páginas principais, casos de entidades da administração pública e de empresas envolvidas em processos de corrupção.

De acordo com análise da consultoria especializada em políticas públicas *Patri*[38], nos últimos anos, os processos de corrupção chamaram a atenção da sociedade por conta de quatro fatores:

- A extensão dos negócios e o volume de dinheiro envolvido nos processos de corrupção.
- A constância do assunto na mídia.
- O debate ostensivo sobre o desafio de se criar regras e controles que mitiguem esquemas de corrupção.
- Os casos atuais de corrupção estão levando empresários, executivos e políticos para a prisão; geram aplicações milionárias de multas; e impõem veto à contratação de empresas envolvidas em escândalos de corrupção.

Essa análise leva-nos a crer que cada vez mais surge no Brasil uma nova consciência sobre os desvios de conduta para benefício próprio: praticar corrupção custa caro. Mas qual é a razão desta mudança?

Uma das teorias de Douglass North[39], professor americano ganhador do prêmio Nobel de Economia, pode explicar.

Alguns países são mais desenvolvidos do que outros porque possuem maior amadurecimento institucional. Comparemos o Paraguai com a Dinamarca. O país sul-americano tem melhores condições de desenvolvimento, pois tem excelente clima, terras férteis, água em abundância, relevo e geografia que facilitam e barateiam a logística, um povo bom, honesto e trabalhador. Já a Dinamarca é inóspita, gelada, cortada por cadeias de montanhas pedregosas, que tornam a comunicação difícil e cara no país. Há poucas terras. Seu povo também é bom, honesto e trabalhador. Todavia, as condições de vida social do país escandinavo são infinitamente melhores e a sua renda *per capita* é dezenas de vezes maior. Por que a diferença, então? Porque as instituições dinamarquesas são sólidas; já as paraguaias, nem tanto.

O Brasil tem melhorado muito institucionalmente. Nos últimos anos, corruptos têm sido presos, de forma inédita, o que não estávamos acostumados a ver. Os contadores são, cada vez mais, valorizados e requisitados. Dificilmente alguém firma um contrato empresarial sem contar com a orientação de um advogado. Um empresário não ousaria colocar à mesa um importante projeto de desenvolvimento sem o auxílio de um consultor especializado. A Receita Federal tem se aparelhado instrumentalmente; seus funcionários estão entre os melhores da administração pública. Os agentes da Polícia Federal são muito bem preparados. A imprensa brasileira é investigativa, diligente, independente e implacável. Assim, em uma sociedade cada vez mais combativa em relação à corrupção, um indivíduo deve pensar duas vezes antes de praticar ato ilícito.

O Brasil passou por um amadurecimento institucional significativo nos últimos anos. Estamos melhorando. As punições imediatas passaram a atingir o patrimônio e a vida de empresas e de executivos e, principalmente, a imagem das companhias. Ou seja, usar a corrupção como parte do negócio passou a custar caro.

A criação do *Instituto Compliance Brasil* é mais um indício de que o país está amadurecendo institucionalmente. Fundado em 2014, no Dia Mundial de Combate à Corrupção, 9 de dezembro, o *Instituto Compliance Brasil* é uma instituição sem fins lucrativos que se "pauta pela excelência, transparência e independência, orientada ao desenvolvimento do *compliance* na sua concepção mais ampla"[40]. O instituto nasceu do compromisso de profissionais do setor privado brasileiro com o "objetivo primário de propiciar a difusão de informações adequadas, didáticas e de fácil acesso a todos os setores da sociedade, com fluidez e capilaridade, atendendo ao princípio de multidisciplinaridade inerente à matéria". As páginas do instituto na internet passaram a ser leitura obrigatória para aqueles que desejam fazer consulta bibliográfica e se aprofundar na temática.

A missão do *Instituto Compliance Brasil* é:

» Difundir e fortalecer a cultura de compliance na sociedade em geral.

» Incentivar o desenvolvimento de ambiente ético e íntegro nos setores privado e público.

» Estimular empresas a respeitarem princípios éticos e padrões elevados de compliance no exercício de suas atividades.

» Promover, realizar, fomentar e divulgar estudos e pesquisas na atividade de compliance, visando às melhores práticas e à formação de melhores profissionais.

» Cultivar o compromisso e articular a participação do setor privado na implementação de políticas públicas.

» Analisar, debater e apresentar sugestões a textos legislativos, bem como elaborar e apresentar projetos de leis e regulamentações ao Poder Legislativo e à administração pública.

» Promover, organizar, orientar, coordenar, ministrar e apoiar programas de ensino, eventos, cursos e seminários destinados à formação e especialização de estudantes técnicos e profissionais de compliance.

A lei brasileira de compliance – Lei Anticorrupção

Compliance é um conjunto normativo que assegura o cumprimento de regras de determinado setor. O significado tem como objetivo identificar possibilidades de infrações, falta de cumprimento de uma norma legal ou atividades que se configurem como atos de corrupção.

No Brasil, *compliance* ganhou significância após a promulgação da Lei Anticorrupção (Lei nº 12.846, de 1º de agosto de 2013) ou Lei do Compliance, cujo instrumento normativo dispõe sobre a responsabilização administrativa e civil de pessoas jurídicas, de qualquer natureza ou formato societário, pela prática de atos contra a administração pública nacional ou estrangeira (veja no capítulo 1 as formas de organização empresarial possíveis no Brasil).

Recomendo ao leitor que, a cada vez que precisar consultar a lei, acesse na internet a base de dados normativos da Presidência de República[41], pois ali encontrará sua última versão, com todos os ajustes e as atualizações. Em qualquer caso, nada substitui a versão publicada no Diário Oficial da União (DOU). Isso deve ser dito, pois se algo estiver discordante ou por hipótese, e o website não for atualizado, vale a versão publicada no DOU.

A Lei Anticorrupção responsabiliza pessoas jurídicas, inclusive seus sucessores, dirigentes e administradores, nos âmbitos administrativo e civil, por atos praticados em benefício próprio. Segundo a lei, constituem atos lesivos à administração pública nacional ou estrangeira:

» Prometer, oferecer ou dar, direta ou indiretamente, vantagem indevida a agente público ou a terceira pessoa a ele relacionada.

» Financiar, custear, patrocinar ou de qualquer modo subvencionar a prática dos atos ilícitos previstos na lei.

» Utilizar-se de interposta pessoa física ou jurídica para ocultar ou dissimular seus reais interesses ou a identidade dos beneficiários dos atos praticados.

» No que diz respeito a licitações e contratos realizados, são passíveis de responsabilização os seguintes atos:

» Frustrar ou fraudar, mediante ajuste, combinação ou qualquer outro expediente, o caráter competitivo de procedimento licitatório público.

» Impedir, perturbar ou fraudar a realização de qualquer ato de procedimento licitatório público.

» Afastar licitante por meio de fraude ou oferecimento de vantagem de qualquer tipo.

» Fraudar licitação pública ou contrato dela decorrente.

» Criar, de modo fraudulento ou irregular, pessoa jurídica para participar de licitação pública ou celebrar contrato administrativo.

» Obter vantagem ou benefício indevido, de modo fraudulento, de modificações ou prorrogações de contratos celebrados com a administração pública, sem autorização em lei, no ato convocatório da licitação pública ou nos respectivos instrumentos contratuais.

» Manipular ou fraudar o equilíbrio econômico-financeiro dos contratos celebrados com a administração pública.

Além dos atos mencionados, será penalizado quem dificultar atividade de investigação ou fiscalização de órgãos, entidades ou agentes públicos ou intervir em sua atuação, inclusive no âmbito das agências reguladoras e dos órgãos de fiscalização do sistema financeiro nacional.

A Lei Anticorrupção foi regulamentada depois de um ano da sua promulgação. A presidente Dilma Rousseff assinou o Decreto nº 8.420/2015 como uma das medidas do Pacote Anticorrupção, cujo objetivo é criar ambiente para coibição de atos ilícitos, reforçando o papel da Controladoria-Geral da União (CGU) no controle dos processos administrativos. Segundo análise publicada pela *Patri*[42], consultoria especializada em políticas públicas, as principais medidas são as seguintes:

» Processo Administrativo de Responsabilização (PAR): disciplina o meio pelo qual será realizada a apuração da responsabilidade administrativa da pessoa jurídica que possa resultar na aplicação das sanções.

» Cálculo das multas: o texto especifica como será feito o cálculo das multas impostas por infração à lei, além de estabelecer a necessidade de publicação da decisão administrativa sancionadora (na forma de extrato de sentença).

» Pagamento da multa: o prazo de recolhimento será de 30 dias.

» Regras do acordo de leniência: a proposta de acordo receberá tratamento sigiloso, salvo se as partes autorizarem a sua divulgação. Caso a pessoa jurídica desista da proposta, a documentação apresentada na negociação será devolvida, sendo vedado o seu uso para fins de responsabilização.

» Compliance: são estabelecidos os parâmetros de aplicação, avaliação e efetividade dos Programas de Integridade, que serão analisados de acordo com o porte e as especificidades de cada pessoa jurídica. A contratação de terceiros também foi especificada.

» Cadastro: dispõe sobre o funcionamento do Cadastro Nacional de Empresas Inidôneas e Suspensas (Ceis).

» Importância para demais regulamentações que estão pendentes: a norma consolida os procedimentos da Lei Anticorrupção e dá um norte aos estados e municípios de como estes processos deverão ser tratados.

A seguir, apresentamos os cinco principais pontos abordados pela Lei de Compliance brasileira[43] e sua regulamentação complementar, conforme quadro da consultoria especializada em políticas públicas *Patri*.

1	**Qual é o objetivo da lei?**	Responsabilizar pessoas jurídicas pela prática de atos contra a administração pública. Sofrerá sanções severas a empresa que não se prevenir contra atos ilícitos de seus funcionários, representantes, dirigentes ou fornecedores.
2	**Quais são as pessoas jurídicas passíveis de punição?**	As sociedades empresárias e sociedades simples, fundações, associações de entidades ou pessoas e sociedades estrangeiras.
3	**Como se dará o procedimento administrativo de aplicação da lei?**	O ente lesionado instaurará o PAR para colher provas, ouvir testemunhas, receber a defesa da pessoa jurídica e, ao final, comprovado o fato, aplicará as sanções de natureza administrativa.
4	**O que fazer para mitigar os riscos?**	As empresas devem adotar mecanismos que evitem ilícitos e controlem a ação de seus funcionários, porque responderão pela conduta deles. As ferramentas de proteção devem ser efetivas: não basta criar códigos de conduta, abrir supostos canais de denúncia ou nomear um controlador de lisura das operações sem lhe dar autonomia e garantias.
5	**Parceiros comerciais (relação com terceiros)**	As empresas precisam reforçar a relação com parceiros comerciais e fornecedores em seus programas de compliance, porque responderão pelas condutas deles.

Fonte: Patri – Políticas públicas (www.patripoliticaspublicas.com/).

Quadro 4.1 – Cinco principais pontos abordados pela Lei de Compliance brasileira e sua regulamentação complementar

Acordo de leniência

Leniência é a característica daquilo que é marcado pela suavidade; qualidade do que é agradável, suave ou doce; mansidão ou lenidade. Também pode ser traduzido como excessiva tolerância. Já o Acordo de Leniência é um tipo de ajuste que possibilita ao infrator fazer parte da investigação, com o intuito de prevenir ou restaurar um dano por ele cometido, recebendo, por isso, determinados benefícios[44].

O Acordo de Leniência é celebrado por uma entidade que atua em nome da União, com empresas ou mesmo pessoas físicas que transgrediram alguma ordem ou cometeram infração. A sua finalidade é dar ao transgressor a oportunidade de colaborar com o poder público no processo investigatório, relatando fatos e apresentando elementos que possa servir de provas contra os demais infratores. Em troca, ele pode receber a redução ou mesmo a extinção da penalidade.

Este tipo de ajuste tem origem no conceito do Direito americano. No Brasil, tem amparo em vários diplomas legais (Leis nº 8.884/1994, nº 10.149/2000 e nº 12.846/2013). Vale observar que o acordo de leniência pode também ser aplicado ao Direito Penal como delação premiada. Regulamentada pela Lei nº 9.807/1999, contudo, a delação premiada tem como objetivo conceder benefícios em favor de pessoas que de forma voluntária colaboraram com o processo criminal ou ainda com a investigação criminal[45].

O assunto é complexo e o nosso sistema, infelizmente, não é harmonioso, pois a própria doutrina confunde os dois institutos: acordo de leniência e delação premiada. Vale a pena explicar.

O acordo de leniência foi introduzido na legislação brasileira, efetivamente, em 2000, por meio da Lei nº 10.149/2000, que alterou a Lei do CADE (Lei nº 8.884/94).

Entretanto, a Lei 8.884/94, com as alterações promovidas pela Lei nº 10.149/2000, foi revogada pela nova Lei do CADE, nº 12.529/2011. O acordo de leniência está previsto, atualmente, no seu artigo 86. Esta legislação trata exclusivamente do acordo de leniência, ou seja, no âmbito dos crimes contra a ordem econômica, de competência do Sistema Brasileiro de Defesa da Concorrência. Nossa lei antitruste. Já a Lei nº 12.846/2013 (Lei anticorrupção) também trata sobre o acordo de leniência, porém, naquela, cabe ao CADE fechar o acordo. Nesta Lei ele pode ser proposto e aceito pela "autoridade máxima de cada órgão ou entidade pública". Em casos envolvendo o Executivo federal, por exemplo, o responsável pela condução é a Controladoria Geral da União (CGU).

Delação premiada

A delação premiada surgiu na Alemanha, no século XIX, com Rudolf von Ihering (1818 – 1892), figura ímpar do Direito alemão. Sua obra influenciou a cultura jurídica em todo o mundo ocidental[46].

A delação premiada permite que os juízes atuem com mais liberdade, pois eles podem assumir uma postura mais condescendente com os réus que colaboram com a justiça, oferecendo-lhes penas menores, cumprimento de sentenças em liberdade e até perdão judicial. Todo o processo é realizado dentro da lei, no Estado Democrático de Direito, de forma transparente e com o acompanhamento de advogados[47].

A delação premiada é um recurso para contornar o dilema dos prisioneiros, um problema da teoria dos jogos. Trata-se de um jogo que representa o dilema entre cooperar e trair[48]. Dois suspeitos são presos, mas não existem provas suficientes para condenação. Sendo assim, eles são separados em celas diferentes e oferece-se a ambos o mesmo acordo:

» Se um dos prisioneiros trair o outro confessando, e o segundo permanecer em silêncio, aquele que confessou pode sair livremente enquanto o cúmplice que se manteve calado cumpre uma pena de dez anos.

» Se ambos ficarem em silêncio (colaborarem um com ou outro), a justiça só pode condená-los a um ano cada um.

» Se ambos confessarem (traírem o comparsa), cada um deles leva uma pena de cinco anos de prisão.

Cada investigado toma sua própria decisão, mas desconhece a deliberação e a escolha do outro. Os prisioneiros não podem combinar suas respostas (eles são isolados em locais diferentes) e devem depor simultaneamente. Como os acusados reagirão? Qual decisão racional tomar? Qual a melhor atitude? Cada jogador quer ficar preso o menor tempo possível, ou seja, maximizar seu resultado individual. "Considerando os incentivos deste jogo (os valores das penas para cada combinação de decisões na matriz), existe uma única decisão racional a tomar: trair"[49].

É claro que a delação premiada apenas pode ser adotada em países onde os juízes têm grande liberdade de ação, como no Brasil e também no Reino Unido, Estados Unidos, Alemanha e Itália.

O caso mais notório de delação premiada foi conduzido pelo juiz italiano Giovani Falcone. A delação do mafioso Tommaso Buscetta resultou na condenação de 341 criminosos. Se a justiça tivesse optado pelo processo tradicional, o julgamento do caso teria se alongado infinitamente, resultando na impunidade dos meliantes[50].

No Brasil, embora já existissem instrumentos jurídicos para a colaboração de delatores em investigações, a delação premiada apenas pode ser tornar realidade com o advento da Lei nº 12.805/2013. Os resultados alcançados foram surpreendentes e milhares de atos ilícitos vieram à tona e resultaram no indiciamento e na condenação de centenas de infratores, como no caso do Petrolão.

Delação premiada no Brasil

A delação premiada, ou colaboração premiada, foi inserida no ordenamento jurídico brasileiro pela Lei nº 8.072, de 25 de julho de 1990 (Lei dos Crimes Hediondos). A lei norte-americana que serviu de inspiração para o legislador brasileiro e que trata do mesmo assunto é conhecida como "plea bargaining" ("apelo de barganha"). Trata-se de acordo entre o Estado e a pessoa jurídica ou física que se declara culpada ao promotor e recebe benefícios em retorno (por exemplo, uma pena menor).

Embora aos olhos de alguns pareça injusto, esse tipo de acordo possibilita acelerar o julgamento de um caso que poderia levar anos percorrendo os tribunais, especialmente na justiça brasileira, em que a ação dos juízes é muito limitada e o rito processual é longo e burocrático.

Segundo o advogado Francisco Yukio Hayashi[51], a delação premiada é uma técnica de investigação consistente na oferta de benefícios pelo Estado àquele que confessar e prestar informações úteis ao esclarecimento do fato delituoso.

Para Hayashi, o benefício legal é mais precisamente uma "colaboração premiada", pois nem sempre a contribuição do suposto réu dependerá unicamente de uma delação. A lei brasileira prevê redução de penas em até dois terços, caso o infrator denuncie o mandante do crime. Anteriormente, a Lei do Colarinho Branco (Lei nº 7.492/1986) já contava com este dispositivo, cuja aplicação prática no Direito brasileiro começou somente com a entrada em vigor da Lei dos Crimes de Lavagem de Dinheiro (Lei nº 9.613/1998). Todavia, os acordos para delação premiada nesses crimes apenas puderam ser colocados em prática com a Lei nº 12.850, de 2 de agosto de 2013, no chamado escândalo do Petrolão. A seguir, algumas de suas características básicas:

» Colaboração voluntária.

» O benefício depende da efetividade da colaboração, isto é, de resultados.

» O juiz não deve participar das negociações de formalização do acordo.

» O acordo deve conter relato do colaborador e resultados pretendidos.

» É indispensável a presença de advogado em todos os atos de negociação.

Em linhas gerais, a diferença básica entre os institutos (acordo de leniência e delação premiada) é que, neste, o tema é tratado no bojo de um inquérito ou processo criminal, com a homologação pelo Poder Judiciário e a participação do Ministério Público e o delegado de polícia, inclusive. Já no acordo de leniência, como vimos anteriormente, é tratado no bojo de um processo administrativo, seja de competência do CADE ou "da autoridade máxima do órgão da administração pública ou entidade dos três poderes". Em algumas hipóteses bem específicas, como do artigo 87, da Lei nº 12.529/2011, o acordo celebrado com o CADE, na esfera administrativa, a título exemplificativo, interrompe o oferecimento de denúncia pelo Ministério Público na esfera penal:

> *"Art. 87. Nos crimes contra a ordem econômica, tipificados na Lei nº 8.137, de 27 de dezembro de 1990, e nos demais crimes diretamente relacionados à prática de cartel, tais como os tipificados na Lei nº 8.666, de 21 de junho de 1993, e os tipificados no art. 288 do Decreto-Lei nº 2.848, de 7 de dezembro de 1940 - Código Penal, a celebração de acordo de leniência, nos termos desta Lei, determina a suspensão do curso do prazo prescricional e impede o*

oferecimento da denúncia com relação ao agente beneficiário da leniência."

A Lei de Crimes Hediondos (Lei nº 8.072/1990), prevê duas hipóteses de delação premiada, ambas como causa de diminuição de pena. A primeira delas está contida no artigo 7º, que incluiu o § 4º no artigo 159 do Código Penal, nos seguintes termos: "Se o crime for cometido por quadrilha ou bando, o coautor que denunciá-lo à autoridade, facilitando a libertação do sequestrado, terá sua pena reduzida de um a dois terços". Após, em 1996, a Lei nº 9.269 alterou esse parágrafo para sua redação atual: "Se o crime for cometido em concurso, o concorrente que o denunciar à autoridade, facilitando a libertação do sequestrado, terá sua pena reduzida de um a dois terços. Há diversos diplomas legais que contemplam este instituto, além da Lei nº 9.807/1999. A principal, atualmente, é a Lei nº 12.850/2013, que o denomina como "colaboração premiada" (vide artigo 4º), a mesma que foi utilizada nos casos da operação Lava Jato, por exemplo.

Principais dispositivos de combate à corrupção

Embora a lei traga um conjunto de sanções como forma de punição, sua regulamentação é encontrada em legislação inferior. Explicando melhor, é necessária a publicação de um decreto, por exemplo, para que a lei possa ser operacionalizada. As multas aplicadas a empresas que cometem crimes de corrupção podem chegar a 20% (vinte por cento) do faturamento bruto do último exercício anterior ao da instauração do processo administrativo, excluídos os tributos. O valor, no entanto, nunca poderá ser inferior à vantagem auferida (o dinheiro desviado ou obtido ilicitamente).

A Controladoria-Geral da União (CGU) tem papel importante no processo de aplicação da Lei Anticorrupção. O órgão tem competência para instaurar processos administrativos e responsabilizar pessoas jurídicas; avocar, apurar e julgar processos de crimes praticados contra a administração pública e instaurados na justiça.

No âmbito do Poder Executivo Federal, a CGU é a única entidade competente para celebrar os acordos de leniência com as pessoas jurídicas responsáveis pela prática de atos ilícitos. Vale ressaltar que o acordo não eximirá a companhia da obrigação de reparar integralmente o dano causado.

Para produzir efeitos, o acordo deve resultar:

» Na identificação dos demais envolvidos na infração.

» Na obtenção célere de informações e documentos que comprovem o ilícito sob apuração.

» O acordo de leniência somente poderá ser celebrado se preenchidos, cumulativamente, os seguintes requisitos:

» Ser a primeira pessoa a se manifestar sobre seu interesse em cooperar com a apuração do ato ilícito.

» Cessar completamente seu envolvimento na infração investigada a partir da data de propositura do acordo.

» Admitir participação no ilícito e cooperar plena e permanentemente com as investigações e o processo administrativo, comparecendo, sob suas expensas, sempre que solicitada, a todos os atos processuais, até o seu encerramento.

A responsabilidade da pessoa jurídica na esfera administrativa não afasta a possibilidade de sua responsabilização na esfera judicial. A União, os Estados, o Distrito Federal e os municípios, por meio de suas respectivas advocacias públicas ou órgãos de representação judicial, além do Ministério Público, poderão ajuizar ação para:

» Apreender bens, direitos ou valores que representem vantagem ou proveito direto ou indireto obtidos por meio da infração, ressalvado o direito do lesado ou de terceiro de boa-fé.

» Suspender ou interditar parcialmente suas atividades.

» Dissolver pessoa jurídica de forma compulsória.

» Proibir incentivos, subsídios, subvenções, doações ou empréstimos de órgãos ou entidades públicas e de instituições financeiras públicas ou controladas pelo poder público pelo prazo mínimo de um ano e máximo de cinco anos.

O Cadastro Nacional de Empresas Punidas (CNEP) reúne e dá publicidade às sanções aplicadas pelos órgãos ou pelas entidades dos Poderes Executivo, Legislativo e Judiciário. O cadastro disponibiliza dados sobre:

» Razão social e número de inscrição da pessoa jurídica ou entidade no Cadastro Nacional da Pessoa Jurídica (CNPJ).

» Tipo de sanção.

» Data de aplicação e data final da vigência do efeito limitador ou impeditivo da sanção.

Segundo o estudo "Lei Anticorrupção – Um retrato das práticas de *compliance* na era da empresa limpa", publicado pela Deloitte, empresa de auditoria e consultoria tributária, o Brasil está dando um importante passo para uma nova era de maturidade no seu ambiente de negócios. Com a publicação e a regulamentação da Lei Anticorrupção, o País se alinha às mais rigorosas e avançadas legislações do mundo no combate à corrupção. A lei brasileira possui texto semelhante ao da Lei de Práticas de Corrupção (o *Foreign Corrupt Practices Act* ou FCPA), dos Estados Unidos, e ao da Lei do Suborno (o *Bribery Act*), do Reino Unido. De acordo com o estudo, a lei afetará profundamente a cultura organizacional de empresas brasileiras e estrangeiras que atuam no País, pois, para evitar que caiam em casos de corrupção, elas serão obrigadas a criar "uma estrutura de governança corporativa, gestão de riscos e controles internos" (Deloitte, 2014).

O cenário futuro brasileiro indica que brevemente todas as operações financeiras realizadas pelos bancos de maior porte, além de contratos e licitações firmados entre órgãos do governo e empresas que operam grandes obras, serão submetidas a métodos específicos de auditoria interna e a medidas de conformidade. Contratantes e contratados deverão desenvolver certificações de processos que previnam atos de corrupção, códigos de conduta e ética empresarial, além de treinamentos de colaboradores e executivos.

O mercado financeiro já espera do Banco Central regulamentos cada vez mais rígidos e eficazes. As instituições financeiras, por sua vez, deverão adotar políticas de responsabilidade para identificar situações de risco e mitigá-las.

As questões ambientais no âmbito empresarial também já começam a tomar um outro rumo no Brasil. A norma publicada pelo Banco Central para tratar o assunto é genérica e em forma de diretrizes, justamente para propiciar um ambiente de autorregulação no nível operacional. Algumas entidades do setor financeiro deram início à proteção de suas operações. O Banco Santander e o BTG Pactual, por exemplo, já avaliam os tomadores de empréstimos e financiamentos por meio de diretrizes próprias.

Com base nas orientações do Banco Central (Bacen), a Febraban, entidade federativa dos bancos, estabeleceu condições não compulsórias que devem ser observadas pelos bancos:

» Verificar certificado de biossegurança se o projeto financiado envolver produtos transgênicos.

» Avaliar eventuais passivos socioambientais das companhias investidas e também de fornecedores diretos e relevantes delas.

» Checar se as garantias imobiliárias têm averbação de reserva legal.

Contratos de empréstimos e financiamentos também podem conter cláusulas de vencimento antecipado se for constatado que o imóvel tem restrição ao uso ou está em terras de ocupação indígena. Em complemento, as normas da Febraban estabelecem que, quando os bancos firmarem contratos de investimento e financiamento, deverão ainda observar os seguintes pontos:

» Exigir observância à legislação ambiental e trabalhista.

» Conter cláusulas com revisão de vencimento antecipado da operação, caso haja cassação da licença ambiental ou sentença que declare uso de trabalho infantil, escravo ou danos ao meio ambiente.

» Prever o monitoramento de fornecedores em relação a impactos ambientais pelo tomador.

As medidas de precaução não são inéditas no setor bancário, que de uma forma ou outra já vinha aplicando condições socioambientais em suas operações de empréstimos. As diretrizes do Banco Central, no entanto, são novidade, pois indicam a tendência de que as medidas socioambientais vieram para ficar. Trata-se de uma disposição mundial pela ética nos negócios e que só tende a ficar mais estrita no decorrer do tempo e com o aperfeiçoamento das instituições.

De acordo com o estudo da Deloitte, das 124 organizações de 27 setores que atuam no Brasil, 67% investem apenas R$ 1 milhão por ano em *compliance* e

60% têm um profissional dedicado à área. Essas empresas avaliam que os maiores riscos enfrentados pelos empresários brasileiros estão ligados à regulamentação do setor (61%), à fraude (57%) e à corrupção (55%).

A fim de mitigar situações de desconformidade e principalmente de corrupção, 52% das companhias têm investido no treinamento de seus colaboradores. De fato, os investimentos em capacitação são fundamentais. Mesmo se tratando de empresas representativas, um número significativo de executivos (32%) não acredita que as normas internacionais anticorrupção (FCPA, ***Bribery Act***, Convenção das Nações Unidas contra a corrupção, etc.) se aplicam às suas respectivas empresas, o que sabemos não ser verdade. Um total de 15% sequer sabe da existência de normas internacionais a respeito do tema.

O estudo mostra ainda que 36% das firmas têm política de combate à corrupção e, em 86% delas, os respectivos códigos de conduta abrangem aspectos relacionados ao ***compliance***. Trata-se de grandes empresas, pois 51% das pesquisadas têm faturamento acima de R$ 1 bilhão ao ano. Entre estas, 29% asseguram que a importância do risco de corrupção foi elevada nos últimos anos e que, assim, em um futuro próximo, requererão melhor pensamento estratégico em termos de atuação mercadológica. Finalmente, 80% das companhias acreditam que a Lei Anticorrupção é eficaz ou muito eficaz no combate à corrupção.

Corrupção na Área Governamental

O sistema que garante sustentabilidade política, nas três esferas de governo: federal, estadual e municipal, infelizmente, empurra as administrações para a corrupção. Em síntese, a fórmula é simples: o governo precisa de votos no Congresso Nacional, Assembleia Legislativa ou Câmara Municipal e, para obtê-los, oferece cargos públicos aos senadores, deputados e vereadores[52]; afetando os três poderes: executivo, judiciário e legislativo.

Segundo o jornalista André Petry, o mau uso dos chamados cargos de confiança, ou os postos da administração do governo que podem ser ocupados sem concurso público é uma das raízes da corrupção[53]. Para agravar, no Brasil, o número destes tipos de cargos é gigantesco, apenas na esfera federal alcançam vinte e três mil.

Uma pesquisa do Professor Sérgio Praça, da Universidade Federal do ABC, realizada em cem órgãos da administração federal, apurou o número de cargos de confiança de cada um deles, depois verificou quantos destes cargos estavam ocupados por afiliados, correlacionando-os com atos de corrupção publicados na imprensa. Os resultados são estarrecedores, conforme revela o quadro 4.2[54]. No Ministério da Saúde, por exemplo, onde existem 1.609 cargos de confiança e cerca de 225 dos quais estão ocupados por afiliados políticos, a pesquisa constatou noventa e cinco casos de escândalos publicados[55].

Entidade pública Federal	Número de escândalos publicados pela imprensa	Percentagem de filiados a partidos políticos em cargos de confiança
Ministério da Marinha	Zero	4,8%
Ministério das Relações Exteriores	3	5,0%
Ministério da Aeronáutica	Zero	5,5%
Escola Nacional de Administração Pública	Zero	6,3%
Ministério do Exército	Zero	7,3%
Fundação Oswaldo Cruz	Zero	8,0%
Superintendência de Seguros Privados	Zero	8,3%

(continua)

Ministério da Defesa	1	8,6%
Inmetro	Zero	8,6%
Comissão de Valores Mobiliários (CVM)	1	8,8%
Ministério dos Transportes	38	11,0%
Ministério da Saúde	95	14,0%
Ministério do Trabalho	36	19,0%
Incra	45	22,0%
Sudam	48	22,0%

Fonte: Revista Veja, Edição de 27 de maio de 2015, páginas 52/53.

Quadro 4.2 – Relação entre os escândalos de corrupção e o percentual de cargos de confiança ocupados por filiados a partidos políticos

Já o economista americano Robert Klitgaard[56], autor do livro *Controlling Corruption* (a tradução brasileira tem o título: A corrupção está sob controle), afirma que a corrupção (C) poderia ser evitada se fossem centradas atenções em três fatores: monopólio de uma atividade econômica (M), excesso de poder decisório nas mãos de poucas pessoas (D) e falta de transparência (T).

Klitgaard, também autor dos livros Tropical Gangsters e Tropical Gangsters II (gângsteres tropicais), deduziu a fórmula da corrupção, ou seja: C = M + D - T). Em entrevista, Robert Klitgaard afirmou: "combater a corrupção não pode ser uma tarefa relegada a pregadores. É preciso adotar uma abordagem pragmática. Você deve quebrar monopólios, limitar o poder de arbítrio de dirigentes e aumentar mecanismos de transparência"[57].

Segundo o especialista suíço Egon Zehnder[58], um dos mais famosos ***headhunters*** do mundo, a nomeação política para cargos públicos — que somente na administração federal brasileira chegam a cerca de 23 mil — são mais danosos que a corrupção. Dono de uma empresa de recrutamento presente em trinta e oito países, Zehnder defende a necessidade de os governantes adotarem a administração gerencial. Segundo ele, nomeações erradas limitam a capacidade estratégica do país e geram graves prejuízos às finanças públicas. Uma pesquisa publicada pela revista *Harvard Business School*[59] em 2001 mostra que a seleção de gestores é essencial para o sucesso de uma empresa e pode causar um impacto positivo de até 40% no resultado. Na Suíça, não existe um único cargo público que possa ser preenchido por alguém cuja única qualificação seja atender a critérios políticos. A lógica no setor público brasileiro não poderia ser diferente[60].

A nomeação política aniquila a boa gestão, elimina a possibilidade de a entidade desenvolver seu papel social e sua capacidade de alcançar metas.

Estatisticamente falando, a corrupção é menos nociva do que a escolha de um gestor ineficiente. Estima-se que o custo da corrupção represente 5% do faturamento das companhias. É absolutamente necessário combater a corrupção, mas tão importante quanto é evitar nomeações de pessoas despreparadas para os cargos da administração pública[61].

O exemplo do setor de telecomunicações é contundente. Até 1998, os dirigentes das empresas estatais de telefonia eram escolhidos pela conveniência política e pela influência dos governantes. Um dirigente estatal, mesmo preparado, não conseguia nomear um único diretor ou conselheiro de administração com base em critérios objetivos. O resultado? As empresas eram ineficientes. Não havia linhas telefônicas fixas suficientes para atender a demanda e os poucos celulares custavam milhares de reais. As tarifas eram estupidamente elevadas. A privatização mudou drasticamente aquela realidade62. Em 1998, o país tinha 7,4 milhões de celulares. Em 2014 este número alcançou 280,8 milhões.

O grande número de apadrinhados políticos no Brasil é um escândalo. O ministro, o secretário de estado ou de município, que não possui requisitos mínimos para exercer sua função constituirá uma equipe que pode paralisar os serviços públicos.

É preciso mudar. As políticas e os serviços públicos precisam da garantia de que o ocupante do cargo seja capaz de desempenhar a sua função.

O governo como agente de disseminação de boas práticas de compliance

O Tribunal de Contas da União (TCU) publicou o documento "Dez Passos para a Boa Governança". Apesar de ser voltado a entidades ligadas ao setor público, o texto serve de referencial e tem enorme aplicabilidade no setor privado, especialmente no que se relaciona com o governo.

Na visão do TCU, o Brasil enfrenta uma série de desafios para concretizar suas políticas públicas, que "precisam ser superados para viabilizar o pleno desenvolvimento econômico e social" (TCU, 2014).

Por causa do seu formato de governo, presidencialismo de coalizão, o Brasil é ator decisivo no processo de crescimento dos papéis de regulador, prestador de serviços e investidor. Face ao tamanho da representação assumida pelo governo na economia e pela magnitude dos seus gastos, "é essencial que haja especial cuidado com a governança pública"[63]. Por esta razão, cabe aos órgãos da administração a adoção de princípios elementares na área de combate à corrupção.

A designação de pessoas ligadas ao movimento político-partidário para ocupar cargos em empresas sob o controle governamental, ministérios, secretarias, autarquias e agências reguladoras, tem se mostrado catastrófica para o país. O compromisso desses indicados reside explicitamente no comprometimento com benefícios à sigla partidária a que pertencem, em prejuízo dos resultados ou do serviço prestado. Quando a Lei do Compliance estiver sendo aplicada em toda a sua plenitude, esta prática deverá ser fortemente reduzida, o que trará inegáveis benefícios à sociedade. Como exemplo disso, no início de 2015, devido à forte crise desencadeada por escândalos de corrupção, a Petrobras substituiu, por profissionais de mercado, sua direção executiva formada a partir de indicações políticas, inclusive seu conselho administrativo. Se essa postura for perenizada, certamente haverá maior fortalecimento institucional da empresa, com profundos reflexos em seus resultados econômicos e financeiros.

A publicação do Tribunal aponta funções da boa governança baseadas em três pilares (TCU, 2014):

- Liderança: conjunto de práticas de natureza humana ou comportamental que asseguram a existência de condições mínimas para o exercício da boa governança.
- Estratégia: envolvimento e relacionamento com as partes interessadas; definição e monitoramento de objetivos, indicadores e metas; alinhamento entre planos e operações de unidades e organizações envolvidas na sua execução.
- Controle: transparência, prestação de contas e responsabilização.

O resultado de qualquer atividade está ligado às escolhas daqueles que dirigem a entidade. Sabendo disso, ao contrário do poder público, que não se preocupa em preencher os altos cargos administrativos com critérios técnicos ou ligados à meritocracia, as empresas privadas investem anualmente bilhões de reais para adquirir os melhores colaboradores, escrutinando detalhadamente suas vidas para conhecer capacidades, habilidades, comportamentos, atos e ações. Depois de selecionados, os executivos e os empregados recebem capacitação adequada para o desempenho de suas funções.

O Tribunal de Contas da União recomenda aos órgãos da administração pública rigorosa seleção das equipes e do corpo gerencial, de governantes e administradores, baseada na idoneidade moral e na boa reputação, levando em conta seus conhecimentos, suas habilidades, suas atitudes e sua experiência. O órgão fiscalizador redigiu uma consistente orientação composta de dez passos, sendo o primeiro:

- Estabeleça e dê transparência ao processo de seleção de membros da alta administração e de colegiado superior ou dos conselhos.
- Capacite-os.
- Avalie seus desempenhos.
- Garanta que os benefícios concedidos sejam adequados; dê transparência a esses benefícios.

Os membros da alta administração e do colegiado superior ou dos conselhos devem trabalhar com ética, dignidade, decoro, zelo, eficácia e consciência dos princípios morais. Este é o segundo passo:

- Adote código de ética e conduta.
- Estabeleça mecanismos de controle para evitar que preconceitos, vieses ou conflitos de interesse influenciem suas decisões e ações.
- Garanta que sua atuação esteja de acordo com padrões de comportamento baseados em valores e princípios constitucionais, legais e organizacionais.

O sucesso do desempenho gerencial também está diretamente ligado a um sistema de governança baseado na separação de funções, nas quais os gestores se inter-relacionam e estabelecem fluxo de informações, processos de trabalho e atividades de avaliação, direcionamento e monitoramento. Este é o terceiro passo:

» Situe as instâncias internas de governança da organização.

» Garanta o balanceamento de poder e a segregação de funções críticas.

» Estabeleça o sistema de governança da organização e divulgue-o às partes interessadas.

O desempenho da entidade está diretamente ligado à formulação de estratégias que são desdobradas em planos de ação e sistemas de acompanhamento e avaliação. Todos esses aspectos decorrem da análise do ambiente e da missão. Este é o quarto passo:

» Estabeleça um modelo de gestão que considere aspectos como transparência e envolvimento das partes interessadas.

» Construa a estratégia da organização.

» Monitore e avalie a execução da estratégia, os principais indicadores e o desempenho da organização.

Na retórica empresarial privada, repete-se que é indispensável ouvir e interagir com o cliente. Na administração pública não é diferente. É preciso satisfazer os objetivos políticos, mas também os econômicos e sociais. O equilíbrio destas condicionantes deve ser a meta do modelo de governança. Neste sentido, o gestor deve alinhar suas ações para atender aos anseios dos cidadãos e dos usuários. Este é o quinto passo:

» Defina e divulgue canais de comunicação com as diferentes partes interessadas e assegure a sua efetividade.

» Promova a participação social, com envolvimento dos usuários, da sociedade e das demais partes interessadas na governança da organização.

» Estabeleça relação objetiva e profissional com a mídia, com as organizações de controle e as demais organizações.

» Assegure que decisões, estratégias, políticas, programas, projetos, planos, ações, serviços e produtos atendam de modo balanceado ao maior número possível de partes interessadas.

O próximo passo trata da componente mais difícil: delegação e alocação de recursos. A departamentalização, a missão de cada unidade funcional e a cadeia de comando do setor privado também fazem parte do setor público. Todavia, em caso de delegação de poderes, deve-se ter em mente que a responsabilidade na empresa é sempre do presidente e, no governo (área pública de qualquer esfera), do delegante. Este é o sexto passo:

» Avalie, direcione e monitore a gestão.

» Responsabilize-se pelo alcance de resultados e pelo estabelecimento de políticas e diretrizes para a gestão.

» Assegure, por meio de política de delegação e reserva de poderes, a capacidade das instâncias internas de governança de avaliar, direcionar e monitorar a organização.

» Responsabilize-se pela gestão de riscos.

» Avalie os resultados das atividades de controle e dos trabalhos de auditoria e, se necessário, determine que sejam adotadas providências.

Para que a missão da entidade não se fragmente ou para que os programas não se sobreponham, desperdiçando recursos valiosos e escassos, as entidades públicas, assim como os departamentos das empresas, precisam interagir, falar e discutir sobre resultados. Este é o sétimo passo:

» Estabeleça mecanismos de atuação conjunta com vistas à formulação, à implementação, ao monitoramento e à avaliação de políticas públicas transversais, multidisciplinares e/ou descentralizadas.

Gerir sistemas em qualquer área não é tarefa democrática. Medidas populistas, facilidades e ausência de controles claros e estritos levam a entidade à falência, mesmo que ela não tenha receita ou não produza resultados. Os riscos são inerentes à gestão e, na coisa pública, muito maiores. Com o presidencialismo de coalizão, o ambiente administrativo brasileiro está sujeito a um desafio maior. Assim, para gerenciar riscos, avaliar incertezas e pontos de fraquezas, a organização precisa de controles internos e monitoramento constante. Este é o oitavo passo:

» Estabeleça um sistema de gestão de riscos.

» Monitore e avalie o sistema de gestão de riscos, a fim de assegurar que seja eficaz e contribua para a melhoria do desempenho organizacional.

Os despreparados enxergam a auditoria como um custo. Mas este serviço é essencial para as organizações. "Lágrimas de sangue" teriam sido evitadas se os setores público e privado contassem com serviços de auditoria atuantes e independentes. A auditoria tem valor firmado na sistematização, o que é indispensável para "avaliar e melhorar a eficácia dos processos de gestão de riscos, controle e governança" (TCU, 2014). Este é o nono passo:

» Estabeleça a função de auditoria interna.

» Crie condições para que a auditoria interna seja independente e proficiente.

» Assegure que a auditoria interna adicione valor à organização.

O último passo parece ter uma aplicação mais voltada à entidade governamental, mas não é verdade. Empresas transparentes são avaliadas de uma melhor forma pelo mercado e suas ações sempre são mais valorizadas. Os investidores podem confiar. Em áreas do governo, a transparência é intrínseca à atividade, pois é preciso prestar contas dos recursos utilizados e dos resultados alcançados. A transparência é fundamental na consolidação da democracia. Este é o décimo passo:

» Dê transparência aos atos da organização às partes interessadas, admitindo o sigilo, como exceção, nos termos da lei.

» Preste contas da implementação e dos resultados dos sistemas de governança e de gestão de acordo com a legislação vigente e com o princípio de accountability.

» Avalie a imagem da organização e a satisfação das partes interessadas com seus serviços e produtos.

» Garanta que indícios de irregularidades sejam apurados de ofício, promovendo a responsabilização em caso de comprovação.

Os dez passos sugeridos pelo TCU servem a qualquer tipo de organização, estatal ou privada, pois trazem mensagem de profissionalismo de gerência com responsabilidade e de aderência à missão da entidade. Se colocados em prática, os dez passos "permitem incrementar o desempenho de órgãos e entidades públicas, contribuindo, dentre outras coisas, para a entrega de benefícios econômicos, sociais e ambientais para os cidadãos, no caso governamental ou dos acionistas, para as empresas privadas". Uma visão mais aprofundada dos itens abordados poderá ser encontrada no Referencial Básico de Governança Aplicável a Órgãos e Entidades da Administração Pública, disponível na página da internet[64] deste importante órgão brasileiro.

Tomo a liberdade de parafrasear uma autoria de Marco Aurélio Mello, ministro do Supremo Tribunal Federal (STF), sobre o cumprimento de leis no país. Para o citado ministro, "nós não precisamos mais de leis, mas de um banho de ética". O campo regulamentar do Brasil está pronto. Somos fartos de boas leis, normas e regulamentos; todavia, é necessário colocá-los em prática.

Capítulo V
Considerações sobre Empresas Socialmente Responsáveis

"Aprenda a responsabilizar os seus subordinados. A arte de delegar responsabilidades construiu personagens empresariais de destaque que, sem isso, não teriam sido nada. Os lances perigosos são aqueles que lhe dão reputação, mas quando o gerente sabe que sua reputação está em jogo, o golpe atua com força de mil homens. Conhecia profundamente esta lição a rainha católica[65] e, por conta deste político favor, o grande almirante[66] ficou devendo seu nome e a eterna fama. Por tal atitude, os gestos de delegar e acreditar nas pessoas sempre fizeram grandes homens, que, talvez, sem isso, não tivessem sido nada"[67].

Definir com precisão o comportamento de uma empresa socialmente responsável não é tarefa fácil. À primeira vista, poderia parecer que é responsabilidade social pagar impostos, ser justo com os empregados e entregar um produto ou serviço com qualidade nos limites exigidos pelos seus clientes.

É bastante comum confundir responsabilidade social com filantropia, pois casos corriqueiros no ramo empresarial corroboram esta afirmação. Algumas empresas adotam esta postura com públicos internos e externos, confundindo os dois conceitos. Mandar mantimentos para ajudar uma escola primária localizada perto da fábrica, por exemplo, é filantropia. Entretanto, alfabetizar os empregados da companhia ou capacitá-los para que sejam melhores profissionais e cidadãos é uma forma de demonstrar responsabilidade social.

O exemplo pode ser enquadrado na ideia do seguinte provérbio chinês: "Dê um peixe a um homem faminto e você o alimentará por um dia. Ensine-o a pescar e ele se alimentará pelo resto da vida". No entanto, ensinar a pescar é diferente de dar o peixe?

É diferente, mas é parecido. Responsabilidade social é postura, comportamento, gesto ou ação empresarial voluntária com objetivo de promover algum benefício social para empregados, fornecedores, clientes ou para a sociedade.

A responsabilidade social deve ser espontânea, pois se uma lei a torna obrigatória, a empresa que não a cumpre incorreria numa questão de ***compliance*** (saiba mais sobre ***compliance*** no capítulo IV). Ora, neste caso, não é mais responsabilidade social, mas sim responsabilidade legal (veja a figura 3.1). Isso deve ficar claro, pois no Brasil são milhares os benefícios incentivados por obrigação legal, os quais genericamente são chamados de benefícios fiscais, tais como vale-alimentação, vale-creche, vale-gás, vale-transporte, etc. Não podemos confundir essas benevolências fiscais com responsabilidade social. Servem também como exemplo os incentivos concedidos pela Lei Rouanet[68], que permitem à empresa investir determinada quantia em um projeto cultural e deduzir o valor desse investimento nas despesas regularmente contabilizadas, além de abater mais um percentual no imposto de renda, até determinado limite estabelecido pela Receita Federal.

Este ponto merece esclarecimento e uma discussão mais aprofundada. Veja, por exemplo, o caso hipotético de uma empresa papeleira. A empresa usa a água do rio em seu processo produtivo e a devolve ainda mais limpa ao mesmo curso de água. Ela é ambientalmente responsável?

Não, pois ela está cumprindo com uma obrigação elementar. Existe vasta legislação a respeito do uso da água e, caso essa mesma indústria despeje, sem controle, resíduos nocivos ao meio ambiente, será autuada pelas autoridades. Este é um problema de ***compliance***.

Uma empresa cidadã (leia mais sobre empresa cidadã no capítulo XVI) faz além do que a lei impõe. Preocupa-se voluntariamente com o meio ambiente e com o social e enxerga o seu papel na sociedade sob uma perspectiva mais ampla.

Se fosse possível estabelecer pilares para a responsabilidade de uma companhia, poderíamos dizer que as organizações têm quatro gradações ou escalas de encargos diferentes, conforme ilustra a figura 3.1.

A análise da figura 3.1 demonstra os diferentes tipos de responsabilidades assumidas por uma firma e abrange todos os setores de relacionamento com os ***stakeholders***.

» Responsabilidade ética: esta responsabilidade consiste em fazer o certo. Adicionar soda cáustica ao leite com o intuito de prolongar a sua validade é errado. Uma empresa que exerce este tipo de expediente não tem ética e será evitada pelos consumidores, bem como visada pelos órgãos de regulação.

» Responsabilidade legal: é uma empresa que está atenta às normas e leis e aos regulamentos que regem o setor no qual atua, cumprindo-os religiosamente; o chamado compliance.

» Responsabilidade social: trata-se de empresa cidadã. Este tipo de empresa não promove filantropia, mas atua de forma espontânea em favor da comunidade e de seus colaboradores, fornecedores e clientes. Tudo o que faz pelo bem-estar social decorre do nível de consciência de seus gestores.

» Responsabilidade econômica: embora ocupe o quarto lugar na lista, é a mais importante, pois uma companhia nunca poderá cumprir com a sua finalidade e atender a expectativa dos seus acionistas se não produzir resultados. É claro que existe um calibre para este mandato, pois o lucro é decorrência de uma boa administração e do pleno exercício da missão. De que vale um belo sermão se o templo estiver vazio? Sem resultados não existe nada.

A responsabilidade social pode ser dividida em três vertentes que, quando desenvolvidas em conjunto, conferem a determinada companhia a áurea de "empresa cidadã" (veja mais sobre a empresa cidadã no capítulo XVI):

» Social.

» Socioambiental.

» Empresarial.

1. Responsabilidade social: trata de ações espontâneas promovidas pela organização com vistas à melhoria das condições do ambiente social que a cerca. Ações voltadas para a comunidade são exemplos de responsabilidade social. Atividades como desenvolver cursos de alfabetização para empregados e familiares e exigir que fornecedores coíbam o trabalho de crianças são exemplos desta postura.

2. Responsabilidade ambiental: trata das atenções da companhia ao meio ambiente, como a economia de recursos escassos, por exemplo, água e energia; ações que minimizem o impacto ambiental de processos industriais que podem trazer prejuízos à sociedade, como a liberação indiscriminada de resíduos sólidos, líquidos ou ainda na forma de gazes. Atual e abrangente, a inquietação com o meio ambiente nasceu no final do século XX. A responsabilidade ambiental demonstra não "apenas o compromisso de firmas com pessoas e valores humanos, mas também preocupações genuínas com o meio ambiente"[69].

3. Responsabilidade empresarial: é direcionada ao próprio ambiente de negócio onde a companhia atua (em especial, ao quadro de colaboradores e seus dependentes familiares). As ações promovidas em prol de fornecedores e clientes também são enquadradas nesta vertente.

Certificando boas práticas empresariais: uma demonstração de responsabilidade social

A qualidade de produtos e serviços é item essencial para a manutenção e a sobrevivência de qualquer negócio, mas é preciso mais que isso. Qualidade não significa, incontestavelmente, superioridade, porque ela está ao alcance de qualquer firma[70]. A qualidade é um requisito exigido pelos homens desde os tempos antigos: pessoas compravam vestuários, joias e calçados de marcas tradicionalmente conhecidas pela produção de alto nível. Contudo, as ideias em torno da qualidade foram evoluindo com o aperfeiçoamento tecnológico dos processos de fabricação, até que, no século XXI, tornou-se mandatório não apenas produzir com qualidade, mas também ser percebido como tal.

Divulgando um marketing "equivocado", algumas empresas anunciam que possuem certificações específicas ou que são credenciadas por agências legitimamente autorizadas a emitir esses atestados de qualidade (veja mais sobre certificações e credenciamentos no capítulo XIV). Com um mercado em forte expansão, algumas firmas imaginam que a compra de certificações pode lhes conferir vantagens mercadológicas, com o intuito de demonstrar aos consumidores uma boa prática empresarial. É claro que isso não é mau de todo, pois de uma forma ou de outra, essas certificações irão ajudá-la no futuro.

Por exemplo, é possível que algum cliente decida pela compra de uma água mineral cujo processo de fabricação foi certificado pela ISO 14000. No entanto, a reputação de solidez e responsabilidade empresarial pode acrescentar muitos pontos à decisão de compra, mais até que uma certificação ISO.

A marca Nestlé, por exemplo, tem grande influência sobre os consumidores, pois carrega a reputação da "responsabilidade suíça". A empresa é respeitada por seus consumidores porque o que faz, ela faz bem, embora não saibamos se seus processos de fabricação tenham certificação ISO. A Nestlé não precisa ficar se jactando que possui certificados, pois anos de postura ética e responsável lhe conferiram muita respeitabilidade.

Atualmente, é possível ver anúncios estampados em ônibus coletivos públicos de grandes cidades informando aos usuários tratar-se de uma empresa de transporte com certificação ISO. De nada adianta, porém, a companhia ter um atestado de qualidade se o motorista não for bem treinado ou se os veículos atrasarem constantemente para chegar aos pontos de embarque ou se suas condições mecânicas não garantirem segurança aos usuários e ao trânsito.

Quero frisar que, sozinhas, as certificações não trazem resultados; a empresa deve ter na melhoria de processos um ideal de gestão, jamais uma obrigação. Fazer com qualidade é o básico, é inerente à produção ou à prestação de serviço, pois, se não for assim, a companhia estará fora do mercado. Na verdade, qualidade significa "fazer o bem-feito sempre igual". A certificação poderá ajudar a empresa a prestar o seu serviço ou criar um produto sempre igual, mas não fará milagres no trabalho de marketing: o selo não garante que o produto ou serviço seja melhor que o da concorrente, e o consumidor sabe disso.

Não pretendo fazer uma crítica destrutiva às certificações, pelo contrário: elas são importantes e fazem parte do processo de amadurecimento institucional e social pelo qual passamos. O tema é relativamente novo, pois não tem mais que 30 anos. As empresas encontram-se no estágio de entender os benefícios desses atestados de qualidade e, embora algumas acabem por utilizá-los com fins estritamente mercadológicos, estamos evoluindo bem e rapidamente.

Nos últimos anos, diversos códigos foram criados com a finalidade de estimular a responsabilidade social. Empresas de consultoria viram nestas normas uma oportunidade de negócio e começaram a criar um número grande de instrumentos de certificação, pois o apelo mercadológico dos "selos" influencia a percepção do cliente e ajuda na divulgação da mensagem comercial.

Uma das certificações mais conhecidas é a famosa ISO[71] (leia mais sobre certificações e credenciamentos ISO no capítulo XIV). A série ISO 9000, por exemplo[72], é uma norma que "engloba pontos referentes à garantia da qualidade em projeto, desenvolvimento, produção, instalação e serviços associados; objetivando a satisfação do cliente pela prevenção de não conformidades em todos os estágios envolvidos no ciclo da qualidade da empresa". Esse tipo de norma pode ser aplicado em qualquer companhia da área da indústria ou de serviços e até mesmo na governamental. Mas esta categoria ISO está relacionada unicamente ao sistema de gestão da qualidade, ou seja, "o fazer sempre igual", e não se aplica sobre as especificações dos produtos ou serviços. Entender isso é muito importante, pois uma empresa com certificado ISO não poderá dizer que o cliente obterá qualidade superior à da concorrência. "Significa apenas que todos os produtos fabricados, segundo este processo, apresentarão as mesmas características e o mesmo padrão de qualidade"[73].

Mesmo que nada fosse acrescentado à qualidade dos produtos e dos serviços, a tentativa empresarial de adotar um processo de certificação, por si só, já é de valia para o ambiente da firma, pois as certificações, de certa forma, obrigam a companhia a pensar o negócio e a rever processos (veja mais sobre estruturas por processo no capítulo II). Para implementar a norma ISO 9001, por exemplo, a companhia deve seguir alguns passos (veja a seguir). A análise desses critérios demonstra a necessidade da empresa possuir uma administração superior, o que lhe trará benefícios sociais, ambientais, laborais, comerciais, etc.

» Diagnóstico da situação.
» Planejamento da implantação do sistema de gestão.
» Definição da equipe de trabalho.
» Mudanças na organização.
» Definição da documentação.
» Cronograma detalhado de implantação.
» Implementação do sistema de gestão.
» Treinamentos e capacitações dos colaboradores e executivos.
» Desenvolvimento da documentação de descrição dos processos operacionais.
» Implementação de melhorias.
» Auditorias de verificação.

Não é necessária uma análise aprofundada para se perceber que são múltiplos os benefícios da certificação, pois a prestação de serviços e a produção de produtos passam a seguir procedimentos mais rigorosos. A maximização do atendimento torna-se referência básica e missão da firma.

O corpo gerencial e a responsabilidade social empresarial

Diferentemente das responsabilidades legais e econômicas, a responsabilidade social e a responsabilidade ética, como mostradas na figura 3.1, possuem um princípio não vinculativo, ou seja, não são coercitivas ou obrigatórias.

Os conjuntos normativos de responsabilidade social, como os sugeridos pela Unesco, pretendem incentivar o compromisso empresarial espontâneo por meio da disseminação de definições, conceitos, métodos de trabalho e de avaliação comuns às companhias.

É uma opinião corrente que os executivos são e estão moralmente comprometidos com os resultados da companhia e, portanto, sentem-se responsáveis pelas eventuais consequências negativas resultantes de algumas das suas estratégias e ações gerenciais. Do mesmo modo, eles são recompensados pelos resultados decorrentes de seu encargo (especialmente quando atingem metas desafiadoras) e não podem escapar das culpabilidades em razão de consequências negativas no exercício de sua função. Além disso, os gestores são os responsáveis pelo resultado coletivo da organização.

Os conselhos profissionais, tais como o Conselho Regional de Engenharia e Arquitetura (CREA) e a Ordem dos Advogados do Brasil (OAB), têm severos códigos de ética. Esses conjuntos de normas profissionais, escritas ou não, fazem com que os diretores, caso pertençam a alguns deles, sejam reconhecidos como protagonistas dos atos da empresa.

Não raro, observamos executivos serem responsabilizados por gestões predatórias ou pelo mau desempenho da empresa. De forma geral, a responsabilidade não deixa de recair sobre a companhia, mas a pena real é atribuída aos acionistas.

Na minha opinião, a fragmentação e a dispersão de responsabilidades nos meios empresariais e na administração governamental são alguns dos males criados pela nossa sociedade. Alguns autores, como a pesquisadora Elizabeth de Melo Rico, da PUC/SP[74], atribuem essa divisão ao alto índice de especialização e à complexidade da estrutura organizacional das entidades no século XXI. O árduo trabalho do gerente no controle da gestão justifica o fenômeno, que resulta na máxima: "os responsáveis são todos, mas ninguém é responsabilizado".

A companhia paga pelos atos de seus gestores, o que demonstra a necessidade de as organizações manterem estrito controle por meio de auditorias internas, para que os acionistas — que geralmente em empresas maiores são afastados da gestão — não arquem com os atos de seus representantes irresponsáveis, sob o risco de a empresa perder valor.

Um segundo ponto a ser analisado em relação à responsabilidade social do corpo gerencial é o despreparo e a inexperiência. Executivos alegam que não têm condições de predizer cenários sobre seus futuros atos, pois o ambiente empresarial é mutável e dinâmico e, sendo assim, resultados ruins não poderiam ser previstos. Aqui, mais uma vez, os controles empresariais se mostram necessários, especialmente em dois aspectos. Em primeiro lugar, os gestores devem ser mais maduros e ter experiência em gerenciamento. Juventude pressupõe paixão e ousadia e, normalmente, ambas estão associadas a atos menos pensados e audaciosos. Como exemplo, observamos recentemente no Brasil a derrocada de uma importante empresa do setor de alimentos, cujo diretor financeiro, jovem brilhante, resolveu apostar no mercado futuro de derivativos. É claro que as apostas tiveram a aprovação do conselho de administração da companhia. Embora os acionistas não estejam preparados para avaliar corretamente os riscos oferecidos, devido à distância em relação ao dia a dia do negócio e ao desconhecimento de como são processadas algumas operações do mercado financeiro, eles focaram suas atenções na possibilidade de lucros altos e imediatos. Foi assim que o jovem brilhante destruiu a empresa. Aos acionistas restou apenas o amargo fel da realidade.

O terceiro ponto é a responsabilidade das instituições que financiam as organizações, especialmente as governamentais. Por superficialidades e falta de regras estritas de proteção aos seus acionistas (e, às vezes, até por pressões políticas), instituições financeiras acabam financiando operações que sabidamente resultarão em mau negócio.

Quem se atreveria a investir algum capital ou financiar um empresário que desfila pelas rodas sociais acompanhado de lindas modelos com a metade da sua idade? Qual será o possível resultado de uma companhia cujo controlador coloca um carro de alto luxo no valor de alguns milhões de dólares no meio do *living* da sua residência particular para se exibir aos convidados? Parece uma tolice inaceitável, mas acontece. Alguém diria que esses atos não podem ser associados às demonstrações financeiras das companhias e que, na decisão de conceder o crédito, o que vale é o balanço financeiro e não a vida social do dono da companhia. Pode ser verdade, mas aspectos da vida social de grandes investidores podem, sim, indicar o futuro do fluxo de caixa da organização que eles dirigem. Basta consultar os livros de história para confirmar esta afirmação.

Preocupações voluntárias - sociais e ambientais

Responsabilidade social empresarial é a integração voluntária de preocupações sociais, ambientais e corporativas nas operações cotidianas das companhias. "Trata-se de um modo de contribuir para a sociedade de forma positiva e de gerir os impactos sociais e ambientais da organização, como maneira de assegurar e aumentar competitividade"[75].

Para começar nesta linha, não são necessários grandes e mirabolantes projetos. O pouco que é muito. Na crença geral, empresas socialmente responsáveis separam e tratam o lixo e utilizam papel reciclado. Mas isso é pouco, diriam os céticos; todavia, é um começo ou indício: no futuro, haverá uma possibilidade de ampliação desta visão para atitudes mais complexas e elaboradas, socialmente falando, é claro.

Uma empresa socialmente responsável pensa estrategicamente nas suas decisões e avalia seus resultados ambientais; mantém constante preocupação com empregados, fornecedores e clientes; se preocupa com a comunidade que a rodeia e tem consciência de que ela pode ser afetada positivamente por suas ações.

Empresas são fundamentais não só no desenvolvimento econômico, mas também no aprimoramento do comportamento social. Sob essa perspectiva, empresas socialmente responsáveis "apenas cumprem a sua missão plenamente quando consideram na sua atividade o respeito pelos direitos humanos, o investimento na valorização pessoal, a proteção do ambiente, o combate à corrupção, o cumprimento das normas sociais e a aderência aos valores e princípios éticos da sociedade em que se inserem"[76]. A responsabilidade social abarca um leque de responsabilidades que vão muito além do uso de lixeiras coloridas para uma coleta seletiva de lixo.

Este conjunto de atitudes éticas é praticado por diretores e colaboradores capacitados e orientados por normas voluntárias internas para "manter o equilíbrio entre a economia e os ecossistemas. Responsabilidade social "significa manter o equilíbrio entre estes dois campos"[77].

Mas, atenção: a responsabilidade social não diz respeito apenas aos entes empresariais privados, pois a área estatal está fortemente envolvida. Para exemplificar, o governo brasileiro tem participação em 22% do consumo interno do país (sem mencionar as atividades empresariais que empreende) e, portanto, adota, com frequência, ações que impactam o meio ambiente, a sociedade e o conjunto de servidores.

Críticas à responsabilidade social

Existem críticos das responsabilidades sociais. Alguns defendem a tese de que as empresas devem cumprir apenas seu papel empresarial e legal e deixar nas mãos do Estado toda a responsabilidade em prol da comunidade.

Para esses autores, educar e patrocinar atividades relacionadas à responsabilidade social pode distrair os executivos de suas responsabilidades finais e desvirtuar o papel econômico das firmas. São socialmente responsáveis as companhias que cumprem rigorosamente todos os ditames legais, atendem às expectativas dos seus clientes, tratam seus empregados com justiça e equidade e remuneram adequadamente os acionistas.

Os críticos ainda acusam determinadas companhias de "cinismo", sob o argumento de que a divulgação de certas ações, as certificações e os resultados ambientais são meras estratégias mercadológicas.

Entretanto, estudos têm demonstrado que os negócios socialmente responsáveis, não obstante os "gastos desnecessários" com o meio ambiente e a sociedade, dão melhores resultados financeiros que os comuns. Nenhum resultado negativo foi apurado.

De todo modo, apesar da ausência de bases científicas sobre isso, é de se esperar que empresas praticantes da suposta "hipocrisia" da responsabilidade social tenham resultados melhores. Afinal, elas são mais bem preparadas e responsáveis e a comunidade e os clientes percebem isso.

A lógica ainda sugere que a responsabilidade social espontânea praticada por algumas companhias é muito melhor que a imposta por agentes reguladores e o governo.

Concluindo, a responsabilidade social empresarial pode ser definida como uma atitude de contínuo comprometimento ético, econômico, social e ambiental, contribuindo para a melhoria geral da sociedade.

Capítulo VI
Ética Empresarial

"Compre uma briga, se necessário, mas em boa lide e com ética. Podemos obrigar o homem sensato a ir para a guerra, mas deve-se fazê-lo sem malícia. Lute não apenas para alcançar o poder, mas para impor um modo decente de competir. Vencer com ruindades é não vencer. Como homem de bem, não se deve usar de armas ou artifícios imorais. A amizade não deve ser ofendida pelo ódio, nem se deve empregar a confiança pensando em vingança. Tudo o que resulte em injustiça apenas manchará o seu nome. É muito estranho que um homem sério use, minimamente que seja, a imoralidade. Perceba que, se as pessoas perdessem a ética e a moral, a generosidade e a fidelidade não mais permaneceriam no seu coração"[78].

Ética é o compromisso com a verdade. Ela é única. Varia com o tempo, adapta-se à evolução social e está ligada diretamente com o certo e o bem. Por esta razão, difere de modo tênue do conceito de moral, que está associado aos costumes. A ética é voluntária e espontânea.

A repugnante face antiética de algumas empresas

A maior parte do conhecimento sobre práticas de gestão e tecnologia de administração de empresas é produzida nos Estados Unidos.

O debate sobre a ética empresarial nas universidades americanas surgiu a partir de uma série de escândalos que aconteceram no país, motivados principalmente pela indústria bélica a partir dos anos de 1960.

Em 1991, foi criada a *Ethics & Compliance Officer Association* – Ecoa (Associação de Gestores de Ética e Compliance), associação voltada para executivos responsáveis pela ética das companhias e pelo cumprimento de programas de conduta nos negócios. Como única organização do gênero, seus integrantes representam o maior grupo de ética e de profissionais de persuasão no mundo.

Logo em seguida, também nos Estados Unidos, iniciou-se um longo processo de promulgação de normas com o objetivo de punir organizações pela prática irregular de negócios, melhorar as práticas de gestão e ampliar o alcance de normas éticas. Ao mesmo tempo também surgem os acordos de delação premiada e de leniência como instrumentos de auxílio às investigações e ao julgamento de processos de crimes de corrupção, permitindo que juízes pudessem, dependendo das condições, oferecer aos delatores reduções de sentença, tudo com o objetivo de dar mais celeridade aos casos.

Dez anos depois, no início dos anos 2000, alguns escândalos afetaram profundamente o comportamento de executivos e autoridades nos cinco continentes, o que colaborou para a criação de regulamentos mais rígidos. Os acontecimentos que envolveram companhias (tais como Tyco, WorldCom e Enron) foram tão significativos e traumáticos que mudaram radicalmente para melhor o mundo empresarial.

- » Deflagrado em 2001, o escândalo da Enron Corporation, que atuava no ramo de energia elétrica, acabou por levar a companhia texana à falência e à dissolução do grupo de assessoria e contabilidade Arthur Andersen, auditor independente da empresa. O caso é conhecido como um dos mais relevantes na história contábil internacional e também como o maior fracasso de auditoria.
- » Em 2002, executivos da WorldCom, segunda empresa de telecomunicações de longa distância dos EUA, falsificaram números de demonstrações financeiras para inflar os ativos da companhia em aproximadamente US$ 12 bilhões. O rápido processo de falência da WorldCom ocasionou impressionantes perdas aos investidores.
- » O CEO e o CFO da Tyco, companhia seguradora baseada em Nova Jersey (EUA), roubaram da empresa US$ 150 milhões em 2002.

Diante das repercussões que os escândalos de fraudes causaram no meio empresarial americano, até as empresas menores começaram a se preocupar e a contratar executivos treinados para cuidar das questões éticas das companhias.

Já os escândalos relacionados a problemas ambientais surgiram a partir da segunda guerra mundial. Alguns assumiram proporções incontroláveis e de grande impacto no meio ambiente, afetando milhares de pessoas.

No ano de 1976, a cidade de Seveso, no norte da Itália, passou a fazer parte da história de modo lastimável. Tanques de armazenamento de produtos químicos da indústria química ICMESA romperam-se, liberando vários quilos de uma substância tóxica na atmosfera e na grande área da planície de Lombarda, entre Milão e o Lago do Como. Centenas de pessoas foram afetadas e mais de 75 mil animais morreram ou tiveram de ser sacrificados.

Em 1984, na madrugada de 3 de dezembro, a cidade de Bhopal, na Índia, foi tomada por uma nuvem de 40 toneladas de gases tóxicos, que vazaram da fábrica de pesticidas de propriedade da multinacional americana Union Carbide. Mais de 500 mil pessoas foram afetadas e cerca de 27 mil morreram. Na época, a empresa negou-se a fornecer informações detalhadas sobre a natureza dos contaminantes.

Normas, diretrizes, controles e ética

Segundo teóricos da administração, a combinação de fatores econômicos (como contenção de custos) e a exploração e a manipulação de recursos têm gerado contínuos problemas éticos nas organizações.

A análise detalhada de furtos, golpes e de desastres ambientais aponta para a necessidade de um controle mais estrito sobre os quadros gerenciais das empresas. A lucratividade e a necessidade de retorno do capital investido são prioridades; no entanto, o desprezo a cuidados mínimos de gestão e a questões ambientais e sociais pode levar grandes prejuízos aos acionistas.

Nicolau Maquiavel disse que "aquele que se entrega, acredita em palavras de astutos, confia e delega em demasia, fica pobre cedo"[79]. É necessário delegar, mas é igualmente necessário controlar rigorosamente as decisões e as ações de quem está à frente do negócio. "Tirar o que não lhe pertence faz parte da natureza do homem, somos todos assim", disse Maquiavel. Não se pode dar chances para que alguém exerça esse instinto.

A falta de ética e o fazer errado não estão ligados unicamente à transgressão da lei. Errado é errado, constando na lei ou não. Prevaricar, não cumprir com as suas obrigações; saber o que deve ser feito, mas, por má fé ou interesses próprios, não o fazer, é descumprir com a missão da companhia.

A figura 6.1 mostra um organograma simplificado de controle. O conselho de administração (1) é formado pelos acionistas, aqueles que acreditaram no negócio e decidiram investir nele o seu capital. Delegar a tarefa de gestão operacional da empresa é a parte mais árdua de qualquer investimento. Pessoas (5) serão contratadas para maximizar os resultados, acelerar o retorno do investimento e cumprir com a missão incumbida pelo conselho. Esse conjunto de recursos humanos, altamente capacitado, deve ser regido por normas e diretrizes da própria companhia (4). As regras orientarão as operações, o lucro e os limites de atuação do corpo diretivo da empresa.

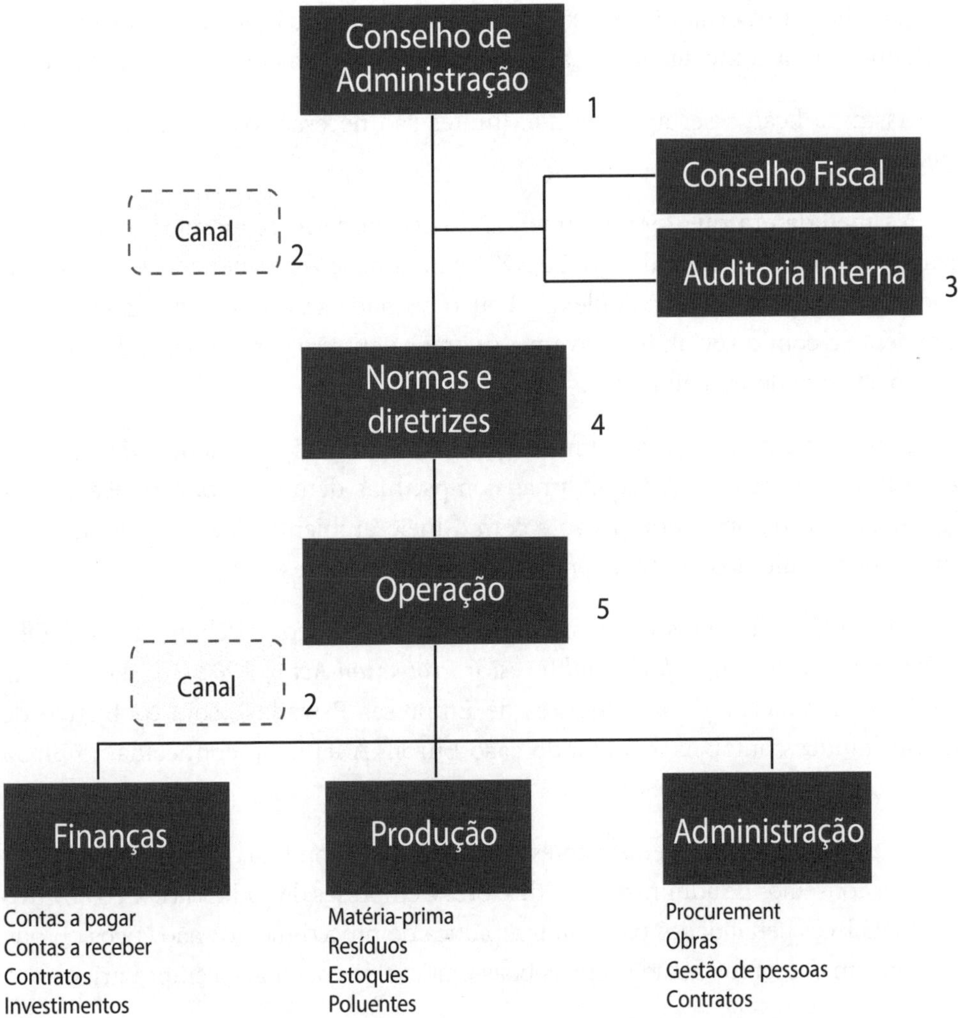

Figura 6.1 – Organograma simplificado de controle

O organograma representado pela figura 6.1 mostra uma caixa tracejada com a palavra "canal" (2). Trata-se de um canal de informações, bastante comum nas empresas americanas, chamado de "whistle blower" (whistleblower ou whistle-blower)[80]. As pesquisas revelam que a maioria dos casos de fraudes descobertos nas empresas é informada por denúncias que chegam até esses canais. Sinais de riqueza incompatível com a renda dos empregados, flagrantes de desvios de bens, apropriações indevidas, falhas na segurança dos equipamentos e demais riscos são denunciados por meio dos canais de informações.

A auditoria interna (3) exerce a atividade de organização, aplica métodos de trabalho e atua como agente fiscalizador do emprego das normas de trabalho.

Assim, a lição a ser aprendida é: limites são necessários, e controles, indispensáveis.

Na medida em que foram aumentando seu poderio econômico, mais precisamente a partir dos séculos XIX e XX, as organizações comerciais e industriais foram se tornando mais complexas. Pouco ou nada se importavam com o meio ambiente e com o social, ignoravam a diferença entre o certo e o errado e não se comportavam de maneira ética.

Especialmente nos países em desenvolvimento, nos continentes da América do Sul, da África e da Ásia, algumas companhias demonstraram pouca ou nenhuma atenção com a população e com o meio ambiente. A lógica do lucro e a busca por resultados foram as preocupações dominantes.

Em 2002, os Estados Unidos publicaram uma lei federal chamada de ***Public** Company Accounting Reform and Investor Protection Act of 2002* (Lei da Reforma Contábil e Proteção de Investidores de Empresas Privadas), com o objetivo de evitar fraudes contábeis, como a do caso Enron. A lei ficou conhecida no Brasil pelo nome de Lei Sarbanes-Oxley.

O texto da lei é abrangente e apresenta padrões de conduta que devem ser seguidos por conselhos de administração, diretores e empresas de auditoria com o objetivo de estabelecer penalidades para inibir a prática de procedimentos não éticos ou que estejam em desconformidade com as boas práticas de governança empresarial.

Embora destinada à área contábil, a lei gerou um impacto positivo e irreversível em diversos setores da economia. Empresas de todo o planeta iniciaram um movimento em favor da ética, pois enxergaram na adoção de princípios morais da Lei Sarbanes-Oxley uma forma de avaliar riscos e de proteger os investimentos dos acionistas.

Os resultados negativos nas empresas decorrem da falta de práticas éticas: desleixo, redução de aparatos de segurança ou excessiva contenção de gastos, devido a uma busca "selvagem" pelo lucro.

Fazer o certo ou o errado sem dar muita atenção para os resultados sociais e ambientais está intimamente ligado à moral da companhia e de seus gerentes e, principalmente, à pressão que os executivos recebem para obter retornos econômico-financeiros a qualquer custo.

A ética empresarial na visão universitária

Segundo o filósofo Max Weber, existem dois diferentes tipos de ética: a da convicção e a da responsabilidade. Um administrador público que age baseado unicamente em suas convicções e ideologias, sem avaliar os impactos de suas ações, poderá causar consequências desastrosas.

Já na ética da responsabilidade, o administrador arca com suas escolhas, independentemente de suas convicções. Segundo Weber, o responsável pela decisão que ignorar resultados nefastos, mas previsíveis, deve ser responsabilizado e, se for o caso, punido.

O dilema convicção *versus* responsabilidade, teorizado por Weber, é vivido diariamente no ambiente empresarial. As decisões dos executivos não são tomadas livremente, ou seja, sem a consideração de múltiplos fatores e ideias. Frequentemente, a repercussão de uma visão imediatista poderá afetar de maneira catastrófica o conjunto social com o qual a companhia se relaciona.

Max Weber não refletiu sobre a ética da convicção e a ética da responsabilidade pensando no mundo empresarial, mas sim na classe política e em suas administrações. Entretanto, o conceito é perfeitamente aplicável aos negócios.

Os registros históricos mais antigos revelam que os gregos se preocupavam com essas questões na produção de conhecimento e nas discussões sobre ética. Em sua obra "Ética a Nicômaco", Aristóteles delineou padrões de comportamento ético. Com a evolução da sociedade, sobretudo com o crescimento da Igreja Católica e, posteriormente, da religião muçulmana, a ética viveu um período de escuridão. Não que filósofos e teólogos (como São Tomás de Aquino e Santo Agostinho) desdenhassem da importância e da influência social da ética, mas sim pelo paradoxo entre o que se pregava nos livros religiosos e o que se fazia na prática. Condenava-se a riqueza, mas vivia-se no luxo. Reprovava-se o latifúndio, mas detinha-se um terço das terras agricultáveis. Criticava-se o dinheiro, mas cobrava-se por indulgências.

A hipocrisia protagonizada pelos religiosos não foi de todo ruim, pois gerou uma contradição tão pronunciada que acabou por contribuir para o lançamento das bases intelectuais da ética moderna.

A ética dominada por preceitos religiosos foi abalada; no entanto, com a publicação de "O Príncipe", obra do historiador, político e pensador italiano Nicolau Maquiavel, desvinculou-se o pensamento ético da religiosidade. Seria ingenuidade, contudo, pensar que Maquiavel poderia, de alguma maneira, defender o governo (a administração) desprovido de escrúpulos. Em sua obra "Tito Lívio", ele expressa sua discordância sobre a ideia de que a religião era necessária para a manutenção do governo. No livro, Maquiavel atribui a queda do Império Romano à corrupção generalizada e à total ausência de honestidade e senso social por parte dos governantes e das personalidades da sociedade daquela época.

Maquiavel pregou a ética do governante, a justiça e a equidade, condenou a usurpação dos bens da população e o aumento indiscriminado dos impostos. Vaticinou que o governante que explorasse os seus cidadãos não teria chances de sobreviver em longo prazo. O fundador do pensamento e da ciência política moderna criou a ética das decisões e dos comportamentos concretos, ensinando aos governantes a forma ideal de conquistar um Estado ou de dominá-lo pela força, a partir de um código de conduta particular sintetizado no conceito de "razão de Estado"[81].

Maquiavel foi o introdutor das bases da ética da responsabilidade, pois ensinou aos príncipes que qualquer ação desprovida de princípios teria uma consequência e, na maioria das vezes, desastrosa.

Um dos maiores e mais influentes grupos de educação do mundo, a Ordem Franciscana Menor (OFM), propõe visão, entendimento e ação diferenciada sob o paradigma da utopia franciscana. Para a OFM, é possível praticar a ética no mundo pós-moderno, mesmo com a consciência da realidade mercantilista dominante no terceiro milênio[82]. Essa utopia ainda não encontrou o seu lugar no mundo; no entanto, os franciscanos acreditam que haverá um novo paradigma social, no qual o mercantilismo será ultrapassado pelo coletivismo. A sociedade comercial caminha para uma inexorável realidade repleta de responsabilidades éticas.

Seguindo os preceitos de Maquiavel, foi Max Weber quem constituiu as diferenças da ética da convicção e da ética da responsabilidade. "Para Weber, quanto maior o grau de inserção de determinado administrador público na arena política, maior é o afastamento de suas convicções pessoais e a adoção de comportamentos orientados por circunstâncias fáticas"[83].

Para Weber, a ética da convicção é um conjunto filosófico que rege decisões políticas baseadas em valores sociais e pessoais. Do outro lado, a ética de responsabilidade é totalmente prática: decide, mas sem desvincular as decorrências advindas das decisões.

Escandalizado com a pobreza generalizada da população, um candidato a governante resolve traçar, como meta de campanha, uma renda mínima a todo cidadão. Aqueles que não têm condições de manter uma vida digna receberão mensalmente um determinado valor do governo, uma espécie de "bolsa-dignidade". O candidato fez a proposta baseado em seus valores pessoais, ou seja, na ética da convicção. É provável que este candidato seja eleito com boa votação pela população desfavorecida. Só depois de eleito, no entanto, é que o governante percebe que, para cumprir sua promessa, será necessário melhorar a arrecadação, pois o caixa do tesouro não tem montante disponível para enfrentar esse tipo de gasto, o que desagradará muitos eleitores (ética da responsabilidade).

A decisão de atender a ideais ou a interesses particulares, como a concessão de verba em forma de bolsas-auxílio unicamente com intuito eleitoreiro (ética da convicção) e a escolha de cumprir com as responsabilidades fiscais, por exemplo, elevando alíquotas de impostos, a fim de viabilizar recursos necessários para a ação estatal, são dois exemplos claros de ética da convicção e da responsabilidade, respectivamente[84].

Ética e conhecimento acadêmico

A ética empresarial assume lugar de destaque nas universidades, que publicam milhares de artigos em revistas e jornais, realizam conferências e produzem teses acadêmicas. A partir de meados dos anos 2000, surgiram dezenas de revistas acadêmicas especializadas no tema, tais como *Journal of Business Ethics* (Revista de Negócios Éticos) e *Business Ethics Quarterly* (Ética de Negócios Trimestral).

O Brasil também começou a produzir dezenas de títulos de livros voltados para cursos de graduação das áreas jurídicas e de negócios. As universidades e faculdades, em sua maioria, reformularam seus currículos e adicionaram a disciplina Ética Empresarial.

Nos Estados Unidos, nos anos de 1980, existiam pelo menos 500 cursos de ética empresarial com, ao menos, 40 mil alunos matriculados e, a partir de 1982, apareceram os primeiros livros sobre o assunto[85].

As regras éticas empresariais refletem as normas de cada período histórico. No decorrer dos tempos, as normas evoluíram. Determinados comportamentos anteriormente aceitos (ou pelo menos, não recriminados) passaram a não ser mais aceitos na sociedade.

Embora seja um tema relativamente novo, a ética nos negócios passa a ser um ramo da filosofia, com alicerces em questões políticas, éticas e econômicas. A disciplina demonstra que as responsabilidades sociais das companhias transcendem a gestão dos negócios:

» Interesse individualista da companhia versus coletivismo.

» Espontaneidade das firmas que promovem ações sociais.

» Demonstrações de interesse da empresa pelo ambiente no qual atua.

» As exigências por justiça social da sociedade moderna.

» Imposição dos direitos naturais do homem em relação aos negócios.

» Conscientização de que o sacrifício dos lucros imediatos em prol de preocupações sociais futuras não implica a violação da responsabilidade fiduciária empresarial, nem prejudica a maximização do retorno aos acionistas.

A academia tem ensinado aos empresários a importância de se ter um estado de consciência ética para que as empresas saibam estabelecer a diferença entre o certo e o errado. Primordialmente, a ética está arraigada na família, nas tradições culturais e religiosas e nos costumes sociais. As companhias têm, portanto, à sua disposição, um conjunto de regras não escritas. Resta observá-las para saber o que pode ou não ser feito ou mesmo olhar para o passado e aprender com os erros dos antecessores.

A ética empresarial é formada por duas dimensões de naturezas diferentes: uma normativa e outra descritiva.

Muitas grandes corporações registram seu compromisso com os valores sociais na forma de códigos de ética e de cartas de responsabilidade social. Esse comprometimento foi adquirido com a academia. Os professores são as pessoas socialmente mais bem preparadas da sociedade. Seus trabalhos de pesquisa e consultoria formaram uma opinião mundial a respeito do tema.

Como a prática corporativa é essencialmente normativa, o conflito entre a maximização do lucro e as preocupações de caráter não econômico levam a ética a ser cada vez mais um conjunto de normas e cada vez menos uma ação espontânea. É possível predizer que as práticas executadas hoje de forma voluntária, no futuro, deverão ser todas normatizadas. Há uma tendência mundial de que as práticas sociais despretensiosas tornem-se normas, pois é comum que empresas "virtuosas" despertem o apetite de reguladores e legisladores.

O lucro deve ser o objetivo principal, mas não o único. Um "psicopata corporativo" sem padrões éticos pode prejudicar uma empresa e gerar resultados desastrosos.

Os executivos e a ética empresarial

O economista Milton Friedman ensinou que os executivos das empresas deverão produzir tanto resultado quanto for possível, mas em conformidade com as regras básicas da sociedade, tanto as consagradas na lei ou nos costumes éticos. Friedman não admitia a impessoalidade de uma companhia. Qualquer que seja o resultado, os protagonistas sempre serão as únicas entidades que podem ter responsabilidade.

Na mesma linha de pensamento, o professor Peter Drucker defende a inexistência de um tipo de ética separada dos negócios. Drucker afirma que os executivos devem, antes de qualquer coisa, ter responsabilidade social corporativa e agir como cidadãos conscientes nas comunidades em que atuam, mesmo sob o preço de alcançar lucros menores ou de sacrificar outros objetivos financeiros. Se o negócio em si não possui obrigações éticas, o corpo diretivo da empresa deve ter.

As questões éticas incluem direitos e deveres entre a companhia, os colaboradores, os fornecedores, os clientes e a responsabilidade fiduciária para com os acionistas. Os assuntos relacionados à ética empresarial abrangem a governança corporativa, o empreendedorismo social, as contribuições políticas e as questões legais. Considerando-se que este conjunto de ações está ao alcance e no controle apenas dos membros do corpo executivo, fica consolidada a responsabilidade destes, como indivíduos, pelos resultados das companhias.

Gestores de Finanças, Economia e Contabilidade

É impossível dissociar as atividades financeiras dos aspectos éticos em razão de seus impactos no negócio. Projetos de investimentos, empréstimos, financiamentos, operações estruturadas de derivativos, ***hedge***, ***swap***, entre outras operações, estão incestuosamente ligados à ética.

A crise financeira mundial de 2008, que começou com o colapso do mercado imobiliário nos Estados Unidos, é um exemplo de insucesso causado pela negligência à ética. De forma inescrupulosa, companhias lesaram milhões de pessoas em todo o mundo, simplesmente porque não foram éticas em suas operações. Numa clara atitude de desrespeito à população, o governo americano, o grande responsável pela crise, deixou que os bancos agissem indiscriminadamente. Pela ética da convicção, Alan Greenspan, executivo do Banco Central americano, defendeu o livre ajuste do mercado. Mas, infelizmente, a mão invisível[86] de Adam Smith não funcionou neste caso.

Para aprofundar a questão ética na área de finanças, governos de todo o mundo adotaram a teoria do liberalismo, especialmente no período de 2000 a 2010. O crescimento do consumo de bens, a aceleração da atividade econômica mundial e a liberação dos fluxos financeiros entre os países forçaram governos a abrirem a guarda e a relaxarem os controles do Estado sobre a economia. A ***débâcle*** da Bolsa de Nova Iorque de 1929 foi esquecida, e as lições ensinadas por John Maynard Keynes[87], desprezadas.

Os executivos financeiros assumem importância fundamental dentro de uma política ética empresarial. Eles devem ser profissionais bem preparados para seguir as regras e impor limites de atuação cuidadosamente bem definidos. A companhia deve se preocupar também em manter estrito e rigoroso controle sobre esses executivos.

Gestores de Contratos

Não é toda empresa que destina uma área, em sua estrutura, exclusivamente à gestão de contratos. No entanto, uma companhia que investe no cuidado com os contratos diminui riscos e aumenta controles. Entre as vantagens estão as seguintes: especialização dos executivos como gestores de contratos; segregação de funções e submissão dos contratos a uma outra área de controle; e otimização da fiscalização. Por exemplo: os executivos dos setores de aquisição de insumos e de serviços, tais como obras, engenharia, administração e ***procurement***[88], representados na figura 6.2, têm total liberdade de contratação. Todavia, a liberação do pagamento só ocorrerá em duas etapas, depois de criteriosa análise do setor contratante (comprovação de adimplemento da obrigação contratada); e liberação para "contas a pagar" do departamento financeiro.

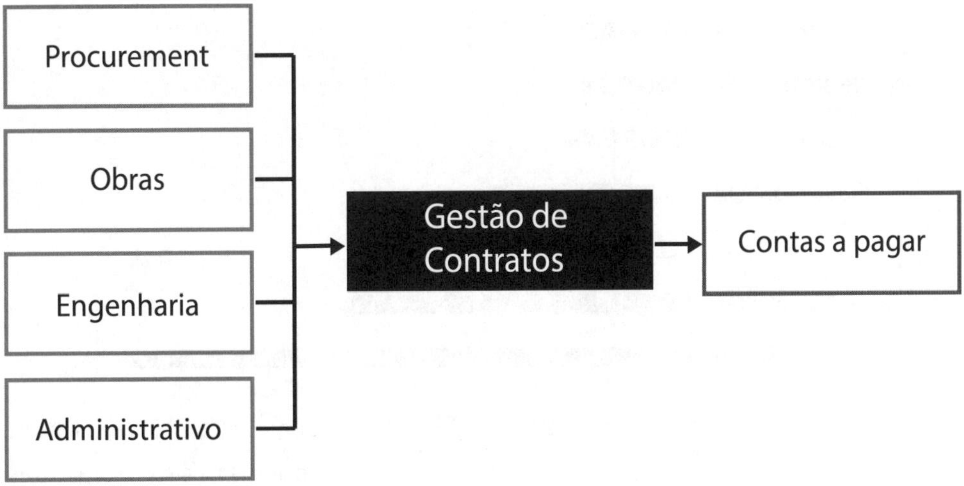

Figura 6.2 – Fluxo de pagamentos

Com função de verificação e controle, a área de contratos serve ainda para atestar práticas comerciais, negociações, acordos, aquisições de máquinas, equipamentos e obras, compras de matérias-primas, mercadorias e outros insumos de produção.

A corrupção no setor público tem maior repercussão nas sociedades; no entanto, a prática de atos ilícitos não é exclusividade dos governos. O setor privado também está repleto de maus exemplos. Uma pesquisa mundial lançada pela *PricewaterhouseCoopers* (PwC)[89], uma das maiores prestadoras de serviços de consultoria e auditoria no mundo, revelou grande percentual de práticas fraudulentas nos processos de compras, o segundo maior índice de tipos de corrupção apontado no relatório. Segundo a PwC, 29% das empresas pesquisadas reportaram fraudes em compras. O resultado é considerado alarmante. No Brasil, os números foram ainda mais preocupantes: 44% das empresas que responderam à pesquisa enfrentaram problemas com fraudes no setor de compras.

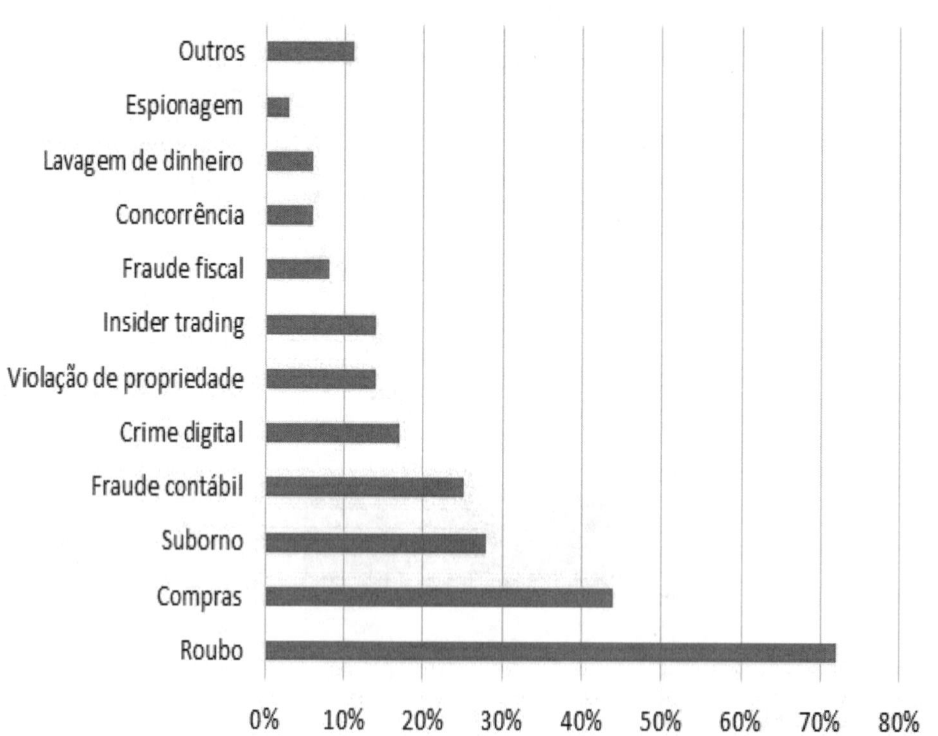

Fonte: PwC – Pesquisa Global sobre Crimes Econômicos

Gráfico 6.1 – Brasil: tipos de fraude

Uma vez que possuem estruturas e métodos de trabalho diferentes dos encontrados no setor público, as companhias devem buscar sistemas de controles particulares a fim de garantir absoluta lisura em suas aquisições e evitar subornos e fraudes[90]. A seguir, exemplos de controles:

» Prática da ética na cúpula da empresa.

» Rotação de compradores.

» Auditorias interna e externa.

» Código de ética claro e detalhado.

Gestores de Recursos Humanos

Os gestores de recursos humanos ocupam papéis e responsabilidades diferentes com relação à ética empresarial.

Exercem a função de operadores, pois contratam, descontratam e pagam e, obviamente, estão subordinados às regras das companhias e de seus respectivos códigos de ética.

Cabe à área de recursos humanos examinar como os colaboradores estão sendo tratados dentro da companhia. Os equipamentos de segurança e de prevenção são suficientes e adequados? As áreas nas quais desempenham suas funções são salubres? Estão expostos a quais riscos? Possuem as ferramentas necessárias para o desenvolvimento do trabalho?

Os profissionais da área também têm a atribuição de desenvolver programas de cunho social, voltados para os funcionários da empresa.

Em terceiro lugar, os executivos de recursos humanos têm uma responsabilidade de cunho estratégico, que é a de planejar a capacitação dos colaboradores da organização, inclusive nos aspectos relacionados à ética no trabalho. O sucesso da empresa depende do treinamento e da motivação de seus funcionários.

A área de recursos humanos é responsável ainda por buscar e contratar colaboradores. É recomendável que a empresa adote critérios rigorosos de contratação e escrutine por inteiro a vida dos candidatos.

Antes relegado a segundo plano, o respeito aos direitos inalienáveis (como a não discriminação por idade, sexo, cor e religião), além das questões como assédio sexual e moral começam a ganhar corpo no Brasil.

Por isso, especialmente para ocupar o corpo gerencial e a diretoria, é fundamental que a empresa busque pessoas equilibradas, desprovidas de prepotência, mas exigentes e com habilidades de liderança, além de focadas em resultados.

A cada dia, as firmas reduzem os chamados gerentes "linha dura", pois as empresas não admitem mais gestões extremamente rígidas, a despeito do resultado que eles viriam a alcançar. As companhias desenvolvem ações para se livrar de executivos que desmotivam a equipe e levam os funcionários a desenvolver doenças psíquicas, como síndrome do pânico, estresse e depressão. Chefes tiranos deixam os colaboradores inseguros e mais suscetíveis a erros. Esse tipo de gestor é reconhecido como gênio em algumas empresas, o ***workaholic***. Mas, não raro, são grosseiros no trato e acabam gerando diversos prejuízos de ordem trabalhista e acarretando à empresa perdas que podem chegar a milhões de reais. Além de processos judiciários por assédio moral, a companhia também carrega prejuízo "vexatório" em sua imagem.

Em 2014, a empresa de eletrônicos Samsung[91] fez acordo no Ministério Público do Trabalho para pagar R$ 10 milhões por assédio moral praticado contra seus colaboradores. Desse total, R$ 5 milhões foram destinados a uma campanha educativa no rádio, na TV e na mídia impressa sobre assédio moral. Os outros R$ 5 milhões seriam pagos a cinco instituições sociais idôneas, selecionadas pelo Ministério. O motivo de tamanha punição está em relatos apurados em investigação. O processo reuniu evidências de assédio moral por parte de alguns gestores, que teriam se referido aos empregados como "estúpidos", "burros" e "incompetentes".

Gestores de Vendas, Promoção e Marketing

Uma empresa com valores não se utiliza de técnicas ardilosas de vendas e de marketing. Promessas não cumpridas em promoções podem trazer vários problemas e encargos pesados para as companhias. Segundo o Procon/SP[92], das nove empresas que mais recebem reclamações de consumidores, quatro são da área de telefonia e cinco do setor financeiro. Em sua maioria, as reclamações são causadas por promessas publicitárias não cumpridas.

Com extenso e rigoroso código de ética[93], o Conselho Nacional de Autorregulamentação Publicitária (Conar) instaura mensalmente centenas de processos para impedir publicidade enganosa e abusiva. O órgão não governamental defende a liberdade de expressão publicitária e as prerrogativas constitucionais da propaganda comercial.

A ética nas áreas de promoções e vendas é descrita como potencial causadora de conflitos entre empresas e consumidores. O maior problema está em produtos e serviços que não fazem o que a propaganda prometeu. A publicidade estimula vendas de produtos que não atendem às expectativas de qualidade dos consumidores. Assim, centenas, milhares e até milhões de reclamações congestionam as linhas das centrais de atendimento, elevando substancialmente os custos de operação e, muitas vezes, deteriorando de maneira irremediável a confiança dos clientes na empresa. Os reguladores dos setores cujas reclamações batem altos índices são fracos institucionalmente e, além disso, suas punições não geram impactos financeiros significativos. Portanto, fica mais "barato" para o regulado recorrer das multas e arcar com o desgaste da imagem do que abrir mão das receitas obtidas com a venda de produtos ruins.

A ética recomenda que os gestores de vendas, promoção e marketing evitem atividades promocionais inescrupulosas e que provoquem a ira dos consumidores. ***Greenwashing***[94], ***bait and switch***[95], ***shilling***[96], marketing viral, spam (eletrônico), esquemas de pirâmide e marketing multinível[97] são alguns exemplos.

Gestores de Produção ou Industrialização

A ética empresarial preza pela garantia de produtos e serviços contra qualquer tipo de dano à sociedade. Essa consciência social está em desenvolvimento, mas já ganha importância na medida em que a coletividade se conscientiza dos problemas. Uma fábrica de pneus precisa manter um programa para recolher seus produtos velhos e usados. As indústrias de refrigerantes que utilizam material "pet" desenvolvem projetos em conjunto com os supermercados para reciclagem de embalagens. Sacos plásticos estão sendo proibidos e, em médio prazo, não serão mais aceitos. Todas essas ações geram custos adicionais e vêm em sentido contrário ao desejo das empresas. No entanto, é o interesse público que vem prevalecendo.

Uma pequena parcela de pessoas deixa de comprar determinado produto se souber que a empresa lesa seu direito de consumidor. Embora ainda pequeno, esse contingente de consumidores está crescendo de forma acelerada e se tornando cada vez mais exigente.

Motivados pela convergência de cultura e ideias, órgãos legislativos e reguladores do mundo inteiro estão transformando a prática espontânea da ética social em obrigação. No futuro, as determinantes regulatórias serão tantas que essa prática acabará por ser normatizada. Voluntária em sua essência, a ética social (figura 3.1) tende a desaparecer.

A evolução da consciência ética mundial

Iniciada em países da América do Norte e da Europa, a ética social está se espalhando pelo mundo e, como eu disse anteriormente, o final dessa caminhada é a sua normatização completa, em todos os setores, devido a uma lista de fatores[98]:

- A busca de valores universais como base para o comportamento comercial internacional.
- Comparação das tradições éticas de negócios em diferentes países.
- Comparação dos negócios e das tradições éticas a partir de perspectivas religiosas.
- Disseminação de boas práticas corporativas nos países em desenvolvimento, provocada por empresas multinacionais que estão obrigadas a se submeter a normas mais rígidas nos seus países de origem.
- Questões éticas decorrentes de transações comerciais internacionais, como bioprospecção e biopiratária na indústria farmacêutica.
- O movimento do comércio justo.
- Globalização e imperialismo cultural.
- Variações em padrões globais de comportamento (como, por exemplo, repulsa ao trabalho infantil).

» A divulgação sobre multinacionais que tiraram partido de trabalhadores terceirizados que recebem baixos salários em países asiáticos e africanos.

Praticar a ética social empresarial é difícil e custoso; entretanto, não praticá-la é mais caro ainda, pois o maior bem imaterial da empresa está em jogo: sua imagem e reputação. A questão é quando (e não **se**) a empresa irá praticá-la, pois a onda da ética no mundo corporativo é implacável.

A ética social empresarial traz, consigo, inúmeros benefícios, mas três merecem destaque[99], menos pelo impacto social e mais por ordem de importância:

» O exercício da ética social empresarial vale a pena por si só, especialmente porque conscientiza um grande número de pessoas a pensar de maneira nova sobre sua missão e obrigação como cidadãos.

» Uma vez adotado, um código de ética ou comportamento pode ser usado para gerar debate permanente sobre as práticas da empresa.

» Incutir nos colaboradores de todos os níveis a responsabilidade e a necessidade de se pensar na moral e no resultado de suas ações e no desenvolvimento das virtudes necessárias à sua posição.

III

O Poder Empresarial Sobre as Instituições Legislativas e Reguladoras

- » Como se sabe, algumas organizações são gigantescas e possuem estruturas regulatórias dotadas de amplos recursos, exercendo a atividade de *lobby*, não regulada no Brasil, em todas as esferas regulatórias e legislativas. Por isso, considero aqui o poder empresarial sobre as instituições legislativas e reguladoras.
- » Nesta parte, também é discutida a eficácia da atividade de *lobby* quando deixada sob a ação discricionária das empresas, sem a mão forte e reguladora do Estado.
- » A maturidade institucional de uma nação pode ser medida pela sua área de regulação. Serviços e produtos como telefonia, energia, água e saneamento são regulados especialmente por entidades independentes. No Brasil, uma parte da regulação é feita pela administração direta, e a outra, por agências reguladoras, estas criadas nas administrações de Itamar Franco e Fernando Henrique Cardoso. Todavia, face à fragilidade institucional, tais agências também são terreno de manobra para a concessão de cargos em troca de favores políticos, o que traz enormes problemas éticos para o governo.
- » Esta seção traz, ainda, uma série de aconselhamentos úteis para aqueles que trabalham em atividades reguladoras, bem como para as empresas, mesmo as que já alcançaram um grau de maturação elevado e gostariam de se relacionar melhor com o regulador de forma justa e coerente. Finalmente, trata da atividade exercida pelas associações de classe e suas influências em questões regulatórias e legislativas.

Capítulo VII
Lobby Empresarial

"Cultive a amizade com as personalidades. Maravilhoso é que o herói combine com os heróis, o notável com os notáveis. Em realidade, o acercamento entre os notáveis é uma propensão natural, baseada na estimação mútua, tão forte que um persuade o outro sem palavras e consegue o que deseja sem argumentar os próprios méritos. Existe outro passivo, que é quando sendo ou não notável, você cria o ambiente para que eles se acerquem e lhe ofereçam sua amizade. Quanto mais espiritual, ética e responsável for a causa de um, melhores são os resultados. Grande destreza é conhecer a habilidade para conseguir a simpatia dos notáveis. Saber consegui-la é importante, porque não existe nada que supere este grande segredo"[100].

De acordo com o dicionário Michaelis, lobby (pronuncia-se *lóbi*; palavra sem tradução em português) é a atividade de uma pessoa ou de um grupo organizado que busca influenciar os congressistas (deputados e senadores) a votar projetos de seu interesse ou de grupos que represente.

Segundo o ex-ministro da Justiça Said Farhat[101], o lobby tem uma definição mais ampla: "toda atividade organizada, exercida dentro da lei e da ética, por um grupo de interesses definidos e legítimos, com o objetivo de ser ouvido pelo poder público, para informá-lo e dele obter determinadas medidas, decisões e atitudes".

O lobby também pode ser exercido sobre outros agentes públicos, como reguladores, representantes dos Poderes Judiciário e Executivo e também por parte do setor público no âmbito do Congresso Nacional.

É interessante refletir sobre a etimologia da palavra "*lobby*". Segundo a lenda, o termo teria se originado a partir de uma conversa entre o presidente americano Ulysses Grant, empresários e políticos em um hotel da capital americana Willard. Grant disse que aqueles que desfilavam pelos saguões do hotel, na tentativa de convencê-los sobre os interesses que defendiam, estavam fazendo "*lobbying*". A palavra ganhou a imprensa e, em 1820, já era largamente usada.

Muito embora a sua prática tenha adquirido uma conotação negativa no Brasil, o lobby é muito importante e faz parte da democracia. Diversos países formalizam as relações exercidas por pessoas ou empresas para influenciar os espaços decisórios do poder público, seja no Legislativo, no Judiciário ou no Executivo. Canadá, Estados Unidos, Israel, Lituânia, Polônia, Austrália e França são alguns dos países que regulam a atividade.

Os profissionais do lobby

O indivíduo que exerce o lobby é "lobista", já na tradução para a língua portuguesa. Trata-se de profissional cuja atividade é influenciar a construção de legislação, regulação, decisão ou ação para atender os interesses do grupo que representa. Essa ação não assume somente conotação econômica. A prática pode ser exercida nas relações políticas e também por entidades não lucrativas, especialmente as ambientais e sociais, tais como o *World Wide Fund for Nature* (WWF)[102], o Greenpeace[103], o Instituto Ethos[104], etc.

Nos diversos países onde o assunto é regulamentado, essa prática é voltada para a área parlamentar. A atividade ainda não é regulada no Brasil. Há três projetos em trâmite no Congresso Nacional que preveem a atuação do lobista em diversas áreas concomitantes do Executivo, do Legislativo ou do Judiciário.

Ética, responsabilidade social e *compliance* estão umbilicalmente ligados ao lobby, que, na maioria das vezes, é enxergado como uma atividade nociva. A população acredita que os lobistas são mal-intencionados e corrompem os agentes públicos. Todavia, é um instrumento democrático de representação de interesses e contribui para o desenvolvimento social, quando exercido dentro dos padrões éticos e morais.

Por exemplo: um projeto de lei que tramitou na Câmara dos Deputados previa a obrigatoriedade do uso de simuladores de direção em autoescolas para a formação de condutores.

Entidades de diversos setores defenderam seus legítimos interesses na matéria. Algumas associações de classe de autoescolas, por exemplo, foram contrárias à iniciativa, pois seus afiliados seriam obrigados a investir na compra de simuladores.

Os institutos que defendem a paz no trânsito apoiaram o projeto, na crença de que o uso dos equipamentos melhoraria a qualidade dos condutores e, por consequência, a segurança no trânsito.

Objetivando os bons negócios, a indústria fabricante dos equipamentos de simulação fez forte lobby pela aprovação do projeto.

Já determinada associação de proteção dos direitos dos consumidores agiu junto aos parlamentares para convencê-los de que a proposta não condizia com a realidade brasileira, devido às condições financeiras precárias das autoescolas. Além disso, defendeu o lobby dos consumidores, dizendo que as causas dos acidentes estão mais relacionadas à imprudência, como alta velocidade e ingestão de bebidas alcoólicas, do que com a habilidade de dirigir dos motoristas. A violência no trânsito, portanto, não poderia ser corrigida com a introdução dos simuladores nas autoescolas.

Esse dissenso social gera uma intensa e rica discussão, que acaba por beneficiar a sociedade como um todo. Se não existissem os lobistas de todas as partes afetadas, o debate seria reduzido e a lei seria a vontade de um lado só.

Em uma situação hipotética, sob o argumento de danos à saúde, uma associação médica poderia pressionar legisladores e reguladores a aprovarem medidas de coibição à venda de bebidas alcoólicas. Já uma organização que defende os direitos do cidadão trabalharia pela não aceitação da proposta e pela liberdade de escolha dos indivíduos.

É notória a atuação de lobistas na indústria de armas nos Estados Unidos. O setor conseguiu manter até agora, com sucesso, o direito do cidadão pela posse de arma, sob o argumento de que a ele deve ser dada a opção de proteger a si próprio. Além disso, o direito constitucional garante a escolha do cidadão americano, defendem os fabricantes de armas.

De outra forma, o lobby tem muitas vezes o seu lado negativo, quando as minorias são prejudicadas pelos interesses das grandes corporações, que, além do gigante poder, organizam-se em associações de classe (leia mais sobre associações de classe no capítulo IX) para pressionar as entidades governamentais em benefício de interesses muitas vezes pouco convencionais.

Lobby de minorias e entidades sem fins lucrativos

Mas, não desprezemos o poder de lobby das minorias. É difícil de medir até onde poderá alcançar o poder legiferante do governo. Em março de 2015, o estado americano de Indiana promulgou uma nova lei que provocou uma onda de boicotes e protestos em todo o mundo e ampliou o debate sobre liberdade religiosa e direitos civis. Denominada ***Religious Freedom Restoration Act*** (Lei de Restauração da Liberdade Religiosa), estabelece que o governo e as leis estaduais não podem restringir de forma substancial a capacidade de pessoas, empresas, associações ou instituições de seguirem suas crenças religiosas. Um empregado de uma loja de departamentos, por exemplo, poderia recusar-se a atender uma mulher que trajasse um *xador*[105], vestimenta típica da religião muçulmana, sob a justificativa de que a sua crença não lhe permitiria se aproximar de religiosos muçulmanos. Um cliente homossexual também poderia ser discriminado.

É claro que as entidades governamentais não estão caladas assistindo ao trabalho dos lobistas, poderosos ou não, pois sabem que, em determinadas ocasiões, atitudes e interesses inescrupulosos podem prejudicar o país e as instituições. Embora no Brasil não exista uma lei que regule a atividade, organizações do governo, principalmente as federais, têm muitos mecanismos para evitar que seus servidores sejam influenciados pelo lobby (leia mais sobre estes mecanismos no capítulo IX, sobre as agências reguladoras).

O lobby no mundo

Em seguida, veremos alguns exemplos de regulação das atividades de *lobby* em países selecionados[106].

Nos últimos anos, a prestação de serviços de lobby cresceu na Austrália e transformou-se numa indústria multibilionária nas esferas municipal, estadual e federal, com mais de dez mil pessoas empregadas. *A prática* é regulamentada no país. Para exercer a atividade na Austrália, é necessário que a pessoa siga um extenso código de conduta e seja credenciada em entidades legislativas.

A partir dos anos 2000, a comunidade europeia ganhou corpo; as leis e as normas foram sendo unificadas, bem como a pluralidade cultural e procedimental da região. Atentos a isso, milhares de escritórios se constituíram em Bruxelas, capital da União Europeia (UE), a única entidade legítima para exercer normatização comunitária. Dessa forma, a capital belga se tornou a praça ideal para a atuação dos lobistas. Além dos próprios canais de lobby nacionais dentro dos países que compõem a UE, as empresas prestadoras desses serviços e até mesmo governos nacionais destinaram enormes recursos humanos e tecnológicos para se estabelecerem na Bélgica, a fim de pressionar os agentes governamentais do Parlamento Europeu por decisões favoráveis às suas causas. As regras para o exercício do *lobby* na União Europeia são constituídas apenas por um código de conduta não vinculativo.

Já na França, não existe nenhum regulamento que estabeleça limites para a prática no país. A atividade carece de transparência. Ocorre que o "sistema da República" não aceita que interesses particulares se contraponham à "vontade geral" dos franceses. Todavia, o lobby no país é organizado e funciona nos mesmos moldes do brasileiro, ou seja, em todos os setores e sem regulação.

Nos Estados Unidos, é coisa séria, em Washington DC[107], entre as ruas K e 19 estão concentrados os mais poderosos escritórios lobistas do país. De acordo com a legislação, empresas interessadas podem contratar especialistas, técnicos, cientistas e advogados para convencer parlamentares e reguladores. O judiciário reconhece a atividade como um exercício da liberdade de expressão. No entanto, ela está sujeita a rigorosas regras de conduta, que coíbem com rigor os desvios, inclusive com prisão. As normas americanas de lobby exigem ampla divulgação sobre as entidades que o exercem e seus profissionais precisam de registro específico para trabalhar. Também é exigida ampla transparência. As empresas de ***lobby*** devem indicar com quem se relacionam e quanto recebem para atuar. A atividade é praticada em todos os níveis do governo e do legislativo (Câmara dos Deputados e Senado Federal), mas, em especial, na regulamentação no âmbito das agências reguladoras, que são muitas nos EUA. Vários estudos apontam que o investimento em lobby no país é extremamente rentável.

A participação que o governo tem na economia brasileira é alta: em 2013, chegou a 22% do PIB. Nesta conta estão os bens e serviços usados pela União e pelos estados e municípios para atender os cidadãos nas áreas de saúde, educação, segurança, etc. Isso tudo sem mencionar a indústria e a prestação de serviços de empresas e entidades controladas pelo governo.

Sendo grande a influência do Estado brasileiro na sociedade, as entidades privadas do País são muito dependentes do setor público, o que aumenta exponencialmente a necessidade de grupos organizados influírem no processo político e regulatório. "Esse cenário de participação e atuação de grupos, na defesa explícita dos seus interesses, acontece num ambiente marcado pelo corporativismo e falta de pluralismo, afetado pela tecnocracia e pela ausência de uma cultura política que reconheça a participação do lobby organizado como legítimo e necessário. Esse quadro favorece o uso de mecanismos informais de representação de interesses, que são vínculos clientelistas, que solapam a democracia e a economia, pública e privada, ligando incestuosamente os setores da burocracia estatal a grupos de interesses das empresas privadas"[108].

Todos estes fatos mencionados são alavancados pela grande ascendência do Poder Executivo sobre o Poder Legislativo. Deste modo, os lobistas brasileiros, ao contrário dos profissionais de outros países, agem principalmente sobre ministérios, autarquias, secretarias, agências reguladoras e outros órgãos da administração e, em escala menor, sobre o Congresso Nacional, assembleias legislativas e câmaras municipais. O Parlamento, pela subserviência ao Executivo, perdeu ao longo do tempo importância decisória e especialmente legislativa.

Tentativas de Legalizar o Lobby no Brasil

Eventualmente, é revigorada a discussão sobre a necessidade de regulação do lobby no país, principalmente quando escândalos envolvendo lobistas surgem na mídia, tais como o Mensalão, o Petrolão, o Mensalão do DEM, etc. Assim, com a divulgação de novos casos de corrupção, fala-se em agilizar o andamento dos projetos de lei que tramitam sobre a matéria na Câmara dos Deputados e no Senado Federal. A seguir, apresento alguns desses projetos:

» O Projeto de Lei nº 6.132/1990, de autoria do ex-senador Marco Maciel, do antigo PFL de Pernambuco, encontra-se no Plenário da Câmara dos Deputados pronto para ser votado. É o projeto que tem maior histórico no Congresso Nacional. Dispõe sobre o registro de pessoas físicas ou jurídicas nas Casas do Congresso Nacional para os fins que especifica, regulamentando o exercício de grupo de pressão ou lobby.

» O Projeto de Lei nº 6.928/2002, de autoria da deputada Vanessa Grazziotin, do PCdoB do Amazonas, encontra-se na Comissão de Constituição e Justiça e de Cidadania da Câmara dos Deputados. Cria um estatuto para o exercício da democracia participativa, regulamentando a execução do disposto nos incisos I, II e III do art. 14 da Constituição Federal.

» O Projeto de Lei nº 1.202/2007, de autoria do deputado Carlos Zarattini, do PT de São Paulo, está na Comissão de Constituição e Justiça e de Cidadania da Câmara dos Deputados. A proposta atribui à CGU a competência para credenciar as entidades de lobby; impõe um ano de quarentena para que funcionários públicos e detentores de cargos eletivos possam atuar; e determina que haja um curso de formação com os futuros lobistas. O projeto de lei apresenta ainda as ações que devem ser tomadas para que não haja abusos nem atos ilícitos, como a tomada das contas anuais dos lobistas cadastrados. A finalidade do projeto é a ampliação do **accountability** (leia mais sobre **accountability** no capítulo XV) e o aumento da idoneidade no trato da coisa pública. A proposta veda o uso de presentes, cortesias, gentilezas e favores para congressistas como instrumentos de "corrupção" e assegura meios de tratamento igualitário aos grupos de pressão no processo decisório no Legislativo. Limita a conduta dos lobistas e dos próprios servidores públicos para que não haja abusos nem tampouco conflitos de interesse. Garante, ainda, a idoneidade do processo e a responsabilização daqueles que não observarem suas normas.

» Projeto de Lei do Senado (PLS) 315/2015, de autoria do Senador Walter Pinheiro, do PT da Bahia; encontra-se na Comissão de Constituição, Justiça e Cidadania (CCJ) do Senado Federal. O texto prevê que os órgãos públicos deverão manter cadastro público e fornecer credenciais aos lobistas que atuem em suas dependências. A prática da atividade de lobby em desacordo com o disposto na proposta pode resultar em sanções administrativas e multa. O projeto regulamenta a atividade de lobby, no âmbito dos órgãos e entidades dos Poderes da União, e dos órgãos e entidades da Administração Pública Federal e estabelece os seguintes conceitos:

- Lobby ou representação de interesses: qualquer comunicação, oral, escrita ou por qualquer outro meio, dirigida a órgão, entidade ou autoridade administrativa ou legislativa, ou a terceiros a eles vinculados, com o objetivo de favorecer ou contrariar, direta ou indiretamente, interesse próprio ou de pessoa física ou jurídica, ente de direito público ou grupo de pressão ou de interesse, ou de qualquer forma influenciar a tomada de decisões administrativas, regulamentares e legislativas.
- Quanto ao lobista, agente que exerce a função, o projeto define quatro possibilidades:
  - Indivíduo que exerce atividades de lobby ou de representação de interesse, de modo autônomo e remunerado, em favor de pessoa física, pessoa jurídica ou grupo de pressão ou de interesse;
  - Indivíduo, empregado, dirigente ou representante de pessoa jurídica, com ou sem fins lucrativos, que exerce atividade de lobby ou de representação de interesses em favor do empregador ou sociedade, ou que atua em seu nome;
  - Pessoa jurídica, constituída de fato ou de direito, que exerce precipuamente atividades de lobby ou de representação de interesses em favor de pessoa física, pessoa jurídica ou grupo de pressão ou de interesse, ainda que seu objeto social não contemple essas atividades de forma expressa, e;
  - Agente público que tenha por atribuição precípua o exercício da atividade de lobby ou de representação de interesses junto aos órgãos do Poder Legislativo.

Capítulo VIII
Agências Reguladoras e Ética Empresarial

"Ajude as pessoas dando seus conhecimentos. É mais importante ensinar ao outro aquilo que ele não sabe do que recordar a alguém o que sabe. Uma vez você terá que recordar-lhes coisas e em outras ensiná-las. Muitos não fazem obras excelentes porque não sabem como, mas com a sua ajuda e o seu cuidado amistoso pode-se ajudá-los a alcançar os seus objetivos. Convém a quem necessita de conhecimento mostrar disposição e humildade de pedir ajuda e, se necessita de mais, que peça mais ainda; se lhe disserem que "não", empregue sua destreza para que lhe digam "sim". Na maioria das vezes, aquilo que não se conseguiu é porque sequer foi tentado"[109].

Códigos e regulamentos existem desde as grandes civilizações do Egito, da Índia, da Grécia e de Roma. No mundo antigo, pesos e medidas padronizadas foram uma obsessão. Desde que o homem existe, o ouro imperou como um padrão monetário e representativo de valor, funcionando como moeda internacional. Na China, onde o papel-moeda foi inventado, existiu um específico sistema de dinheiro nacional. Apesar da queda do Império Romano, na Europa da Idade Média a regulamentação existiu sob a forma de normas, costumes e privilégios.

Exercido por agências reguladoras ou órgãos da administração direta, o papel regulador, normatizador e fiscalizador do Estado tem relação simbiótica com *compliance*, ética, responsabilidade social e empresarial. Do ponto de vista econômico, os interesses envolvidos são muito relevantes. Um simples ato de uma agência reguladora, como a publicação de um compêndio normativo de metas de qualidade para um serviço público prestado à população, pode significar investimentos e despesas de milhões de reais para uma concessionária.

Sobre este conjunto regulador da administração direta e indireta do Estado, uma legião de técnicos e lobistas age em favor de normas mais brandas, que, consequentemente, gerarão menores despesas na exploração do serviço.

A influência do governo nas relações econômicas entre entidades e a sociedade nos setores de alimentos, medicamentos, energia, telecomunicações, água, saneamento e bancos, etc. deve ser feita de modo particularizado. Considerando-se a maneira como a sociedade se desenvolveu, com extrema especialização, as áreas governamentais compelidas a exercer tal controle e regulação precisam, para cumprir a sua missão, de uma dose de autonomia econômica e administrativa. Foi por causa desta segmentação e da necessidade de regular diferentes setores que foram criadas as agências reguladoras.

No Brasil, na área das comunicações, por exemplo, os agentes reguladores não são os mesmos, embora os serviços sejam de igual natureza. O setor de telecomunicações é regulado pela Agência Nacional de Telecomunicações (Anatel). Já os serviços de radiodifusão são controlados pelo próprio Ministério das Comunicações. Não é preciso dizer que a regulação exercida pela Anatel é incomparavelmente superior à do Ministério. Não que o governo da administração direta seja ineficiente ou despreparado, mas seu sistema administrativo, de recursos humanos e financeiro é recorrentemente contingenciado, em prejuízo do exercício de suas funções regulatórias. Ademais, a Anatel, por ter mais autonomia administrativa e econômica, sofre menos as consequências do modelo clássico brasileiro de presidencialismo de coalizão e, portanto, está menos suscetível à influência da política tradicional. Ao contrário, o Ministério das Comunicações está mais exposto ao jogo político e à troca de cargos. Não raro, seus executivos não são necessariamente profissionais ou ao menos conhecem a área.

A regulação, "enquanto espécie de intervenção estatal, manifesta-se tanto como poderes e ações, com objetivos declaradamente econômicos (concentrações, preços e tarifas), como por outras justificativas diversas, mas efeitos econômicos inevitáveis (medidas ambientais, urbanísticas, normatização, disciplina, profissões, etc.)"[110].

Com a explosão das privatizações mundiais nos últimos 30 anos, áreas de serviços básicos destinados à população foram outorgadas à exploração da iniciativa privada, razão pela qual surgiu a necessidade de uma ação mais efetiva de controle do governo sobre estas companhias que substituíram a presença do Estado.

No Brasil não foi diferente. A partir de 1994, com a eleição de Fernando Henrique Cardoso para a Presidência da República, cujo governo foi pautado por tendências neoliberais, várias agências foram criadas para regular os serviços públicos repassados para a exploração da iniciativa privada. A seguir, apresentamos alguns exemplos dessas entidades reguladoras:

» **Cade** – Vinculado ao Ministério da Justiça, o Conselho Administrativo de Defesa Econômica (Cade) foi criado em 1962. No entanto, suas atuais funções — orientar, fiscalizar, prevenir e apurar questões sobre matéria concorrencial e concentrações — foram descritas na Lei nº 8.884/1994, como última instância para decisão final sobre a matéria concorrencial e concentrações.

» **Aneel** – Criada em 1996, pela Lei nº 9.427, a Agência Nacional de Energia Elétrica (Aneel) regula o setor de geração e distribuição de energia elétrica.

» **Anatel** – Criada em 1997, pela Lei nº 9.472, a Agência Nacional de Telecomunicações (Anatel) tem o objetivo de regular o setor de telecomunicações, que inclui a telefonia fixa e a móvel, a televisão por assinatura, a banda larga e os serviços de satélite e radiodifusão (neste último, apenas a parcela relativa ao controle do espectro radioelétrico).

» **ANP** – A Agência Nacional do Petróleo (ANP) foi criada em 1997, pela Lei nº 9.478, para regular a exploração, o refino, a produção e a distribuição de petróleo.

» **Anvisa** – A Agência Nacional de Vigilância Sanitária (Anvisa) foi criada em 1999, pela Lei nº 9.782, com o objetivo de proteger e promover a saúde da população, garantir a segurança sanitária de produtos e serviços e participar da construção do acesso seguro a medicamentos e alimentos.

» **ANS** – Criada em 2000, pela Lei nº 9.961, a Agência Nacional de Saúde Suplementar (ANS) tem a função de regular, normatizar, controlar e fiscalizar as atividades de assistência suplementar à saúde (planos de saúde).

Com o final do governo neoliberal e a ascensão dos novos mandatários de esquerda, eleitos no pleito de 2002, o processo de normatização e fiscalização das agências reguladoras foi interrompido. Atualmente, diversos serviços públicos permanecem sob a regulação dos órgãos da administração direta, ou seja, órgãos ligados diretamente ao poder central — federal, estadual ou municipal —, como ministérios e secretarias. Por exemplo: o Ministério da Educação regula as entidades de ensino (colégios e universidades), e o Ministério das Comunicações, os serviços de rádio e televisão.

Bases conceituais da regulação

Compreendido como um conjunto normativo com força de lei, um marco regulatório tem como finalidade harmonizar a conduta do regulado e aplicar-lhe normas e diretrizes de procedimento. Existe também o modelo de autorregulação, no qual os próprios agentes prestadores do serviço ou fabricantes de determinados produtos se auto impõem um conjunto de normas. Todavia, a autorregulamentação não é objeto da análise deste capítulo, já que se trata de um comportamento ético espontâneo, ou seja, de uma prática que vai além do que foi estabelecido pelo Estado. Existem, portanto, três formatos de regulação:

» **Autorregulação** – sistema de elaboração, aprovação e supervisão de normas voluntárias, feito por intermédio de associações de comércio, serviços ou indústria, sem a intervenção do Estado. Exemplos: Código Brasileiro de Autorregulamentação Publicitária do Conselho Nacional de Autorregulamentação Publicitária (Conar); Código de Ética e Disciplina da Ordem dos Advogados do Brasil (OAB); Código de Ética Médica do Conselho Federal de Medicina, etc.

» **Corregulação** – sistema de regulamentos elaborados por terceiros, normalmente entidades credenciadas, que emitem certificado declarando que o regulado está em conformidade com as normas. A corregulação é também chamada de certificação ou acreditação. Exemplo: normas ISO.

» **Regulação** – ação disciplinadora do Estado sobre um produto ou serviço, com a finalidade de assegurar à população um mínimo de qualidade e regramento em questões sobre disponibilidade, preços, competição, inovação e acesso de produtos como medicamentos e alimentos (Anvisa) e de serviços como água (ANA), luz (Aneel) e telefone (Anatel).

De forma geral, os conjuntos normativos dos serviços públicos, como portarias, atos e resoluções, são escritos por uma entidade reguladora, criada por lei específica. A entidade detecta oportunidades de melhoria no setor sob sua responsabilidade e segue um processo de construção documental normativa, como se mostra:

» Detecção da necessidade de regular determinada prestação de serviço ou produto.

» Exame de regulamentos similares em outros países e em outros serviços.

» Estudo interno do regulamento por áreas técnicas especializadas do agente regulador.

» Submissão dos procedimentos escritos ao processo de consulta interna do órgão regulador (análise das áreas técnica, administrativa, econômica, etc.).

» Verificação jurídica da norma proposta, testando as disposições em comparação com a legislação vigente.

» Submissão dos procedimentos escritos a processo de consulta pública, abrindo a minuta de procedimentos a críticas e sugestões da sociedade e dos regulados.

» Aprovação final da norma pelo conselho diretor do órgão regulador.

» Publicação do regulamento em ato formal, o qual tem força de lei e deve ser seguido pelos regulados.

Evidentemente, devido às causas e implicações reais sobre as empresas reguladas, mas especialmente face aos resultados econômicos e aos seus efeitos sobre estas companhias, a maior parte do processo que antecede a elaboração das normas publicadas pelas agências reguladoras brasileiras sofre enorme pressão de lobistas de diversas áreas. Esses profissionais atuam em contínuo estado de controvérsia com os técnicos do governo, mas no sentido positivo de encontrar a melhor e mais justa forma de regulação possível.

Os regulamentos produzidos por essas agências criam ou instituem deveres, restringem direitos, estabelecem limites e atribuem responsabilidades, podendo assumir variadas formas: restrições legais promulgadas pela autoridade governamental; obrigações contratuais que unem várias partes; códigos de qualidade de prestação de serviço; e estabelecimento de padrões mínimos no provimento de produtos ou serviços para a sociedade.

Como exemplo de regulamento, na área de telecomunicações, a Resolução nº 605/2012 da Anatel aprovou o Regulamento de Gestão de Qualidade da Prestação do Serviço Telefônico Fixo Comutado – RGQ-STFC (serviço de telefonia fixa). Já no setor de saúde suplementar, a Resolução Normativa nº 319/ANS/2013 obriga as operadoras a justificarem, por escrito, as negativas de cobertura aos beneficiários que solicitam determinado tratamento médico. Elaborado pela Agência Nacional de Saúde Suplementar, o regulamento teve profunda influência nas relações contratuais celebradas entre os clientes e as seguradoras.

Os regulamentos são tentativas do governo de melhorar a prestação de serviços públicos executados pela iniciativa privada, de estimular resultados que não ocorreriam sem a regulação do Estado ou mesmo de evitar ou prevenir situações adversas em diferentes escalas de tempo. Assim, as normas regulatórias devem ser enxergadas como instrumentos de práticas de governo ou mesmo de declarações políticas.

A regulamentação implica ao outorgado arcar com despesas e investimentos; no entanto, como contrapartida, a sociedade ganha em benefícios sociais. A norma é considerada eficiente se os benefícios suplantarem os custos. Os regulamentos são fundamentais por uma série de razões[111], que incluem:

» Intervenção societária e mercadológica para:
  - Conter falha de mercado;
  - Coibir ineficiências;
  - Restringir serviços que configuram monopólio;
  - Incentivar a concorrência e a competição;
  - Eliminar barreiras de entrada de novos competidores;
  - Desenvolver mecanismos de suporte à concorrência;
  - Incentivar a concorrência e minimizar os efeitos dos monopólios naturais.

- Assegurar a transparência e garantir informação adequada ao mercado. Exemplo: Comissão de Valores Mobiliários (CVM), que fiscaliza, normatiza, disciplina e desenvolve o mercado de valores mobiliários no Brasil.
- Levantamento de dados, análise e realização de estudo sobre o mercado do objeto regulado.
- Elaboração de normas disciplinadoras de acordo com a política setorial estabelecida pelo Poder Executivo.
- Gestão de contratos de concessão, autorização e permissão de serviços públicos.
- Fiscalização do cumprimento:
  - dos deveres da outorga;
  - da política tarifária;
  - do estabelecimento de preços;
  - da garantia de preço e tarifa justa; e
  - da qualidade do serviço prestado.
- Arbitragem entre os agentes regulados.

Agentes reguladores: exposição e práticas antiéticas

Independentemente de estarem sujeitos às normas da administração direta (ministérios) ou indireta (agências reguladoras), os entes regulados exercem grande poder de influência sobre a sociedade e os agentes governamentais. Considerando os impactos econômicos que os regulamentos podem gerar em todos os setores da economia e, principalmente, nas concessionárias de serviços públicos — telefonia, radiodifusão, energia, água, saneamento, transporte coletivo urbano e interurbano, aviação e petróleo —, a ação do lobby empresarial é extremamente elevada e não deve ser desconsiderada sob pena de comprometimento de todo um sistema.

O economista norte-americano George Stigler (1911–1991) ganhou o Nobel de Ciências Econômicas e foi um dos principais líderes da Escola de Economia de Chicago. Acompanhado de seu amigo Milton Friedman, ele estudou profundamente a chamada "dominação regulatória", uma forma de corrupção que ocorre quando uma agência reguladora, criada para agir pelo interesse público e para reger um mercado, é dominada por entes regulados e, desta forma, afrouxa as normas ou mesmo deixa de desempenhar suas funções.

A "dominação regulatória" é "uma forma de fracasso do governo e não poderia deixar de ser mostrada de outra forma pois, ao criar uma relação aberta para as empresas, o órgão regulador permite que essas companhias influenciem no seu processo normativo de forma prejudicial ao interesse público, seu desígnio maior"[112].

Isso acontece quando uma agência reguladora, desprovida de normas internas que coíbam procedimentos impróprios e estabeleçam limites, entabula uma relação fraterna, mas incestuosa, com o regulado, passando sutilmente a beneficiá-lo. A dominação regulatória ocorre ainda porque grupos ou indivíduos concentram seu poder institucional na tentativa de obter resultados de políticas públicas ou regulamentações que se alinhem aos seus propósitos. Os membros do poder público, por sua vez, fracos institucionalmente e descomprometidos com as suas finalidades, sujeitam-se aos encantos e assédios do regulado.

É certo que a dominação regulatória é uma realidade. Ao longo do tempo, os regulados, especialmente as companhias de maior porte, muitas das quais grandes sociedades anônimas e até grupos multinacionais com ações nas bolsas de valores, conseguiram estabelecer uma relação de amizade com os agentes reguladores. Os regulados possuem inúmeros recursos de persuasão para convencer o governo de seus "sinceros propósitos" e, desta forma, conseguir o abrandamento de normas com o objetivo de ter custos e investimentos reduzidos para manter o lucro. Uma empresa ***eticamente orientada***, no entanto, deve ser guiada para garantir a lucratividade exigida pelos acionistas e cumprir com sua missão, "mas, acima de tudo, deve ser desencorajada de certos expedientes se eles não forem éticos, mesmo que carreguem grandes recompensas individuais ou para o coletivo dos acionistas"[113].

A probabilidade de dominação regulatória é um risco a que qualquer órgão regulador está exposto, naturalmente. Isso sugere que ele deve, tanto quanto possível, se proteger da influência externa. A dominação regulatória é muitas vezes pior do que a não regulamentação, pois o agente regulador exerce e representa a autoridade do governo. Em vista disso, se o ambiente regulador for altamente vulnerável a cooptações, a inexistência de uma agência para regular determinado setor pode até ser mais benéfica à sociedade.

Evidências recentes sugerem que ambientes regulatórios mais extensos e complexos estão associados a altos níveis de corrupção, mesmo em democracias maduras e com elevada transparência e grande liberdade de imprensa.

No Brasil, não é tarefa fácil evitar a dominação regulatória ou a simples influência de um segmento sobre os reguladores. No presidencialismo de coalizão, sistema de governo brasileiro, entidades reguladoras e cargos ministeriais são utilizados como moeda de troca para fidelização de partidos aliados, sendo dessa forma ocupados por pessoas politicamente orientadas. Do outro lado, países desenvolvidos da América do Norte e da Europa não têm poupado esforços para evitar este tipo de expediente.

O aumento da transparência pode ser uma forma eficiente de mitigar problemas de corrupção e cooptação regulatória. Veja algumas práticas que podem ser adotadas pelas entidades reguladoras para refrear esses males enraizados na nossa sociedade (veja no capítulo IV mais sugestões de boas práticas sugeridas pelo TCU):

» Não contratar, para as áreas técnicas, pessoas externas ao quadro de servidores. Estes setores devem ser preenchidos com pessoal de carreira, da própria entidade, com ascensão gerencial feita por meritocracia.

» Criar planos de carreira e de desenvolvimento de pessoal.

» Submeter os entes reguladores a permanentes auditorias das controladorias gerais de governo.

» Manter os órgãos reguladores afastados do ambiente político-partidário.

» Tornar independentes todas as entidades reguladoras nas questões de administração e orçamentos, de quadro de pessoal, de normas de conduta e de códigos de éticas.

Para conservarem a sua independência e não sofrerem os efeitos danosos da dominação regulatória, os agentes reguladores devem adotar um rigoroso código de ética com princípios, valores e condutas. Este código deve reger todas as atitudes do órgão. Seu conteúdo poderia ser baseado nas seguintes orientações:

» Especificar formas de relacionamento dos reguladores com os regulados.

» Coibir relações "fraternas" ou amistosas com os regulados, por meio de rígidas regras de convívio social.

» Não participar de eventos festivos ou de lazer patrocinados pelos regulados, como viagens, festas, congressos, seminários e almoços de cortesia.

» Não participar de missões técnicas patrocinadas pelos regulados.

» Discutir assuntos técnicos com os regulados em ambiente próprio, em salas especialmente preparadas para receber o público externo; não tratar de assuntos de interesse do regulado em mesas de trabalho, gabinetes ou escritórios.

» Divulgar na internet a agenda de encontro de técnicos e executivos do órgão regulador.

» Formalizar e tornar públicas as atas de trabalho, as listas de presença e as gravações de encontros entre reguladores e regulados.

» Fazer-se acompanhado de outros técnicos quando for tratar de assuntos dos regulados. Nunca atender um regulado sozinho.

» Estabelecer rigorosos limites de valores para a aceitação de brindes ou presentes.

O Código de Ética da Anvisa[113] estabelece uma série de regras para o relacionamento entre a agência, a sociedade e os regulados, tais como:

» Vedação de recebimento de presentes com valores superiores a R$ 100,00 para transporte, hospedagem, almoços, jantares ou festas.

» A participação em seminários, congressos e eventos semelhantes deve estar condicionada ao interesse de representação institucional da Anvisa e à autorização do diretor supervisor da área a que o empregado está subordinado.

Mesmo seguindo todos os procedimentos indicados pela boa prática empresarial, os empresários devem adotar códigos de conduta específicos para agir de forma ética e responsável.

É natural nas grandes corporações, especialmente nas concessionárias de serviços públicos, a existência de áreas institucionais altamente aparelhadas, com recursos humanos de reconhecida competência e toda a tecnologia disponível no mercado.

Os executivos são vulneráveis a prêmios e à ascensão profissional, assim como os acionistas são ao lucro, mas agir fora dos padrões éticos fixados pelos padrões regulatórios está ficado cada vez mais caro no Brasil. Assim, sugere-se que todas as formas de controle socioambiental e ético das companhias devem ser empreendidas para impedir que os gestores não exagerem em seus instintos empresariais e acabem por comprometer diretores e acionistas, envolvendo-os em práticas corruptas que, muitas vezes, desconhecem. Códigos de conduta, controles, auditorias e fiscalizações, portanto, são palavras de ordem no trato com os agentes reguladores.

Capítulo IX
Associações de Classe

"É conveniente ter a virtude de explicar as coisas com claridade e precisão. Tão importante como ter vontade firme é a claridade da explicação para um bom entendimento: este é um dos grandes tesouros da inteligência. Aqueles capazes, cultos, claros e concisos são sempre dignos de aplausos. Alguns sábios são venerados porque ninguém os entende e talvez convenha certa obscuridade para não cair na vulgaridade comum. Mas como poderão os demais, que o observam, receber os conceitos e as explicações que pretendíamos lhes dar? Observe as pessoas de sucesso: é marcante, porque quase todos são bons explanadores das suas obras e excelentes vendedores de seus trabalhos. Convence mais quem fala com clareza. Um aviso, entretanto: não adianta tentar enganar"[115].

As associações de classe são pessoas jurídicas que defendem os interesses de um determinado setor perante os poderes constituídos, formados por órgãos de regulação de produtos e serviços[116], entre outros. São organizações fundadas e financiadas por companhias comerciais que exploram uma determinada indústria ou serviço ou mesmo entidades não lucrativas, tais como filantrópicas, religiosas ou sociais. Mesmo com objetivos diversos, essas organizações têm características básicas semelhantes:

» Defendem interesses de um grupo que encontrou, na união conjunta de esforços, uma forma para enfrentar problemas do setor e descobrir a melhor solução.

» Reúnem duas ou mais pessoas para a realização de objetivos comuns:
  - Os fins podem ser alterados pelos associados.
  - Os associados tomam decisões livremente.
  - São entidades do direito privado e não do público.

» O patrimônio é constituído pela contribuição dos associados, como doações, subvenções, etc.

» Não têm a atividade econômica como objetivo principal.

São diversos os motivos que levam as organizações a se unirem numa associação de classe. Todavia, as principais finalidades, segundo cartilha publicada pelo Sebrae[117], podem ser resumidas em sete pontos:

» **Associação filantrópica:** reúne voluntários, que prestam assistência social a crianças, idosos, pessoas carentes, etc. Seu caráter é basicamente o da assistência social.

» **Associação de pais e mestres:** representa a organização da comunidade escolar e tem como objetivo a obtenção de melhores condições de ensino e a integração da escola com a comunidade.

» **Associações em defesa da vida:** normalmente, são organizadas para defender pessoas que vivem à margem da sociedade ou que não estão em condições de superar as próprias limitações.

» **Associação de consumidores:** organização voltada para a defesa e o fortalecimento dos consumidores frente aos comerciantes, à indústria e ao governo.

» **Associação de classe:** representa os interesses de determinada classe profissional e/ou empresarial.

» **Associação de produtores:** inclui pequenos proprietários rurais e artesãos que se organizam para realizar atividades produtivas ou para defender interesses comuns.

» **Associações culturais, desportivas e sociais**: organizadas por pessoas ligadas ao meio artístico. Têm objetivos educacionais e de promoção de temas relacionados às artes e a questões de interesse público. Fazem parte desse grupo, ainda, os clubes esportivos e sociais.

Principais tipos de associações comerciais, empresariais e profissionais

As associações comerciais são organizações fundadas e patrocinadas por empresas ligadas ao comércio, com atuação restrita a uma unidade da Federação, na maioria dos casos. Essas associações podem adquirir um status relevante perante a sociedade com doações políticas, publicidade, lobbying, publicações e participação em atividades de educação. O foco principal, no entanto, é a colaboração entre as empresas e as associações que as representam, a fim de atender aos interesses coletivos de empreendimentos de diferentes portes que atuam no mesmo segmento ou não. A seguir, dois exemplos de associações comerciais:

» **ACSP**: Fundada em 7 de dezembro de 1894, a Associação Comercial de São Paulo (ACSP) tem como objetivo a defesa dos interesses de diversos grupos empreendedores que atuam na cidade de São Paulo.

» **ACRJ**: Fundada em 1809, a Associação Comercial do Rio de Janeiro (ACRJ) cumpre o papel de facilitar os negócios na cidade e de identificar potenciais econômicos e turísticos no estado, a fim de contribuir com o desenvolvimento econômico do País, indo além das relações comerciais.

No campo das classes profissionais, destacam-se algumas associações tradicionais e reconhecidas como fortes defensoras dos profissionais que elas representam, além de serem conhecidas por relevantes serviços prestados ao País:

» **AMB**: Fundada em 26 de janeiro de 1951, a Associação Médica Brasileira (AMB) é uma sociedade sem fins lucrativos cuja missão é defender a dignidade profissional do médico e a assistência de qualidade à saúde da população brasileira. A entidade possui 27 associações médicas estaduais e 396 regionais. Compõem o seu conselho científico 53 sociedades médicas, que representam todas as especialidades reconhecidas no Brasil.

» **Abenc**: Fundada em 6 de março de 1979, a Associação Brasileira de Engenheiros Civis (Abenc) é voltada ao aperfeiçoamento técnico, científico e cultural dos engenheiros civis, com foco no desenvolvimento nacional e no bem-estar da população.

O objetivo deste capítulo, no entanto, é destinar atenção às associações de classe (item cinco da lista do Sebrae à qual nos referimos anteriormente), que representam as preocupações de determinado setor empresarial em nível nacional. Tendo em vista que são grandes os interesses econômicos envolvidos, é essencial que essas organizações atentem para as oportunidades de adoção de procedimentos éticos.

Da mesma forma que em outros países, muitos setores se reuniram e formaram organizações associativas em nível nacional, com vistas à defesa econômica e institucional de suas respectivas áreas de atuação, tais como:

» **Anfavea**: Fundada em 1956, a Associação Nacional dos Fabricantes de Veículos Automotores (Anfavea) é uma entidade que reúne empresas fabricantes de autoveículos (automóveis, caminhões e ônibus) e máquinas agrícolas (tratores de rodas e de esteiras, colheitadeiras e retroescavadeiras) com instalações industriais e produção no Brasil. Suas atribuições são coordenar e defender os interesses coletivos das empresas associadas, bem como estudar temas da indústria e do mercado de autoveículos e máquinas agrícolas automotrizes. Patrocina ou apoia, em caráter institucional, eventos ligados à indústria. Além disso, compila e divulga dados de desempenho do setor.

» **Abap**: Fundada em 1949, a Associação Brasileira de Agências de Propaganda (Abap) defende e divulga à indústria de comunicação os interesses das agências brasileiras associadas. Entre as suas principais realizações está a cofundação do ***Conselho Nacional de Autorregulamentação Publicitária*** (Conar)[118].

A importância da adoção de procedimentos éticos na atuação das associações de classe

Um dos principais propósitos das associações de classe no Brasil é a tentativa de influenciar políticas públicas, normas e procedimentos. Para atingir esse objetivo, essas organizações normalmente dão contribuições a campanhas de candidatos ou partidos políticos (é importante ressaltar que algumas empresas e, consequentemente, as associações a que pertencem são impedidas de doar recursos para finalidades políticas)[119], tentam convencer legisladores a se oporem à legislação que lhes tragam maiores despesas na operação dos serviços ou mesmo que acarretem novos investimentos. No Congresso Nacional, existem bancadas específicas formadas por um grande número de parlamentares que atuam em favor de determinados setores. Frequentemente, eles se tornam grupos poderosos e influem não apenas na elaboração das leis, mas também nas atividades dos órgãos reguladores, seja da administração direta, que é mais vulnerável ao lobby, ou da administração indireta, como as agências reguladoras.

O poder dessas associações não pode ser desprezado, pois elas têm acesso a recursos econômicos e dispõem de pessoas altamente capacitadas para defender seus propósitos. Isso, no entanto, não deve ser visto como algo nocivo à sociedade, pois a atuação dessas entidades pode colaborar para a formação de uma opinião positiva dos legisladores, na medida em que incentiva amplo debate sobre os assuntos em questão.

Por exemplo, um setor especializado na fabricação de defensivos agrícolas e variedades geneticamente modificadas trabalha para persuadir parlamentares sobre os benefícios que seus produtos podem trazer para a melhoria da alimentação da população, como o aumento da produção, o barateamento de custos e o incremento de nutrientes nos alimentos. Por outro lado, uma associação de proteção ao meio ambiente expõe aos mesmos parlamentares os aspectos negativos sobre a produção desses produtos e propõe cautela com a saúde dos consumidores e com a preservação do meio ambiente. Desse embate de ideias e contradições nasce uma norma mais efetiva, que considera custos e benefícios em prol da sociedade, ou seja, um ato de responsabilidade ética coletiva.

Por causa da relevante atuação e do poder de influência das associações de classe, alguns países tomam medidas específicas para controlá-las. "Nos Estados Unidos, por exemplo, para controlar as contribuições diretas a candidatos a cargos eletivos em desacordo com o sistema legal vigente, as entidades devem divulgar uma extensa lista de documentos à Comissão Eleitoral Federal ou aos supervisores eleitorais locais e estaduais"[120]. Além disso, é obrigatório o registro de lobistas no país.

Embora a lei norte-americana seja rigorosa e estabeleça total transparência, são recorrentes os problemas e os casos de exageros, os quais são severamente punidos quando vêm a público.

Geralmente, as associações de classe mantêm sistemas de comunicação nas formas impressa e on-line para três tipos de público:

» **Associados** – Para informar que está realizando o trabalho delegado, ou seja, agindo em benefício do setor. Destinam recursos de comunicação para mostrar as conquistas alcançadas, justificando assim as contribuições recebidas e mostrando que o "investimento" na entidade associativa oferece alto retorno, ou pelo menos, mantém e protege o negócio.

» **Reguladores e legisladores** – As associações de classe produzem materiais publicitários, pareceres técnicos e jurídicos com a finalidade de divulgar a reguladores e legisladores (deputados, senadores e vereadores) informações de seu interesse, que serão altamente significativas nas elaborações de regulamentos ou normas.

» **Consumidores** – As entidades investem em publicidade destinada ao público (na maioria das vezes de forma velada), tais como matérias de cunho jornalístico e científico. Os altos tributos que recaem sobre o setor e as alegações de como a regulação poderá trazer prejuízos aos consumidores, seja na forma de aumento de preços ou em restrições à liberdade de escolha, são argumentos comuns utilizados por essas associações para tentar convencer os consumidores sobre determinado assunto. Somente em casos extremos são feitas campanhas publicitárias assinadas pela entidade em questão.

Dentre os meios utilizados pelas associações de classe para a comunicação com os reguladores e o seu público interno e externo, podem ser destacados os seguintes:

» Websites corporativos com informações sobre a missão, a visão, os objetivos e as metas da entidade; com textos e materiais sobre produtos e serviços prestados aos associados; com a divulgação da lista de associados.

» Newsletters, revistas ou jornais produzidos em formato impresso ou on-line; boletins e informativos com notícias sobre as atividades do setor e recursos de publicação sobre temas da atualidade. Alguns desses materiais são distribuídos exclusivamente aos associados, enquanto outros são usados para capacitar ou mesmo pressionar os legisladores e reguladores sobre determinado assunto ou, ainda, são aproveitados para promover as empresas associadas.

» Impressão e publicação de diretórios, pautas de trabalho, anuários, relatórios setoriais e livros. As associações com mais recursos financeiros publicam listas de filiação e anuários, com o objetivo de autopromoção perante os formadores de opinião, legisladores, reguladores e outros interessados. Essas publicações também auxiliam na promoção de produtos ofertados e serviços prestados pelos associados. Um diretório típico contém o perfil da associação, um guia de produtos e serviços e artigos sobre temas de interesse da associação.

Apenas o fato de uma empresa constar em um anuário de produtos e serviços de uma associação respeitada já justifica a adesão de uma companhia à entidade representativa de classe. Muitas vezes, empresas fazem parte de várias associações.

O lado controverso das associações de classe

Uma acusação comum feita às associações consiste de que, embora sejam constituídas "sem fins lucrativos", elas acabam formando cartéis para impedir novas entrantes no mercado, praticando assim lobby predatório e corrompendo agentes públicos com práticas sutis e não éticas.

Defendem ainda os críticos que, embora as atividades de produção e prestação de serviços realizadas pelos associados sejam do interesse público e social, seus interesses e propósitos comerciais chocam com os princípios éticos, o que os leva a agir de modo inadequado.

Contudo, essa opinião não é verdadeira. Estatisticamente falando, o errado sempre foi e será praticado pela minoria. Normalmente, a maioria dos motoristas não ultrapassa o sinal vermelho. Os consumidores pagam a conta de energia dentro do prazo e a população respeita as leis. Assim, não se pode rotular uma sociedade inteira por conta de poucos.

As associações de classe têm, ao longo do tempo, aperfeiçoado seus procedimentos e suas formas de atuação. As corporações que financiam as associações crescem institucionalmente de forma dinâmica e rápida, adaptando-se, assim, às novas exigências sociais, especialmente éticas. Por consequência, as associações de classe que essas companhias financiam também se desenvolvem.

Uma empresa como a Ambev, por exemplo, que atua no setor de bebidas, não precisar cooptar clientes de maneira predatória, pois tem grande porte econômico e maturidade institucional. Dessa forma, incentivar o consumo responsável de bebidas lhe permite continuar a cumprir com seus objetivos econômicos. Sendo assim, a Ambev mantém um rigoroso código de ética[121], que orienta os seus colaboradores a agir segundo valores e objetivos comuns, respeitando princípios de conduta, suas relações com a companhia e, em especial, com os consumidores. O Código de Conduta de Negócios da Ambev defende o compromisso com o comportamento responsável, ético, transparente e de respeito mútuo entre seus profissionais.

Pais educados geram filhos civilizados. Assim, de forma análoga, uma empresa que mantém um rígido código de ética não poderá admitir que sua representante institucional se utilize de expedientes não éticos com colaboradores, clientes e fornecedores.

Esse fenômeno social e empresarial abre às associações grandes oportunidades de participar e de assumir papéis de agentes sociais no aperfeiçoamento das instituições e orientar, até mesmo, outros associados não tão desenvolvidos empresarialmente na prática de atitudes éticas espontâneas. A associação deve coibir princípios não compatíveis com a ética, evitando, entre outras atitudes[122], as seguintes:

» Influir em processos licitatórios de maneira combinada e arranjada para dividir o mercado entre as associadas.

» Praticar atitudes com a finalidade de impedir a competição.

» Atuar e exercer lobby fora de padrões éticos, desrespeitando as regras estabelecidas pelo governo e pelas próprias empresas associadas.

» Anteparar a entrada de novas firmas de serviços ou produtos, impedindo os novos entrantes de assumirem posições no mercado.

» Praticar preços cartelizados.

» Atuar na corrupção de agentes reguladores governamentais, entidades certificadoras e de autorregulamentação, com o objetivo de atender a interesses próprios.

É possível perceber que as empresas maiores, especialmente as multinacionais, além de praticarem a atividade de relações institucionais em conformidade com regras evoluídas, antecipam e difundem conhecimento mais rapidamente. Tais companhias praticam ação social educadora com as empresas locais menores, levando-lhes cultura e ética de gestão.

O processo de amadurecimento social é longo, árduo e demorado. Por isso, o papel das companhias multinacionais é relevante se considerarmos que, mesmo sem intenção, influenciam e contagiam firmas menores para a prática do bem.

Muitas associações de classe desenvolvem e aplicam normas próprias para promover qualidade, consistência e padrões éticos, conhecidas como códigos de conduta[123]. Uma associação, contudo, não tem o direito de impor sanções aos seus associados se essas normas não forem cumpridas. A associação de classe deve disseminar seu código de conduta e capacitar e educar os afiliados para que eles possam pô-lo em prática. Se elaborados e aplicados corretamente, as orientações de comportamento ético e os códigos de conduta podem oferecer maior proteção aos associados.

A associação deve atuar para reduzir o peso da regulamentação do setor com base em parâmetros de razoabilidade e boas práticas internacionais. Cabe também às associações o dever de garantir que as regras estabelecidas:

- sejam claras e transparentes e atendam a particularidades regulatórias nacionais;
- evitem, tanto quanto possível, se imiscuir em práticas comerciais e coíbam aquilo que diz respeito às políticas de preços; e
- sirvam de alerta para as incumbentes, de forma que não estabeleçam restrições sobre os membros entrantes ou impeçam a concorrência.

Os escândalos ligados às atividades governamentais, em todos os níveis, estampam as manchetes dos jornais brasileiros quase que diariamente. A Lei nº 8.666/1993, criada para acabar com desmandos nas contratações do setor público, acabou aprofundando a crise moral brasileira ao criar a categoria de empresa que "só vende para o governo". As relações ficaram tão difíceis que, para fornecer produtos e serviços a entidades públicas, tornou-se necessária a alta especialização das empresas.

Sobre as empreiteiras, é necessário dizer que o próprio ambiente encorajado pelo Estado as coloca numa relação incestuosa com o governo, o grande contratante. Para piorar, o sistema presidencialista de coalizão gera a desprofissionalização do setor público na medida em que estimula a contratação de pessoas despreparadas e com vinculações partidárias.

Fora das áreas nas quais se prestam serviços ao governo, escândalos envolvendo associações de classe são raríssimos. Isso acontece porque as grandes multinacionais "contaminaram" de forma benéfica as empresas brasileiras quando trouxeram de suas matrizes regras de gestão mais duras e éticas.

Há uma série de passos para garantir que as associações de classe não coloquem em risco seus associados, deixando-os vulneráveis a condutas anticompetitivas (*compliance*) ou antiéticas (não fazer o certo espontaneamente):

» A associação deve garantir que os critérios de adesão à entidade sejam objetivos, transparentes e imparcialmente aplicados.

» Devem-se banir questões comerciais pontuais do ambiente associativo. Quando necessário, devem ser tratadas de forma impessoal, genérica e setorial.

» É necessário impedir discussões sobre preços e descontos ou quaisquer outras questões relativas a este assunto. Quando necessário, o tema deve ser tratado genericamente e apenas do ponto de vista institucional.

» Deve-se dedicar zelo especial à aquisição e à troca de informações. Nunca se deve discutir sobre dados individualizados de uma empresa associada, pois são comercialmente muito valiosos. Quando necessário, a associação deve tratar de dados macroeconômicos, setoriais e nacionais.

Para se manterem atualizadas a respeito de fatores importantes ligados à ética, é aconselhável que as associações busquem auxílio profissional externo na forma de consultorias. As consultorias têm a capacidade de oferecer um novo "sopro" às práticas antigas e "rejuvenescê-las", agregando às empresas novas visões e funcionalidades de controle. Vale ressaltar que a repetição de boas práticas acarreta a displicência.

Empresas que tentam impedir a concorrência praticam ações predatórias com fornecedores, consumidores e agentes públicos reguladores. Todavia, comportamentos contraindicados estão perdendo força com a mudança dos padrões éticos mundiais, que estão cada vez mais rigorosos.

Os pecados capitais das associações de classe

Com o objetivo de informar às associações de classe e às empresas afiliadas questões sobre como atuar em consonância com a Lei de Defesa da Concorrência, o Departamento de Proteção e Defesa Econômica (DPDE) da Secretaria de Direito Econômico (SDE), vinculada ao Ministério da Justiça, elaborou um guia para orientar servidores, empresas e cidadãos sobre aspectos relacionados à defesa da concorrência e à participação de associações em cartéis e outras práticas não competitivas[124].

Não obstante os inegáveis benefícios que as associações empresariais trazem para as suas filiadas, principalmente as que congregam empresas que atuam no mercado como concorrentes, não são poucos os riscos a que estão expostas de se envolverem em práticas que atentem contra a legislação. "As recorrentes discussões entre as empresas associadas no âmbito das associações podem extrapolar as funções legítimas das entidades, permitindo que seus membros troquem dados comercialmente sensíveis, tais como preços, estratégias de mercado, quantidade produzida e clientes"[125]. A troca de informações comerciais e estratégicas pode caracterizar ato ilícito, em desacordo com o estabelecido na Lei de Defesa da Concorrência (Lei nº 12.529/2011), além de crime, previsto na Lei nº 8.137/1990. As associações têm o dever de estabelecer procedimentos sistemáticos e cuidadosos para evitar que incorram em condutas contrárias à livre concorrência.

O Papel das Associações de Classe na Fixação de Preços

O papel das associações de classe na fixação de preços deve ser de caráter funcional, ou seja, com viés único de institucionalizar boas práticas. Em nenhuma hipótese, uma entidade associativa pode interferir em questões concorrenciais de preços. Uma boa estratégia para as associações é impedir a discussão de quaisquer assuntos comerciais.

A fixação artificial de preços no Brasil foi proibida pela Lei nº 8.137/1990, art. 4º, inciso II, alínea "a".

A Câmara de Comércio da Nova Zelândia[125] faz uma interessante observação aos seus associados com relação a este tema. Orienta que as proposições, de modo geral, estão relacionadas apenas e tão somente a questões éticas. Caso discussões de preços surjam durante uma reunião para se estabelecer uma posição setorial, "o membro deve levantar objeção e imediatamente sair da reunião. Se a discussão persistir, o desagrado pela prática antiética deve ser colocado por escrito". Recomendações neste campo devem se limitar à composição de uma norma capaz de estabelecer preços justos, com margens adequadas e leais aos seus clientes.

Com efeito, fixar preços inclui fazer acordos que de alguma maneira possam induzir o mercado a estabelecer preços competitivos, o que inclui:

» Definir um preço mínimo.

» Eliminar ou reduzir descontos oferecidos.

» Adotar uma fórmula de preço conjunta para o setor.

» Aumentar os preços por meio de oportunidades mercadológicas.

» Manter os preços firmes quando as condições de mercado indicam a sua redução.

A Câmara de Comércio da Nova Zelândia[126] cita o exemplo de um caso concreto de manipulação associativa de preços em mercados de produtos que atuam como preservativos de madeira[127],[128], que resultaram em prejuízos às pessoas que compraram postes, casas ou construíram ***decks***, pois os valores que elas pagaram foram significativamente maiores. O caso envolveu as empresas Koppers Arch Protection Wood (NZ) Limited, sua ***holding*** australiana, três empresas componentes da Nufarm e duas companhias do grupo Osmose, incluindo ainda pessoas físicas de executivos, todos do ramo de conservantes de madeira. Após ampla investigação, o Supremo Tribunal da Nova Zelândia aplicou multas de US$ 6,750 milhões às partes por formação de cartel e impôs penalidade adicional de US$ 750 mil para a Koppers Arch, pela tentativa de excluir um novo concorrente. Um gerente da Osmose foi multado em US$ 100 mil, a maior pena imposta na Nova Zelândia a um membro de cartel. A atuação ilegal das companhias deu-se pela prática de:

» Compartilhamento de informações de preços.

» Aumento simultâneo de preços.

» Estabelecimento de preços não competitivos.

» Não competição pelos respectivos clientes em comum.

No Brasil, o Ministério Público do Estado de São Paulo (MPSP) iniciou uma ação contra 11 empresas acusadas de formar cartel para a obtenção de contratos da Companhia Paulista de Trens Metropolitanos (CPTM)[129]. A ação movida pelo MP diz respeito a contratos firmados entre os anos 2000 e 2007. A companhia estatal CPTM também responde ao processo. Os promotores analisaram três contratos para a manutenção preventiva de trens da companhia. De acordo com a investigação, as firmas se uniram para fraudar licitações, num esquema simples: quando a licitação era lançada, as empresas negociavam entre elas qual consórcio ou fornecedor venceria a disputa. E, para isso, os demais competidores se comprometiam a apresentar propostas com preços maiores. Ao todo, 30 executivos dessas empresas foram denunciados. Na ação, o MP pede que os escritórios de todas as empresas envolvidas sejam fechados no Brasil, pois elas não agiram de boa-fé na execução dos contratos, além do pagamento de R$ 2,5 bilhões em indenizações ao Estado.

Finalmente, não menos importantes são os conluios praticados por um conjunto de companhias para provocar restrições de oferta e, desta maneira, elevar artificialmente os preços ou reduzir seus níveis de disponibilidade. Nestes casos, os concorrentes concordam em diminuir ou restringir a quantidade de um produto ou serviço com o objetivo de limitar sua disponibilidade.

Em outro exemplo, também no Brasil, o Conselho Administrativo de Defesa Econômica (Cade) condenou quatro companhias aéreas — American Airlines[130], ABSA Aerolíneas Brasileiras, Varig Log e Alitalia — por formação de cartel no segmento de transporte aéreo de cargas[131]. Funcionários das empresas também foram penalizados pela prática. As multas somaram quase R$ 300 milhões. Segundo o Cade, as empresas trocaram informações entre si para definir reajustes de uma taxa adicional cobrada pelo custo do combustível no transporte de carga, autorizados pelo Departamento de Aviação Civil (DAC), órgão regulador que antecedeu a Agência Nacional de Aviação Civil (Anac). O cartel das companhias de transporte de cargas também foi investigado pelas autoridades antitruste dos Estados Unidos, do Canadá, da Austrália, da África do Sul e da União Europeia. Nos Estados Unidos, a KLM e a Air France pagaram US$ 350 milhões para encerrar o processo.

Um exemplo internacional notório e recorrente deste expediente de cartel é praticado pela Organização dos Países Exportadores de Petróleo, a Opep[132]. Trata-se de uma associação internacional, criada em 1960, cujo objetivo é coordenar de maneira centralizada a política petrolífera dos países-membros, de modo a restringir a oferta de petróleo no mercado internacional para impulsionar os preços. A Opep é o exemplo mais conhecido de cartel legalizado no mundo, com vistas a unificar a política petrolífera dos países-membros e a centralizar a administração da atividade.

Divisão Ilegal de Mercado e Prática Anticoncorrencial

Repartição ou alocação de mercado é quando empresas fazem acordos com o objetivo de dividir mercados entre si. Pode ocorrer por meio da divisão de clientes ou da limitação da atuação da empresa em determinados segmentos e localidades, estabelecendo assim áreas restritas para cada um dos empreendimentos.

Em seu livro "A Riqueza das Nações" (1776), Adam Smith afirmou que empresários de um mesmo ramo comercial dificilmente se encontram, mesmo que seja para propósitos sociais, sem que a reunião resulte em "conspiração" contra a sociedade.

O expediente anticoncorrencial de repartição ou alocação de mercado é vedado pela Lei nº 12.529/2011, que estrutura o Sistema Brasileiro de Defesa da Concorrência e trata da prevenção e da repressão às infrações contra a ordem econômica. Segundo o Ministério da Justiça, aproximadamente 300 investigações de cartel foram iniciadas entre 2005 e 2010. Dos dez principais casos analisados pela Secretaria de Desenvolvimento Econômico, oito tratam de cartéis em licitações. Fraudar o ambiente competitivo em licitações é vedado no Brasil pela Lei nº 8.666/1993, art. 90[133].

No seu rol de recomendações de bons procedimentos, a Câmara de Comércio da Nova Zelândia condena e tipifica a prática de dividir mercado em caso real de manipulação associativa.

A indústria de papelão na Austrália alcança montantes anuais de cerca de US$ 2 bilhões por ano. A fabricante de embalagens Visy e sua concorrente Amcor formaram cartel, aumentando os preços e trocando informações confidenciais quando realizavam cotações para grandes clientes. A finalidade era garantir a retenção de compradores específicos e a manutenção de quotas do mercado estático na indústria de embalagens de fibra de papelão ondulado. A direção da Amcor foi denunciada como praticante de cartel à ACCC-Australian Competition and Consumer Commission (Comissão Australiana de Competição e do Consumidor).

Como resultado do cartel, houve um aumento desmesurado de custos, que foram repassados aos consumidores finais. Muitos clientes foram significativamente lesados nas suas compras de embalagens. O Tribunal Federal da Austrália, depois de um acordo entre as partes, multou a Visy em US$ 36 milhões, além de dois de seus principais executivos (em US$ 2 milhões) pela participação no cartel da indústria de papelão. Como fruto da repercussão dos acontecimentos na Austrália, corre na Justiça da Nova Zelândia um processo semelhante, que também deverá resultar em severas punições.

Praticar atos ilícitos contra a ética empresarial pode se tornar caro no Brasil. O processo de amadurecimento institucional no país está em curso. Uma cartilha do SDE/MJ traz algumas recomendações simples, direcionadas a servidores, associações e sindicatos, que podem ser de extrema utilidade para aqueles que eventualmente se sintam tentados a conseguir ganhos de maneiras mais fáceis e anticompetitivas[134] (quadro 9.1).

O que deve ser praticado?	O que deve ser evitado?
Desenvolver um programa para assegurar o cumprimento da legislação antitruste (compliance) pelos associados. Adotar um sistema de regras rígidas para a coleta e a consolidação de dados de mercado, a cargo de auditoria independente. Todas as compilações de dados devem estar disponíveis ao público. Publicar agendas e atas das reuniões. Adotar critérios claros de adesão e exclusão de membros. Os dirigentes dos sindicatos e das associações devem preferencialmente ser independentes, afastando-se da gestão empresarial.	Não permitir a troca de informações comercialmente sensíveis entre concorrentes. Não participar de encontros em associações e sindicatos sem antes se certificar de que o encontro tratará apenas de temas lícitos. Nunca enviar às reuniões representantes do setor comercial ou de vendas. Não adotar critérios de padronização e certificação que tenham potencial lesivo ao mercado.

Quadro 9.1 – Recomendações para incrementar uma postura ética

V

Cultura Organizacional

- São múltiplas as oportunidades para a prática da ética empresarial. Para começar, a empresa precisa de um código de conduta. Esse instrumento é importante como parte do contrato de trabalho dos colaboradores para levá-los ao comprometimento com a empresa e com os clientes.
- Também é necessário prestar contas das ações sociais da organização para com a sociedade, e isso pode ser representado pela palavra inglesa *accountability*. Daí advém uma figura que contempla as questões econômico-financeiras, compatibilizando-as com os desafios socioambientais — o balanço social. No entanto, é importante salientar que não basta praticar a ética e divulgar as ações. É necessário auditar e certificar os processos, de forma a garantir o seu aperfeiçoamento e a sua continuidade. A conjunção de todos esses atos classifica a entidade como empresa cidadã. Significa dizer que ela alcançou performance em responsabilidade social e ética em toda a sua extensão: clientes, fornecedores e acionistas, em resumo, em todos os *stakeholders*.

Capítulo X
Cultura Empresarial e de Negócios

"A natureza sempre nos dá alguma qualidade, mas cabe a você melhorá-la. Não se iluda: não existe beleza que não tenha sido refinada, nem virtude esplendorosa sem o brilho da elaboração. O polimento e o aperfeiçoamento melhoram o mal ou tornam o bom perfeito. Se você se resigna com aquilo que a natureza lhe deu, vai ser apenas mais um. Aplique cada um dos seus dias na deliciosa arte de superar-se. Sem este esforço, a melhor pessoa parecerá rústica e faltará para aqueles que carecem de cultura profissional a metade das virtudes necessárias para que triunfem no trabalho. Todo homem parecerá tosco se não forçar seu próprio aperfeiçoamento"[135].

Quando falamos em cultura organizacional, nós nos referimos a todos os tipos de entidades públicas, privadas e mistas, tais como bancos, empresas, prestadores de serviços, concessionárias de serviços públicos, organizações não governamentais, entes governamentais, associações de classe e sindicatos.

Os termos *cultura empresarial*, *corporativa* ou *organizacional* são relativamente recentes, pois surgiram em artigos e livros acadêmicos somente no final dos anos de 1970. Possuem o mesmo conceito e são utilizados como sinônimos no ambiente das empresas. A única diferença entre os termos está relacionada ao tipo de empreendimento, se empresa, organização ou corporação.

De acordo com o dicionário, empresa é um organismo composto de meios humanos, materiais e financeiros que visam a qualquer fim econômico, sejam eles produção, venda ou distribuição de bens e/ou serviços. Nota-se claramente um caráter comercial na definição da palavra. Já organização é um conjunto de esforços individuais, com a finalidade de atingir objetivos coletivos, os quais seriam impossíveis de serem alcançados se fossem empreendidos por uma única pessoa. Podemos relacionar organização com as funções do Estado. Já o conceito de corporação assume várias facetas: pode ser uma associação de pessoas que exercem determinada profissão em comum, subordinadas às mesmas regras e deveres, ou um conjunto de órgãos que administram ou dirigem serviços de interesse público. A palavra pode ainda assumir o sentido de agremiação, ou seja, a reunião de indivíduos para um fim comum. A definição de corporação apresenta tanto caráter social (podendo se referir a uma ONG, por exemplo) quanto comercial, para mencionar empresas.

Cultura organizacional trata-se de padrões de comportamento e pressupostos coletivos; não existe individualmente, mas como conjunto de pessoas que têm uma maneira de pensar, sentir e perceber o ambiente que compartilham. A cultura organizacional diz respeito à maneira como os grupos interagem uns com os outros, com os clientes internos e externos e com as demais partes que constituem o ambiente da organização, inclusive no campo da ética comportamental. A cultura organizacional inclui a absorção e a prática coletiva de formas de relacionamento, crenças, modos de gestão, a influência do tipo de estrutura organizacional e da distribuição de autoridade e liderança, além de valores, da liturgia e das histórias de vida empresarial.

A prática sequenciada de hábitos, a execução da função gerencial baseada em processos e consubstanciada em normas e, sobretudo, continuada formam uma cultura organizacional. Em síntese, representa normas informais de comportamento dos componentes da organização. É importante ressaltar que nenhuma cultura organizacional que mantém altos níveis de *turnover*[136], ou seja, que aposta em resultado "fácil" sem adotar estratégia de longo prazo ou cuja gestão tenta retirar direitos de empregados, clientes e fornecedores é positiva.

Cultura organizacional como perspectiva

"A cultura organizacional pode ser manipulada e alterada dependendo da liderança e de seus membros"[137]. Isso acontece se a cultura for entendida como uma variável e vista sob a perspectiva na qual a organização está inserida.

A comunicação organizacional considera a cultura de três maneiras distintas:

» Tradicionalismo: vê a cultura por meio de aspectos objetivos, como histórias, rituais e símbolos.

» Interpretativismo: a cultura é uma rede de significados e preceitos que são captados e compartilhados. Os membros da organização compartilham significados subjetivos de acordo com as suas percepções.

» Interpretativismo crítico: enxerga a cultura por meio de uma rede de significados compartilhados, mas sob a ótica do poder e das disputas por domínio; uma rede de competências que competem entre si.

Tipos de cultura organizacional

São vários os métodos utilizados pelos pesquisadores para classificar os tipos de cultura organizacional, e não existe um padrão único reconhecido. Eles têm desenvolvido modelos para descrever variados indicadores culturais, que são construídos e aperfeiçoados segundo o perfil de cada empresa. De forma geral, podem ser classificados em cinco tipos:

» Empresas fracas institucionalmente têm dificuldades em definir funções e responsabilidades. Dependem da forma de organização adotada (veja sobre as estruturas de organização no capítulo II). Não estabelecem a definição exata de poder; por isso, as responsabilidades são difusas, o que dificulta a avaliação de resultados e a adoção de medidas corretivas. Este tipo de cultura leva os colaboradores a fugir das responsabilidades e atribuí-las a outros, uma vez que a estrutura de atribuições é deficitária. Assim, esses funcionários evitam tomar decisões e avaliar riscos, o que impede até mesmo a sua ascensão. Vários setores da empresa reclamam e cobram por resultados positivos.

» Motivadas também pela estrutura funcional deficitária, na qual os processos não são respeitados, determinadas empresas desenvolvem uma cultura organizacional sem a colaboração entre as áreas. A área financeira tem visão apenas de contenção de custos e a comercial pensa somente em adotar medidas que facilitem as vendas, como alongamento de prazos de pagamento. Essas atitudes empresariais, que estão baseadas no individualismo e centradas no departamento, dificultam a gestão e acarretam na desagregação das equipes, inclusive com estímulos a rixas e mal-entendidos entre elas. Essas culturas organizacionais desconsideram a máxima "juntos, será difícil; individualmente, é impossível". São filosofias estanques.

» A gestão e os principais cargos da área são preenchidos por pessoas politicamente orientadas. Muito encontrado no setor público brasileiro, nos Três Poderes, este tipo de cultura incentiva a falta de comprometimento, pois os colaboradores não enxergam possibilidade de crescimento e carreira. Suas vozes nunca serão ouvidas. A meritocracia raramente é considerada como forma de promoção funcional. Como o futuro não oferece esperança, o funcionário pensa que o melhor é executar a sua tarefa e cumprir com sua rotina sem fazer muito além do que lhe é esperado.

» Os colaboradores percebem a possibilidade de ascensão funcional baseada no desempenho. Geralmente, são ouvidos pela direção e têm liberdade para discordar dos métodos de trabalho, oferecendo sugestões e participando da gestão. Neste tipo de cultura, o trabalhador sente orgulho de sua função e de compor a equipe da empresa. A gestão não é "frouxa", pois assim a empresa não sobreviveria. O sistema de meritocracia é rigoroso, porém equilibrado. Os empregados percebem que, não obstante sejam exigidos, a empresa sempre os tratará com justiça e equidade e os recompensará pelo bom trabalho. Maquiavel ensinou que os gestores devem conter seus instintos e abster-se de explorar o alheio. Os homens esquecem mais rapidamente a morte do pai do que a perda do seu patrimônio. "Há quem diga que uma pessoa esquece antes aquele que lhe matou a mãe, que aquele que lhe cometeu injustiça"[138]. Empresas que praticam comportamento justo, ético e são socialmente responsáveis são também amadas pelos seus colaboradores.

» Uma empresa institucionalmente madura cultiva a cultura da excelência e da performance com resultados. Todos os colaboradores são conscientes do ambiente empresarial, das suas necessidades e do quanto a firma espera que desempenhem bem suas funções. Oportunidades de estudo e aperfeiçoamento são uma constante. A carreira profissional é claramente definida e todo o sistema de operações é normatizado. Os empregados acreditam nos resultados e no propósito empresarial e sentem grande orgulho de pertencer à organização.

Destaques de culturas organizacionais consagradas

No Brasil, algumas empresas se destacam nas avaliações sobre clima e cultura empresarial de periódicos especializados. Constar nesta lista revela que a empresa possui tradição voltada para a ética em todos os sentidos que a palavra pode assumir, além de alta maturidade institucional. Alguns exemplos dessas empresas são: Elektro (manufatura e produção); Embraer (aeronáutica); Magazine Luiza (comércio); Banco Bradesco (área financeira); Algar Telecom (telecomunicações) e Ambev (manufatura e produção).

Já no setor público brasileiro, são notórios o comprometimento e o alto nível cultural alcançado por algumas instituições, como Banco Central do Brasil, Secretaria do Tesouro Nacional e a Secretaria da Receita Federal.

No âmbito mundial, segundo o site *Glassdoor – Get Hired. Love Your Job*[139] ("Porta de Vidro – Seja Contratado. Ame o seu Trabalho"), a versão de 2014 do *Employees' Choice Awards* (Prêmio de Escolha das Melhores Empresas), para o qual os colaboradores avaliam suas companhias e elegem as 50 melhores para trabalhar, as dez mais bem ranqueadas são, pela ordem: Bain & Company (consultoria), Twitter, LinkedIn, Eastman Chemical (área química), Facebook, Guidewire (de *softwares*), Interactive Intelligence (de *softwares*), Google, Orbitz Worldwide (*site* de reserva de hotéis e viagens aéreas) e Nestlé Purina PetCare (área de alimentação).

O professor Geert Hofstede[140] descreve as implicações da cultura de uma sociedade sobre os valores dos membros de uma empresa e como tais corporações influenciam o comportamento dos seus colaboradores.

As empresas éticas não compactuam com práticas predatórias, condenam a corrupção e demonstram significativa preocupação com o social. Deste modo, acabam por "contaminar" seus empregados, que, por sua vez, passam a agir no mesmo sentido. Este tipo de comportamento influencia o relacionamento entre os colaboradores e cria um "espírito de corpo" em favor de procedimentos éticos. Eles desenvolvem empatia e orgulho pela empresa onde trabalham.

Em uma tentativa de encontrar os aspectos da cultura que podem influenciar o comportamento das empresas, Hofstede pesquisou mais de 160 mil funcionários da IBM em 50 países diferentes de três regiões do mundo. Ele concluiu que programas empresariais orientados pela ética e centrados em mudança de comportamento são os que levam os colaboradores à mudança de valor. Considerando que a IBM é altamente orientada para a ética, os seus funcionários incorporam esses valores, criam uma cultura pela correção e prezam pela qualidade de desempenho, mesmo com o desnível cultural das áreas do planeta em que prestam serviços à empresa. Embora os colaboradores pertençam a geografias diversas, a adesão à cultura IBM é similar em todos os lugares.

A cultura sistemática de valores gera uma cultura arraigada e plena. Ao longo do tempo, ela se consolida e dificilmente será alterada. Exemplos disso são certos grupos pertencentes ao campo da cultura social ou religiosa, como judeus, ciganos e bascos. Eles conseguem manter suas identidades por séculos e seus valores mostram a adaptação ao ambiente da cultura dominante. A repetição e a preservação da cultura como tradição[141] é a causa de tamanho arraigamento cultural.

Do outro lado, uma organização que não cumpre regras e age em desacordo com a ética faz acordos duvidosos, não respeita os empregados e também cria a sua cultura, no entanto, sob um viés errado.

Empresas diferentes, culturas organizacionais diversas

Diferentes empresas podem encontrar soluções variadas para construir sua cultura empresarial. Basta, para tanto, que adotem políticas sistemáticas e façam deste comportamento um modo de agir. Uma empresa que planeja e investe em uma cultura voltada para a qualidade dos produtos que fabrica pode alcançar excelência ao longo do tempo. Os empregados sentem extremo orgulho de pertencer à organização e fazem o máximo de esforço para atingir os objetivos da empresa.

A marca Harley-Davidson[142] evoca uma forte paixão em milhões de pessoas em todo o mundo. Existe um vínculo especial entre seus colaboradores, funcionários e executivos, que são os maiores entusiastas desta reputação. Eles gostam e sentem orgulho do que fazem. Mas há uma razão para isso: a empresa desenvolveu uma cultura "apaixonada" pela marca. A Harley-Davidson está preparada para assumir esta importante responsabilidade e fornece um enquadramento funcional forte, pois dedica tempo a orientar ações para que todos os colaboradores vivenciem o Código da Harley-Davidson de Conduta. A seguir, listo alguns valores praticados no cotidiano da empresa e que estão representados em seu código:

» Dizer a verdade.

» Ser justo.

» Cumprir as promessas.

» Respeitar o indivíduo.

» Incentivar a curiosidade intelectual.

O código da Harley-Davidson também traz uma lista de comportamentos que são esperados dos colaboradores:

» Integridade.

» Accountability.

» Trabalhos de equipe.

» Criatividade.

» Diversidade.

Empresas de tecnologia possuem cultura superior?

O medo da mudança é decorrente da postura de se lidar com a incerteza sobre o futuro. Empresas que trabalham com tecnologia têm mais facilidade de se adaptar às transformações dos ambientes e, por consequência, às culturas. A mudança é inerente à sua atividade. Do outro extremo, no campo religioso, as mudanças ocorrem de forma tênue e ao longo do tempo.

Hofstede estudou o individualismo versus o coletivismo e suas adaptações às mudanças. Segundo o autor, a economia de mercado capitalista hostil fomenta o individualismo e a competição. Em seus estudos, Hofstede concluiu que pessoas com altos valores sociais não se adequam a empresas "agressivas", ou seja, que buscam o lucro a qualquer custo e fora dos padrões éticos. Esses tipos de colaboradores têm dificuldade de conviver em um ambiente onde os empregados têm os seus direitos violados, são corrompidos e tratados injustamente. Os ocupantes de cargos superiores, por sua vez, não aprovam a forma como os negócios são conduzidos; por isso, perdem o respeito pela organização e o orgulho de fazer parte da empresa, o que provoca resultados desastrosos. Assim, cria-se uma cultura de desconfiança em relação à corporação e qualquer processo de melhoria que porventura vier a ser empregado será visto com restrições.

Todavia, existem soluções. Os pesquisadores O'Reilly, Chatman & Caldwell-[143]desenvolveram um padrão de aferição do nível de cultura baseado na crença de que comportamentos e valores positivos podem ser potencializados se forem reforçados dentro das organizações. O modelo desenvolvido por tais estudiosos chama-se *Organizational Cultural Profile* – OCP[144] (Arquivo de Cultura Organizacional). É uma ferramenta que mede o comprometimento dos funcionários e categoriza as companhias entre tipos diversos de cultura empresarial. Segundo tal método, as empresas e suas respectivas culturas são classificadas em:

» Inovação (companhias voltadas para a tecnologia e a criatividade) = 3M, Twitter, LinkedIn, Facebook, Guidewire (de softwares), Interactive Intelligence (de softwares), Google.

» Estabilidade (solidez, respeitabilidade e confiabilidade) = Banco Central do Brasil, Secretaria do Tesouro Nacional, Secretaria da Receita Federal, IBM,

Eastman Chemical e Nestlé Purina PetCare.

- Respeito às pessoas (clientes e colaboradores) = Banco Central do Brasil, Secretaria do Tesouro Nacional, Secretaria da Receita Federal, IBM e Nestlé Purina PetCare.
- Orientação para resultados (econômicos e financeiros, sociais, de qualidade, gestão econômica e financeira) = 3M, IBM, Nestlé Purina PetCare, Facebook, Guidewire, Interactive Intelligence, Google e Orbitz Worldwide.
- Atenção aos detalhes (satisfação de clientes) = 3M, Harley-Davidson, Nestlé Purina PetCare, Eastman Chemical e Interactive Intelligence.
- Orientação da equipe (motivação dos grupos de trabalho) = Harley-Davidson, Orbitz Worldwide, Twitter, LinkedIn, Facebook, Guidewire, Interactive Intelligence, Eastman Chemical, Google, Banco Central do Brasil, Secretaria do Tesouro Nacional, Secretaria da Receita Federal e IBM.
- Agressividade (mercadológica e inovativa) = Harley-Davidson, Orbitz Worldwide, Twitter, LinkedIn, Facebook, Guidewire, Eastman Chemical, Interactive Intelligence, Google, Banco Central do Brasil, Secretaria do Tesouro Nacional, Secretaria da Receita Federal e IBM.

Como criar culturas de sucesso?

A OCP indica também como uma empresa pode desenvolver um projeto estrategicamente orientado para a criação de uma cultura de sucesso: é necessário ter vontade empresarial e normas claras, capacitar os colaboradores, criar um sistema de feedback, recompensar a equipe e avaliar riscos. Essas medidas fazem a diferença e contribuem para um resultado positivo, de modo a mudar uma cultura empresarial. Os resultados, porém, serão alcançados apenas no médio prazo.

O "desenvolvimento cultural" de uma empresa é criado de forma planejada, deliberadamente. A organização deve lançar e perseguir o objetivo de estabelecer determinada cultura empresarial, mas não deixar que ela seja criada "à própria sorte". É preciso definir claramente uma meta e persegui-la, até que se alcance maturidade institucional e, consequentemente, uma cultura ética que impulsione os negócios.

Entretanto, a experiência nos mostra que muitas companhias desenvolveram, sem planejamento, excelentes culturas empresariais, muitas vezes sem saberem que no futuro seriam reconhecidas mundialmente. Mas essas empresas se valeram de procedimentos de valores éticos. São reconhecidas porque tiveram administrações de sucesso que as capacitaram no plano gerencial com filosofia voltada para um conjunto de predicados éticos e sociais, sem a dispensa de resultados econômicos e financeiros. Algumas delas são: Nestlé, Harley-Davidson, 3M, Eastman Chemical e IBM. Na mesma linha, entidades públicas, como o Banco Central do Brasil e a Secretaria da Receita Federal, consolidaram reputação de seriedade e competência. Essas entidades contam com servidores de alto nível intelectual e também são incentivadas por boas e sucessivas administrações, que se mantiveram fora do interesse político.

O modelo do professor suíço Daniel Denison[145], referência mundial em organização e gerência, ensina que a cultura organizacional pode ser descrita em quatro dimensões globais:

» Missão = direção estratégica e intenção, metas e objetivos, visão.

» Adaptabilidade = criação de mudança, foco no cliente, aprendizagem organizacional.

» Envolvimento = ***empowerment***[146], orientação da equipe e desenvolvimento de capacidades.

» Consistência = valores essenciais, coordenação e integração.

O modelo de Denison também permite que culturas sejam descritas detalhadamente quanto aos aspectos externos ou internos, assim como em relação à estabilidade da companhia em todos os campos: econômico e mercadológico. O modelo tem sido usado por inúmeros consultores e especialistas como ferramenta para diagnosticar problemas culturais nas organizações.

Embora percorrendo caminhos e conceitos diferentes, Denison e O'Reilly, Chatman & Caldwell são unânimes em afirmar que uma companhia pode desenvolver uma cultura organizacional voltada para o resultado econômico, mas também respeitar regras e condições básicas e eticamente orientadas.

Em síntese, uma cultura organizacional de alto nível pode ser criada "do zero" se houver uma visão de longo prazo. E, se assim decidirem, empresas comuns criarão culturas e adquirirão respeito nos mercados em que atuam.

Sobre a criação de uma cultura organizacional planejada, conclui-se que empresas problemáticas e com dificuldades de resultados — como má qualidade, falta de credibilidade e clima de trabalho ruim —, quando orientadas por um consultor preparado, conseguem mudar a sua cultura. A transformação de uma cultura empresarial talvez seja a meta mais difícil de ser alcançada em uma organização, pois cultura sempre forma tabus, e tabus não são fáceis de ser quebrados.

Cultura organizacional voltada para a ética, mas com resultados

Criar uma cultura voltada para o cumprimento da missão de uma companhia não é uma tarefa difícil. Basta a criação de políticas adequadas, a definição de linhas de ação e uma dose de paciência. Os resultados geralmente aparecem em médio prazo.

De forma resumida, a geração de uma cultura ética, mas voltada para resultados, requer quatro atributos: foco no aumento da produtividade; crescimento; eficiência; e redução do comportamento impresumível e negativo. Sem eles, a empresa não resiste às pressões de mercado, como concorrência, cobrança de clientes e exigências administrativo–mercadológicas. Mas é preciso salientar que a criação de uma cultura ética não deve suprimir a finalidade do lucro empresarial.

É preciso permanentemente planejar as estruturas da empresa, a fim de orientar suas condutas gerenciais, composições organizacionais, linhas hierárquicas e seu modo de trabalhar. O mundo empresarial e o comportamento de seus colaboradores e gerentes são dinâmicos e devem ser ajustados constantemente (veja mais sobre estruturas organizacionais no capítulo II).

Superados esses pontos, eis que surge a parte mais difícil: tratar do comportamento dos homens nas estruturas de poder. Quem toma as decisões? Como o poder é difundido? Como ele é exercido e quais são as suas bases?

Neste capítulo, na seção "Destaques de culturas organizacionais consagradas", mencionamos a pesquisa divulgada pela "*Glassdoor – Get Hired. Love Your Job*". Segundo tal pesquisa, o ambiente é um ponto de convergência nas melhores empresas para se trabalhar e está diretamente relacionado à estrutura de poder de uma companhia.

Gerentes arrogantes, autoritários e mal educados devem ser cassados e sumariamente demitidos. Profissionais com comportamentos "medievais", como os citados, são cada vez menos aceitos nas companhias do terceiro milênio. Eles acabam deturpando a estrutura de trabalho, destruindo equipes e gerando um clima organizacional insuportável. Os colaboradores, por sua vez, permanecem em suas funções por obrigação e na primeira oportunidade deixam a companhia. Se não existe bom clima, persiste uma cultura destrutiva, capaz de causar danos consideráveis.

No capítulo II, quando discuto sobre as estruturas organizacionais, digo que apenas empresas com maturidade institucional elevada conseguem manter-se organizadas por processos ou no formato matricial. Estes dois tipos de estruturas revelam claramente quem toma as decisões, como o poder é difundido e quais são suas bases.

As atividades de implementar medidas, traçar planos e projetar cenários são medidas inócuas se não acompanhadas rigorosamente por outras mais necessárias. Baseadas nessas premissas, empresas de sucesso também são rigorosas e muito eficientes nos controles. Sistemas de acompanhamento de alto nível são indispensáveis para medir e aferir os resultados planejados. Todavia, devemos lembrar que tudo na empresa é mutante e, portanto, deve ser constantemente aperfeiçoado.

Milhares de pesquisas indicam que melhores resultados são alcançados por empresas que proporcionam boas condições de convivência aos colaboradores. Reforçar a cultura de um ambiente agradável e de confiança mútua é benéfico para os propósitos da companhia, pois incentiva os colaboradores a exercer valores culturais, além de reduzir a rotatividade.

Onde a cultura é forte, os colaboradores executam suas funções com convicção, pois acreditam que é a coisa certa a se fazer. Além disso, contribuem para a criação de um outro fenômeno chamado de "pensamento de grupo".

O "pensamento de grupo" foi descrito por Irving Janis[147] como um fenômeno, "uma maneira rápida e fácil de se referir a um modo de pensar coletivo e orientado que as pessoas do grupo desenvolvem quando estão profundamente envolvidas numa causa coesa; quando os esforços dos membros para a unanimidade influenciam sua motivação para desempenhar eficazmente e criar realisticamente alternativas de ação"[148].

Empresas com desempenho orientado e culturas superiores, como demonstraram Hofstede, Denison, O'Reilly, Chatman e Caldwell, conseguem alto envolvimento dos trabalhadores, forte comunicação interna, maior aceitação, incentivo a um nível saudável de tomada de risco e melhor crescimento financeiro. Esses atributos permitem que a companhia alcance a inovação[149]. Além disso, culturas organizacionais enfatizam explicitamente fatores relacionados às demandas impostas pela tecnologia da indústria e, finalmente, seus resultados econômicos e financeiros são mais consistentes.

Capítulo XI
Ética Profissional

"Tenha muito cuidado quando for necessário ser atrevido. As necessidades sempre surpreendem a todos, pois o tolo é audaz no atrevimento. Sua torpeza não o adverte de que destoará com sua conduta e isso lhe tira a vergonha e a timidez de expor-se ao ridículo. Em troca, o homem de prudência entra com grande cuidado. Seus escudos são a advertência e o recato. Assim, ele vai observando e descobrindo o que se passa no ambiente, para então atuar com o mínimo de risco. Todo atrevimento que careça de reflexão está condenado a dar errado, ainda que talvez o salve de um azar venturoso. Convém nadar com cuidado em águas habitadas por jacarés"[150].

Várias categorias profissionais — como médicos, engenheiros, advogados e dentistas — utilizam normas de conduta ou códigos de ética como instrumentos orientadores de ação e postura dos profissionais, por meio de práticas ideais e politicamente corretas[151].

Um profissional ético é aquele que atua sem prejudicar terceiros e que age de acordo com valores e padrões éticos.

Profissional é aquele que trabalha em ofícios reconhecidos, combinando conhecimento especializado e habilidade.

Considerando a relação entre o exercício laboral e a prestação de serviços ao público em geral, além dos atributos do trabalhador, de sua conduta e de seu comportamento, podemos dizer que as profissões estão intrinsecamente ligadas à questão moral. Assim, essa conexão é chamada de *ética profissional*.

Por que ética profissional?

A ética profissional abrange um conjunto de regras que foram construídas ao longo do tempo e em todo o mundo por várias categorias profissionais. Essas normas são copiadas, republicadas, aperfeiçoadas e adaptadas para guiar o exercício de uma profissão específica. Ainda existe bastante espaço para o crescimento desta área do conhecimento, uma vez que o tema foi sistematizado pela academia há não mais que 30 anos.

Um código de conduta em evolução

A história da ética profissional remonta ao juramento de Hipócrates. Escrito por volta do século IV a.C, o texto especifica obrigações e defende princípios éticos do médico[152]. A *American Psychological Association* – APA[153] (Associação Americana de Psicologia) foi uma das primeiras entidades de classe a desenvolver um código de ética. Fundada em 1950, a *The International Union of Psychological*

Science – IUPSYS (União Internacional da Ciência Psicológica)[154], que representa mais de um milhão de psicólogos em todos os países, tem sido ativa na promoção mundial da ética profissional.

Embora os primeiros textos modernos sobre princípios de conduta profissional tenham surgido no início do século XX, a elaboração de códigos de ética por associações de classe só ganhou corpo no final dos anos de 1970 e no início dos anos de 1980, quando professores universitários americanos da área de administração começaram a publicar os resultados de seus estudos. No entanto, geralmente os códigos de ética são construídos baseados na experiência de outras áreas precursoras, como a de psicologia (códigos da APA e da IUPSYS). Vale ressaltar que nenhum código é iniciado "do zero".

As normas éticas englobam padrões pessoais, organizacionais e corporativos de comportamento dos profissionais. Nos dicionários são encontradas diversas definições para código de ética:

» Normas de conduta, transações e relacionamentos em uma profissão e entre os seus públicos.

» Conjunto normativo que dispõe sobre a obrigação de todos os profissionais no que diz respeito ao comportamento e ao exercício laboral, com o objetivo de evitar danos ou prejuízos aos seus diferentes públicos.

» Obrigação "legal" dos profissionais, composta por um conjunto de normas de conduta para regular o exercício da profissão e para mitigar e compensar clientes por danos ou sofrimentos causados por atos de omissão.

Nos códigos de ética das organizações profissionais sempre consta a definição[155] dos nove itens, que se seguem. A lista de conceitos nos textos é necessária porque, além de serem capacitados tecnicamente para exercer suas respectivas profissões, os trabalhadores precisam também se comportar de forma ética. Isso significa, entre outras coisas, que os profissionais devem ser capazes de fazer julgamentos, tomar decisões em situações de pressão e reter informações, muitas vezes sigilosas, sobre a empresa ou a organização.

» Accountability (prestar contas dos atos e das ações).

» Compliance (obediência à lei).

» Confidencialidade.

- » Honestidade.
- » Integridade.
- » Lealdade.
- » Objetividade.
- » Respeitabilidade.
- » Transparência.

Associações de classe profissional e seus códigos de ética

Ética empresarial[156] é uma entidade que auxilia empresários a enfrentar desafios e questões complexas que os indivíduos e as organizações encaram na tomada de decisões. A organização disponibiliza vasto compêndio sobre códigos de ética, com links de acesso direto a documentos de diversas associações de classe profissional, tais como:

- » Código de Ética e Disciplina da OAB/Brasil.
- » Código de Ética do Profissional de Administração (Cepa) – Conselho Federal de Administração.
- » Código de Ética do Profissional de Economia – Conselho Federal de Economia.
- » Código de Ética do Profissional de Biblioteconomia – Conselho Federal de Biblioteconomia.
- » Código de Ética Médica – Conselho de Medicina do Estado de São Paulo.
- » Código de Ética Profissional dos Assistentes Sociais – Conselho Federal de Serviço Social.
- » Código de Ética Profissional de Educação Física – Conselho Federal de Educação Física.
- » Código de Ética Profissional de Secretariado – Federação Nacional das Secretárias e Secretários.
- » Código de Ética Profissional de Enfermagem – Conselho Federal de Enfermagem.
- » Código de Ética dos Jornalistas Brasileiros – Federação Nacional de Jornalistas.

» Código de Ética do Profissional Contabilista – Conselho Federal de Contabilidade.

» Código de Ética Profissional de Fisioterapia e Terapia Ocupacional – Conselho Federal de Fisioterapia e Terapia Ocupacional.

Finalidades e objetivos dos códigos de ética

Um código de ética revela muito sobre determinada instituição e como ela se comporta, ao menos em tese, em relação à área profissional em que atua. É claro que nem todos os profissionais abrangidos pelo código têm maturidade suficiente para praticá-lo, ao rigor da letra. Apesar disso, é fundamental que os limites do exercício profissional estejam claramente definidos.

As disposições contidas em um código de ética são, antes de qualquer outra coisa, um repositório de normas legais e regulamentos. Embora o conceito de "ética" carregue um caráter de espontaneidade, diferentemente de ***accountability*** ou ***compliance*** (leia mais sobre ***compliance*** e ***accountability*** nos capítulos IV e XV, respectivamente), os códigos de conduta "tratam de relações internas e com o consumidor; de proteção aos direitos trabalhistas; de repúdio a práticas ilegais como corrupção, assédio sexual ou moral, entre outros temas"[157]. Segundo o portal do Código de Ética, um código de ética trata fundamentalmente de:

» Direitos, mas principalmente de deveres do profissional.

» Limites de relacionamento profissional com colegas e clientes.

» Regras de manutenção do sigilo profissional.

» Respeito aos direitos humanos quanto a pesquisas científicas, meio ambiente e relações com a sociedade.

Empresas institucionalmente maduras investem na sistematização da contratação de profissionais, sejam eles de formação de nível médio ou superior. Todo o cuidado é pouco. A seleção deve ser cuidadosa, e o processo, metódico e científico. Empresas que adotam tais medidas contratam melhores profissionais. Além disso, muitas outras companhias estão inovando ao "vincular" o código de ética da categoria ao contrato de trabalho do profissional. Para exemplificar, ao admitir um contador, uma companhia anexa ao seu contrato de trabalho o código de ética de sua respectiva categoria profissional e menciona, ainda, explicitamente, o código de conduta da empresa. Assim, as regras de relação contratual ficam claras e estabelecidas desde o princípio. Dessa forma, empresa e empregado se comprometem a cumprir determinadas regras. Outras vantagens de vincular contrato de trabalho e código de ética são as seguintes[158]:

» Aproxima os profissionais da organização.

» Solidariza o profissional com a categoria.

» É usado como instrumento de solução de conflitos e problemas internos e na transparência.

» Fortalece a imagem da instituição perante empregados, clientes e fornecedores.

» Melhora a relação entre clientes, funcionários, fornecedores e governo.

» Revela a conduta moral da empresa e do profissional contratado.

Em síntese, o código de ética profissional, conjunto de normas a ser seguido no exercício da profissão, é elaborado pelos conselhos que representam e fiscalizam o exercício da profissão. Vinculados aos códigos de ética, os contratos de trabalho podem fortalecer a relação de responsabilidade dos trabalhadores para com a empresa.

V

Instrumentos de Ética Empresarial

» O assunto *cultura organizacional* refere-se a todos os tipos de entidades públicas, privadas e mistas. O termo é recente, tendo aparecido em artigos e livros acadêmicos apenas no final dos anos de 1980. Uma empresa é um organismo composto de meios humanos, materiais e financeiros que visam a qualquer fim econômico, sejam eles a produção, a venda ou a distribuição de bens e/ou serviços. Esta parte aborda os variados tipos de cultura organizacional, especialmente os voltados para negócios, bem como a sua influência na questão ética. São citados vários exemplos clássicos de companhias que conseguiram desenvolver uma cultura de alto nível e como esse objetivo foi atingido. Finalmente, esta parte prospecta possibilidades de criação de cultura organizacional e seu planejamento e desenvolvimento, pois ela é fator fundamental no sucesso de uma companhia.

Capítulo XII
Código de Ética Empresarial

"Adapte seu comportamento e modo de vida de acordo com as circunstâncias. Os tempos e as circunstâncias são mutáveis; portanto, evite viver no passado, senão – além de se mostrarem aborrecidos – os outros perceberão que você está fora de moda e é descartável. Mostre sabedoria ao adaptar-se ao presente, ainda que o passado lhe pareça melhor. Apenas na bondade e na moral valem estas regras, pois em todos os tempos deve-se praticar a virtude. Por exemplo, agora parece coisa do passado dizer a verdade e cumprir com a palavra empenhada, mas os homens que dizem a verdade e cumprem a palavra serão sempre apreciados em qualquer tempo. Aprecie mais aquilo que lhe deu a vida do que aquilo que lhe negou a existência"[159].

Para se entender os princípios que orientam uma companhia, nada melhor do que conhecer o seu código de ética empresarial.

O Instituto Brasileiro de Ética nos Negócios[160] tem como principal objetivo fomentar a ética, especialmente entre crianças, jovens e adolescentes, os futuros empresários, executivos e colaboradores das empresas. A entidade pública a pesquisa Código de Ética Corporativa, leitura indispensável para empresas e executivos interessados em adquirir conhecimento sobre o tema. Uma das conclusões da pesquisa é que "as coisas parecem evoluir no âmbito das grandes empresas brasileiras, pois a simples indicação de que uma companhia possui um código de ética, em si, já é positivo. Todavia, sua divulgação, então, impõe compromisso com os *stakeholders*"[161]. A consistência entre o escrito e o vivido colabora fortemente para relações sustentáveis e para o clima ético da organização.

Os dados comparativos de 2008 a 2012 de pesquisas publicadas pelo Instituto demonstram o considerável crescimento desta boa prática empresarial nas empresas brasileiras. Das 500 empresas pesquisadas em 2008, apenas 148 disponibilizavam seu próprio código de ética empresarial na internet, enquanto que, em 2012, esse número dobrou, passando para 280 (quadro 12.1).

Itens pesquisados	2008	2012
500 maiores empresas brasileiras	148 (29,6% disponibilizam o código de ética na internet)	280 (56% disponibilizam o código de ética na internet)
Das que não publicam o código de ética em sites brasileiros, muitas são estrangeiras e o fazem em páginas de outros países via web global	105 (29,8%)	71 (14,2%)
Empresas que publicam o código de ética na web	Publicam no Brasil: 148 No exterior: 105 Total: 253	Publicam no Brasil: 280 No exterior: 71 Total: 351
Das empresas que publicam o código de ética na web e o traduzem para vários idiomas, inclusive para o português	15 (14,3%)	15 (14,3%)

Das que disponibilizam seus códigos de ética na internet	33 (22,3%) destacam o código de ética na página inicial do site	110 (39,3%) destacam o código de ética na página inicial do site
	125 (84,4%) incluem a ética no relacionamento com os diversos stakeholders	230 (82,1%) incluem a ética no relacionamento com os diversos stakeholders.
	127 (85,5%) incluem a obrigatoriedade de denúncia de situações não éticas em seus códigos	216 (77,1%) incluem a obrigatoriedade de denúncia de situações não éticas em seus códigos
	81 (54,7%) oferecem proteção ao denunciante	197 (70,4%) oferecem proteção ao denunciante

Quadro 12.1 – Instituto Brasileiro de Ética nos Negócios, pesquisa Código de Ética Corporativa[162]

O código de ética reúne as intenções da empresa e revela como ela pretende tratar clientes, concorrentes e fornecedores e, ainda, atuar em relação às autoridades regulatórias. O código de ética é um documento referencial, uma declaração de boas intenções, não uma lei ou um "seguro de disciplina e boa conduta".

O fato de uma empresa possuir um código de ética indica que ela tem bons propósitos e pretende mostrar uma atuação diferenciada no mercado. Um código de ética pode tratar dos seguintes aspectos:

» Agentes de mercado e concorrentes.

» Agentes governamentais e reguladores.

» Comunidade e sociedade em geral.

» Consumidores e clientes.

» Fornecedores.

» Parceiros, associados e colaboradores.

» Sócios, acionistas e investidores.

» Sustentabilidade e meio ambiente.

Agentes de mercado e concorrentes

A empresa deve repudiar práticas de mercado não convencionais, como o impedimento da entrada de concorrentes no setor em que atua ou a manipulação escusa de preços para a obtenção de clientes. Da mesma forma, a companhia não deve praticar dumping, estabelecendo preços predatórios em conluio com outras firmas.

O Gatt – The General Agreement on Tariffs and Trade[163] (Acordo Geral de Preços e Tarifas), da Organização Mundial do Comércio (OMC), reúne um conjunto de normas e procedimentos com a finalidade de orientar empresas a combater práticas de preços predatórios. No Brasil, na Secretaria de Desenvolvimento Econômico (SDE) do Ministério da Justiça, entre todas as atividades desenvolvidas por este importante órgão regulador, também constam orientações sobre como incluir no código de ética os assuntos relacionados a assuntos econômicos, tais como: concentração, monopólio, cartéis, etc.

O código de ética pode conter ainda orientações para a divulgação publicitária de produtos e dispositivos para a proteção de fornecedores contra as pressões econômicas e coibição de pagamento de propinas.

Agentes governamentais e reguladores

O estabelecimento de regras claras de relacionamento com o governo é indispensável no Brasil, pois, no país, todos os aspectos da vida empresarial são regulados e a mão pesada do governo é uma constante. Assim, para proteger a companhia de possíveis problemas futuros, os códigos de ética empresarial devem orientar executivos e colaboradores a não se imiscuírem em acertos e jogos políticos envolvendo candidatos, parlamentares ou gestores. Devem, ainda, recomendar o cumprimento das leis vigentes no país e o pagamento correto de impostos (sem artifícios ou tentativas minimizatórias) e repudiar, com veemência, a prática da corrupção.

Comunidade e sociedade em geral

Um código empresarial também deve trazer orientações sobre os limites e as responsabilidades diante da comunidade que cerca a empresa, com incentivos a práticas, como:

» Comunicação transparente com a comunidade.

» Atuação conjunta com os governos locais na solução de problemas comunitários.

» Alocação de recursos na forma de filantropia para projetos comunitários, culturais e sociais.

» Estímulos e incentivos para a participação dos empregados em trabalhos voluntários.

Consumidores e Clientes

O Brasil é pródigo em entidades e leis que defendem o consumidor. A principal norma neste segmento é o Código Brasileiro de Defesa do Consumidor (CDC), instituído pela Lei nº 8.078, de 11 de setembro de 1990. Trata-se de um conjunto normativo que objetiva a proteção dos direitos dos consumidores e a disciplina de relações e responsabilidades das empresas para com o mercado.

Instituições governamentais como o Procon assumiram papéis marcantes na vida dos brasileiros no cumprimento de sua missão (neste caso, com a aplicação do CDC). No entanto, as entidades privadas são as mais aguerridas na defesa dos direitos dos consumidores, como o Instituto Brasileiro de Defesa do Consumidor[164] (Idec), associação de consumidores, sem fins lucrativos, fundada em 1987 e independente de empresas, governos ou partidos políticos.

No âmbito mundial[165], destaca-se a *Consumers International* (CI)[166]. Fundada em 1º de abril de 1960 e baseada em Londres, Inglaterra, a CI é uma federação mundial. Porta-voz global dos consumidores, com mais de 220 organizações membros em 115 países ao redor do mundo, a CI constrói um poderoso movimento internacional para fortalecer e proteger consumidores de todos os lugares. A entidade responsabiliza corporações e age como um "cão de guarda" contra comportamentos que ameaçam o consumidor.

Apesar de submetidas a um complexo arcabouço regulatório, algumas empresas adotam medidas adicionais que complementam as boas práticas e o bom comportamento com os clientes, "desenvolvendo produtos e serviços que agregam benefícios reais, registram e solucionam reclamações sobre produtos e serviços"[167].

Relacionamento com fornecedores

As grandes corporações internacionais estão contagiando a prática empresarial. Essas companhias, muitas vezes mais poderosas do que o próprio país onde atuam, têm ações negociadas em bolsas de valores e, por conta disso, são obrigadas a seguir rigorosos códigos de conduta. Do contrário, correm o risco de ser responsabilizadas e, como consequência, seus gestores podem ser penalizados, com prejuízos financeiros bilionários.

Neste sentido, as áreas de relacionamento com fornecedores adquirem suma importância no papel de coibir atos de corrupção. Esse setor deve observar com cuidado as condições de contratação de produtos e serviços para evitar trabalho infantil ou desrespeito às instituições e ao meio ambiente. Resumindo, a empresa deve priorizar fornecedores que tenham elevado padrão ético e que atendam aos requisitos de qualidade e de custos[168].

A multinacional americana Walmart, por exemplo, possui uma política de ética na cadeia de suprimentos (*Ethical Sourcing*)[169], com código de conduta voltado para fornecedores em âmbito mundial. O acordo estabelece normas para estimular boas práticas sociais e ambientais em atividades relacionadas à produção das mercadorias comercializadas. Os fornecedores devem cumprir as políticas de presentes e gratificações e de conflito de interesses do Walmart e conduzir seus negócios de maneira ética e consistente com princípios contábeis geralmente aceitos. Entre outros princípios, o *Ethical Sourcing* contém orientações sobre:

» Cumprimento de leis.

» Trabalho voluntário.

» Práticas de contratação e emprego.

» Remuneração.

» Liberdade de associação e negociação coletiva.

» Saúde e segurança no trabalho.

» Meio ambiente.

» Presentes e entretenimento.

» Conflitos de interesse.

» Anticorrupção.

» Integridade financeira.

Parceiros, associados e colaboradores

É recomendado que a empresa adicione ao contrato de trabalho do empregado as regras estabelecidas no código de ética empresarial. Se a profissão do contratado for regulamentada, deve haver um acordo tácito entre ele e a empresa, para que a sua atuação esteja dentro dos padrões recomendados pelo código de ética da entidade de classe.

Condições de trabalho	+	Código de ética empresarial	+	Código de ética profissional	=	Contrato de trabalho

Ao serem contratados, todos os colaboradores do Walmart recebem o código de ética da empresa[170], além de informações sobre a Política Global de Combate à Corrupção, também um documento interno da companhia. Signatários do código de ética, os empregados são orientados a reportar à empresa violações ao documento, às políticas internas e às leis locais. Todos os contatos com o Departamento de Ética e Conformidade do Walmart são confidenciais e podem ser feitos por telefone ou e-mail.

De modo geral, as grandes corporações incluem também posturas em seus códigos de ética, um conjunto de boas práticas que abrangem áreas variadas do comportamento, tais como[171]:

» Respeito às diversidades de gênero, idade, cor, raça, cultura, orientação sexual, religião e política.

» Valorização da dignidade humana, com a busca do bem-estar físico e psicológico de todos.

» Estímulo ao crescimento pessoal e profissional, com compreensão e cooperação.

» Repúdio ao assédio sexual e ao constrangimento moral.

» Recrutamentos, seleções e promoções com base nas qualificações, nas competências e nas performances.

Sócios, acionistas e investidores

Acionistas, sócios e investidores têm outras aspirações além de lucrar. "Empreendedores não abrem empresas apenas pelo lucro. Há investidores preocupados com emissões de gases *[de efeito]* estufa e o impacto da ação do homem sobre o clima. Muitos acionistas têm bons propósitos e influenciam as decisões da empresa com o poder de voto que têm"[172].

Milhares de companhias, especialmente as de porte médio e grande, "dedicam enormes recursos para conquistar investidores e assim fortalecer o respeito e a harmonia entre os acionistas, dando-lhes o suporte necessário para que acompanhem com precisão as suas atividades e desempenho". É neste sentido que aponta o código de relacionamento com investidores da *Serasa Experian*, empresa que abaliza caminhos seguros para a tomada de decisão em crédito, marketing e certificação digital a negócios de todos os portes e setores[173].

No relacionamento com empreendedores, são indispensáveis ações firmes e objetivas, pois "vale o que foi combinado", o famoso "fio de bigode": nos negócios, deve prevalecer o que foi combinado, mesmo que muitas vezes não tenha sido escrito. Empresas que prometem e não cumprem são logo alijadas das decisões de investimentos dos capitalistas e ficam negativamente marcadas por conta de seus deslizes. Assim como a *Serasa Experian*, as companhias buscam:

» Firmar relacionamentos de confiança com os acionistas a partir da comunicação precisa e transparente das informações e do respeito, cumprindo normas estatutárias.

» Alcançar níveis crescentes de competitividade, além de resultados que tragam impactos compatíveis com o capital investido e que estejam fundamentados na cidadania empresarial, fazendo bom uso dos recursos físicos e financeiros, buscando os objetivos da empresa.

» Divulgar, com total transparência, informações organizacionais e contábeis, disponibilizando-as, de forma clara e objetiva, para todos os acionistas, independentemente do grau de participação acionária, reportando resultados por meio de relatórios e demonstrativos contábeis confiáveis.

Companhias que ocupam lugar de destaque no mercado mundial de títulos mobiliários, como a Telefonica S/A[174], fixam determinados padrões internos de conduta para as pessoas que exercem cargos de responsabilidade relacionados às finanças da empresa. Os sites das áreas de relações com investidores dessas empresas são uma verdadeira aula de transparência. Em tais páginas, o investidor encontra todas as normas que regem o relacionamento com os capitalistas, bem como resultados comentados e séries anuais de informações econômicas e financeiras.

Sustentabilidade e meio ambiente

A Fundação Instituto de Desenvolvimento Empresarial e Social (Fides) tem sido uma das pioneiras no convencimento do meio de negócios sobre a importância da implantação e divulgação do balanço social ou do relatório de sustentabilidade (leia mais sobre balanço social no capítulo XIII). A Fides considera que a "visão de sustentabilidade empresarial passa, necessariamente, pela visão e atitude ética diante dos negócios"[175].

Estabelecer limites para as ações que afetam o meio ambiente e a comunidade é um dever ético das companhias. Alguns céticos poderiam dizer tratar-se mais de uma questão mercadológica ou de uma iniciativa de marketing. Entretanto, muito mais que isso, é dever da empresa se preocupar com a disposição de resíduos e de lixo industrial. Além disso, comportamentos displicentes podem custar caro e afetar gravemente os seus resultados, como aconteceu nos casos Exxon Valdez[176], Bhopa [177] e Chernobyl[178].

Um código de ética ambiental pode exercer influência sobre um grande número de disciplinas e assuntos correlacionados com sustentabilidade e meio ambiente[179], tais como: Direito, Sociologia Ambiental, Ecoteologia[180], Economia Ecológica, Ecologia e Geografia Ambiental.

As decisões éticas empresariais afetam diretamente o meio ambiente, suscitam perguntas e estimulam debates, tais como:

» É lícito desmatar a Amazônia com finalidades comerciais de agropecuária e implantação de culturas como cana-de-açúcar, por exemplo? As necessidades comerciais e humanas justificam o impacto ambiental?

» A família é um direito natural humano. No entanto, propagá-la desmesuradamente poderia colocar a vida do planeta em risco, com vários impactos: superpopulação, impacto ambiental pela geração de resíduos, desmatamento de áreas virgens para construção de moradias populares ou grandes aglomerados urbanos. Quando este debate será colocado à mesa dos grandes líderes?

» Qual é o limite para a utilização de combustíveis fósseis?

No meio empresarial, assuntos menos utópicos, mas importantes, estão gradativamente sendo colocados em pauta e normatizados por órgãos ambientais em todo o mundo. Haverá um tempo em que a ética como ação espontânea terá desaparecido, pois as medidas e os cuidados ambientais e sociais, além dos procedimentos de sustentabilidade, serão normatizados. A empresa que não seguir tais preceitos não mais será antiética simplesmente, mas descumprirá a lei, ou seja, deixará de praticar o *compliance*.

Parece distante, mas estamos caminhando velozmente para este cenário. Os órgãos de regulação do meio ambiente estão trabalhando a todo o vapor para produzir normas e fiscalizar os bons procedimentos das empresas.

Enquanto este tempo não chega, empresas socialmente responsáveis anteveem o futuro e, sabendo que o mercado comprador é altamente suscetível ao bom comportamento e repulsivo com as companhias que não respeitam o meio ambiente, adiantam-se e adotam, espontaneamente, ações preventivas para minimizar e mitigar efeitos nocivos resultantes de suas operações, tais como:

» Equipar e capacitar os colaboradores para minimizar riscos de acidentes.

» Combater o desperdício de água e incrementar seu uso racional.

» Economizar energia e adotar, quando possível, fontes alternativas e renováveis.

» Reciclar insumos.

» Criar sistemas de monitoração e controle, estabelecendo indicadores operacionais ligados à área ambiental.

» Conectar a remuneração variável dos executivos ao cumprimento de metas ambientalmente responsáveis.

» Fazer coleta seletiva e destinar os resíduos sólidos e líquidos com responsabilidade.

» Racionalizar o uso de veículos.

Capítulo XIII
Balanço Social Empresarial

"A língua é como uma fera: depois de solta, é difícil de encarcerar. Aja sempre como o homem que tem sabedoria, que sempre está circunspecto, ensimesmado, comedido, sereno e equidistante, semelhante ao deus Jano[181], que não se apaixona, pois cuida de ambos os lados: da paixão e da prudência. Seja um homem cuidadoso, que, como Argos[182], olha e examina antes de seguir. Comporte-se como a deusa Momo[183], que deseja que os homens tenham uma janela no peito, para ver os sentimentos levados nos seus corações para, assim, melhor controlá-los com serena ponderação"[184].

Segundo o Instituto Brasileiro de Análises Sociais e Econômicas (Ibase)[185], o balanço social empresarial é uma prestação de contas elaborada com a intenção de demonstrar as ações sociais desenvolvidas em favor de colaboradores, acionistas, fornecedores, clientes, agentes públicos e a comunidade. O balanço social dá "transparência às atividades que buscam melhorar a qualidade de vida da sociedade. Sua função é tornar pública a responsabilidade social empresarial, construindo vínculos entre a empresa, a sociedade e o meio ambiente"[186].

O balanço social é um demonstrativo publicado anualmente com informações sobre projetos, benefícios e ações sociais dirigidas a empregados, investidores, analistas de mercado, acionistas e à comunidade, servindo como instrumento estratégico para avaliar e multiplicar o exercício da responsabilidade social corporativa. As empresas que publicam balanços sociais demonstram preocupação com práticas empresariais em favor de uma sociedade melhor. Mais recentemente, as empresas passaram a incorporar a filantropia e o voluntariado no rol de boas práticas.

Os dicionários de negócios definem o balanço social como um relatório por meio do qual as empresas expressam a cidadania em relação à economia, à ecologia e à sociedade por meio de[187]:

- » Processos responsáveis de tratamento de resíduos, controle de poluição e consumo de insumos.
- » Contribuições no campo educacional e em programas sociais voltados para empregados, clientes, fornecedores e a comunidade.
- » Retornos condizentes com os recursos empregados e o volume de tributos recolhidos ao Estado.

Triple bottom line, os três pilares da sustentabilidade

Uma das maiores autoridades mundiais em responsabilidade corporativa e desenvolvimento sustentável, John Elkington[188] criou o termo *triple bottom line*, o qual prefiro não traduzir para o português, mas explicá-lo.

A expressão em língua inglesa "***bottom line***" é usada em vários contextos, mas na área de finanças e contabilidade refere-se à demonstração de resultados do exercício (DRE), ou seja, ao lucro líquido do exercício da empresa. A DRE é a demonstração contabilística mais importante de todos os relatórios financeiros, pois expressa o volume de lucros que a companhia conseguiu auferir em determinado exercício.

Elkington inovou não só trazendo o termo "***bottom line***" para o campo contábil, como também acrescentando três pilares à expressão: o lucro, o social e o ambiental, que formam o tripé da sustentabilidade e dão origem ao conceito "***triple bottom line***".

O lucro é pilar basilar do negócio; contudo, outros dois fatores devem ser levados em consideração no desempenho empresarial. Com o ***triple bottom line***, John Elkington enterra o chavão "o que importa é o ***bottom line***" (muito comum no mercado empresarial) e mostra que a companhia do terceiro milênio deve ir além do lucro e incluir o social e o ambiental como condições de sua própria permanência no mercado.

Ao longo dos últimos 50 anos, os "ambientalistas e defensores da justiça social têm se esforçado para definir de maneira mais ampla o ***bottom line***, na consciência pública, por meio da contabilidade"[189]. Vale dizer que os relatórios contábeis têm muita credibilidade e são alvo das atenções de todos aqueles interessados em investir capital em um empreendimento. Tais relatórios são auditados por profissionais internos e externos e passam por rigoroso crivo dos analistas financeiros. Deste modo, associar os resultados econômicos com ações ambientais e sociais dará maior destaque à empresa, ao mesmo tempo em que comprometerá a companhia a buscar resultados em três áreas, e não apenas em uma. Por exemplo[190]: uma empresa apresenta um lucro líquido elevado, mas sua mina de amianto provoca milhares de mortes motivadas pela asbestose[191] ou, ainda, a mesma mina polui um rio com cobre. O governo acaba sendo obrigado a gastar recursos adicionais do contribuinte em cuidados com a saúde da população e na limpeza do curso d'água onde a indústria opera. O caso hipotético suscita uma pergunta difícil de ser respondida: como analisar o custo-benefício social completo? Geram-se empregos, pagam-se impostos, obtém-se desenvolvimento, mas a que custo?

Como as empresas descobriram o balanço social?

A partir da Guerra do Vietnã (1955 – 1975), muitas empresas começaram a sofrer boicotes de clientes que não desejavam adquirir produtos de uma companhia que tivesse ligações com o conflito. Como se sabe, firmas americanas produziam venenos e pesticidas para os militares usarem como desfolhantes sobre as florestas para, assim, revelarem a posição dos soldados vietcongues. Os ataques hediondos acarretaram enormes danos à saúde da população civil, pois causaram a poluição da comida e da água de várias regiões do país. Em outro contexto, algumas empresas produtoras de alimentos, roupas e veículos passaram a ser tachadas de poluentes e agressoras do meio ambiente, porque contaminavam a terra e o ar com resíduos tóxicos de todas as espécies. Para essas empresas, o lucro era a única finalidade e as pessoas e o meio ambiente eram considerados "estorvos".

Na medida em que começaram a ser penalizadas com o boicote de seus produtos, algumas dessas empresas passaram a adotar procedimentos de produção mais social e ambientalmente responsáveis e começaram a divulgá-los, ainda que de forma não padronizada. Por sua vez, os professores das principais universidades perceberam que essa mudança de comportamento empresarial poderia de alguma forma contribuir para melhorar não só a imagem da empresa, mas também seus resultados. Assim, nos anos de 1980, com o auxílio de consultorias, eles iniciaram pesquisas sobre o assunto e a formatação do que hoje é o balanço social. O esforço da academia resultou ainda na publicação de artigos e livros, além da promoção de amplo debate em fóruns e seminários.

No Brasil[192], o assunto ganhou a atenção da mídia graças à persistente iniciativa do sociólogo Herbert de Souza, o Betinho, que promoveu campanhas que incentivavam as empresas a produzir e publicar, voluntariamente, o balanço social.

A importância de divulgar o balanço social

Muito além de uma ação de marketing, o balanço social revela para o mercado que a empresa possui um diferencial e serve como instrumento para mostrar suas qualidades, seus atributos procurados em decisões de compras de bens e serviços e também de investimentos. Os clientes ou usuários sentem-se mais seguros, pois estão consumindo produtos e serviços de uma empresa que não busca o lucro inconsequente, mas se preocupa com o desenvolvimento social e sustentável.

Os investidores valorizam e veem com seriedade as empresas que aderem ao balanço social. Para eles, a transparência das ações socioambientais e econômicas dessas companhias é um ponto positivo na avaliação de riscos de investimentos. Como se sabe, os analistas de mercado trocam informações de forma intensa e notícias ruins circulam como a velocidade da luz. Além de analistas e investidores, alguns órgãos de financiamento, como o BNDES, o BID e a IFC[193], incluem o balanço social na lista dos documentos necessários para se conhecer e avaliar os riscos e as projeções de uma empresa e, consequentemente, conceder um financiamento[194].

Considerando-se que os mesmos analistas têm forte preocupação com a gestão empresarial, o balanço social é um atestado de que a companhia tem um gestor consciente. Portanto, na atualidade, a conduta ética deve fazer parte do planejamento de qualquer empresa.

Quem são os beneficiários do balanço social?

O balanço social favorece todos os grupos que interagem com a empresa. Vejamos alguns exemplos:

» Dirigentes fornecem informações que são úteis às tomadas de decisões relativas aos programas sociais que a empresa desenvolve.

» Seu processo de realização estimula a participação dos colaboradores nas escolhas das ações e dos projetos sociais, gerando um grau mais elevado de comunicação interna e integração nas relações entre os dirigentes e o corpo funcional.

» Informa a fornecedores e investidores como a companhia encara suas responsabilidades em relação aos recursos humanos, aos processos de produção e à natureza.

» Para a sociedade, é uma atitude responsável de uma organização preocupada com questões ambientais e sociais.

» Os consumidores têm uma ideia da postura dos dirigentes e da qualidade do produto ou do serviço oferecido e enxergam o caminho que a empresa escolheu para construir sua marca.

» Auxilia o Estado na identificação e na formulação de políticas públicas.

Como dizia Betinho, "o balanço social não tem donos, só beneficiários".

Como elaborar o balanço social?

A simplicidade do balanço social é a garantia da participação de mais empresas na saudável iniciativa de disponibilizar aos ***stakeholders*** informações sobre suas ações de responsabilidade social e ambiental para com a sociedade. Foi pensando nisso que o Ibase, em colaboração com vários representantes de empresas públicas e privadas, desenvolveu um modelo para incentivar empresas, de qualquer porte, a divulgar suas relações e ações sociais[195].

O modelo sugerido pelo Instituto Brasileiro de Análises Sociais e Econômicas permite que a companhia mostre se exerceu adequadamente seu papel social nos últimos anos. A demonstração pode ser expressa em valores financeiros ou em números de ações realizadas. É claro que nem sempre é possível aferir as iniciativas sociais. No entanto, os indicadores desenvolvidos e apresentados no modelo do Instituto ajudam o leitor do balanço social a fazer uma análise comparativa da empresa ao longo do tempo por meio de séries históricas de dados e ainda entre outras firmas do mesmo segmento.

No padrão de balanço social elaborado pelo Ibase, a sociedade e o mercado são personagens-chave no processo de auditoria e aferição de resultados.

Para que mais companhias aderissem à prática de divulgar o balanço social, no ano de 1998, o Ibase lançou o *Selo Balanço Social Ibase/Betinho*. O selo é uma valiosa certificação concedida todos os anos a empresas que adotam o padrão e a metodologia do Instituto.

As empresas podem divulgar o selo em suas peças publicitárias, embalagens, sites e outros meios que usam para se comunicar com seus diversos públicos, informando aos seus clientes que desenvolvem ações de equilíbrio social, investimento em educação, saúde, cultura, esporte e meio ambiente. O *Selo Balanço Social Ibase/Betinho* mostra, ainda, que a companhia deu um importante passo para se tornar um "cidadão corporativo" e está comprometida com a qualidade de vida de seus funcionários, da comunidade e do meio ambiente.

Existe obrigatoriedade de publicar o balanço social?

Não existe obrigatoriedade legal para que as entidades realizem a divulgação ou a demonstração de sua responsabilidade social à sociedade[196]. Todavia, aquelas que optam pela produção de um balanço social devem adotar as regras estabelecidas pela NBC T 15[197] – *Informações de Natureza Social e Ambiental*. É importante ressaltar que é de competência do Conselho Federal de Contabilidade normatizar as demonstrações sociais e ambientais, de acordo com o item 1.5.1.3 da Resolução CFC nº 1.003/04: "a Demonstração de Informações de Natureza Social e Ambiental, ora instituída, quando elaborada, deve evidenciar os dados e as informações de natureza social e ambiental da entidade, extraídos ou não da contabilidade, de acordo com os procedimentos determinados por esta norma"[198].

A Comissão de Valores Mobiliários (CVM) demonstrou sua posição a respeito da publicação do balanço social nos Pareceres de Orientação de nº 15/87 e de nº 24/92, que tratam do relatório da administração e da divulgação da demonstração do valor adicionado de empresas. Em uma tentativa de incentivar a divulgação do balanço social, a CVM apoia a iniciativa do Ibase. A recomendação da

CVM não é uma obrigatoriedade legal, mas tão somente serve de incentivo às boas práticas empresariais.

A publicação da Lei nº 11.638/07 estendeu às sociedades de grande porte disposições relativas à elaboração e divulgação de demonstrações financeiras, alterando o art. 176 da Lei nº 6.404/76 (Lei das Sociedades Anônimas). Entre outras alterações, houve a inclusão da demonstração do valor adicionado (DVA) na relação de demonstrações financeiras de companhias, mas com obrigatoriedade restrita apenas às companhias abertas (S/A).

A demonstração do valor adicionado foi posteriormente regulamentada pelo CPC 09[199]. O objetivo deste demonstrativo é mostrar o montante da riqueza gerada pela empresa e a forma como ela foi distribuída entre os diversos setores que contribuíram direta ou indiretamente para a sua geração, como fornecedores, funcionários e acionistas durante um determinado período[200]. As demais sociedades, como a de capital fechado (S/A) ou a limitada (Ltda.), são orientadas a elaborar a demonstração para fins gerenciais.

A DVA também pode ser usada como índice de avaliação do desempenho social na medida em que demonstra a participação de empregados, do governo, de agentes financeiros e acionistas[201] na distribuição da riqueza gerada. Dentro de uma visão global de desempenho, o valor adicionado demonstra, ainda, a efetiva contribuição da empresa e o resultado do esforço conjugado de todos os seus setores de produção para a geração de riqueza na economia em que está inserida.

Assim, a demonstração do valor adicionado também pode integrar o balanço social, pois é uma importante fonte de informações, já que apresenta um conjunto de elementos que possibilitam a análise do desempenho econômico da empresa e evidencia a geração de riqueza da empresa e seu impacto social.

Capítulo XIV
Certificações e Credenciamentos de Comportamento Empresarial

"Ganhe o respeito das pessoas. Assim, você fará muitos bons negócios. O melhor a fazer é ganhar o respeito das pessoas, para que não o conduzam, nem o induzam aos maus negócios. Não basta ter razão, pois é necessário ajudá-la com a diligência para estudar bem aquilo pelo que lhe responsabilizam: um compromisso, às vezes, custa muito pouco, mas suas consequências valem muito. Com palavras empenhadas se compram obras e se danam honras. Cuide dos detalhes antes de fazer alguma coisa, pois não há cargo, por pequeno que seja, que não o obrigue ao esmero máximo. Cuide para não comprometer o seu sem antes estudar bem a conveniência"[202].

As certificações são antigas conhecidas do meio empresarial. O mais comum, mas não menos importante, é o parecer das auditorias externas atestando que as demonstrações financeiras foram realizadas segundo padrões contábeis geralmente aceitos, como, por exemplo, os chamados *Gaap – Generally Accepted Accounting Principles (Princípios de Contabilidade Geralmente Aceitos)*. O *Gaap* é um padrão de diretrizes para contabilidade que inclui regras e convenções seguidas por contadores de seus respectivos países.

Os pareceres dos auditores independentes são uma declaração de verdade, já que eles examinam minuciosamente as contas de uma companhia para verificar se foram elaboradas dentro dos limites estabelecidos pela legislação. Os mais céticos dizem que as auditorias são superficiais e que seus pareceres não garantem a integridade das informações e nem protegem os acionistas. Citam, por exemplo, o caso Enron, em que o trabalho do auditor externo, no caso da extinta Arthur Andersen, foi vexatório[203].

Este caso é uma exceção, pois não podemos nos esquecer de que todos os dias milhões de empresas de auditoria realizam um importante trabalho no mundo inteiro. Elas verificam contas de companhias e alertam administradores e acionistas sobre questões de gestão. Também evitam fraudes e economizam bilhões para a sociedade. É claro que as auditorias de sucesso acontecem aos milhões, mas não vêm a público nem são louvadas pela mídia. Um acontecimento como o da Enron não pode condenar todo o conjunto de auditoria existente no mundo, pois é uma exceção.

O "atestado" fornecido pelo auditor independente é chamado de "parecer de auditoria", um documento formal que é seguido pelas contabilidades como um procedimento burocrático de acuracidade. O pior pesadelo de um diretor financeiro é um parecer com ressalva, ou seja, uma demonstração de que os auditores encontraram alguma inconformidade grave, que não pode ser contornada. Assim, é declarado publicamente que o ato específico feriu os princípios da contabilidade.

Estão obrigadas a contratar os serviços de auditoria externa as seguintes entidades:

- » Clubes de futebol.
- » Companhias abertas (Art. 26 da Lei n° 6.385/76).
- » Companhias fechadas de grande porte (Lei n° 11.638/07).
- » Empresas beneficiárias do Finor (Fundo de Financiamento do Nordeste).
- » Empresas de leasing ou arrendamento mercantil.
- » Empresas que obtiveram apoio financeiro do BNDES.
- » Entidades de fins filantrópicos (Art. 5° do Decreto n° 2.536/98).
- » Instituições bancárias, consórcios, factorings e outros que integram o sistema de distribuição e intermediação de valores mobiliários (Art. 26 da Lei n° 6.385/76).
- » Planos de saúde.
- » Sociedades de investimento.
- » Sociedade limitada de grande porte com ativo total superior a R$ 240 milhões ou receita bruta anual superior a R$ 300 milhões (Lei n° 11.638/07).
- » Seguradoras.

Mesmo que não estejam sujeitos às normas legais que os obriguem à contratação de auditores independentes, recomendo fortemente aos gestores que devem fazê-lo. E, tanto quanto possível, que evitem trocar de empresa de auditoria. A constância pode ocasionar vícios, mas se as empresas (contratante e contratada) forem sérias, os conhecimentos acumulados das auditorias lhes permitirão aprofundar cada vez mais as análises e contribuir de maneira efetiva para a prevenção de problemas e riscos.

Certificações gerais: um atestado de responsabilidade

Fora da área contábil, na qual as certificações são uma norma legal, cresce aceleradamente a necessidade de certificação. Em todos os ramos, centenas de empresas oferecem serviços de aferição de qualidade.

Na área pública, a realização de obras de engenharia, por exemplo, quase sempre é acompanhada da contratação de uma terceira empresa, altamente especializada, para atestar que as obras foram feitas de acordo com as especificações exigidas. De que outra forma o órgão público poderia saber se os materiais utilizados estavam em conformidade com o contrato e se foram aplicados corretamente de acordo com as técnicas de engenharia recomendadas? Contrata-se uma empresa certificadora a fim de atestar que o projeto está sendo executado corretamente.

Tecnologia da Informação

Uma companhia de médio porte precisa trocar seu parque de informática, cuja operação inclui a substituição de hardwares e softwares a um custo de R$ 2,5 milhões.

A leitura do contrato de equipamentos e serviços remete-nos a uma obra de ficção, temperada com aspectos ligados à teoria da relatividade e a ensaios de física quântica. Brincadeiras à parte, dificilmente uma pessoa, mesmo da área de tecnologia da informação, conseguiria entender por completo o objeto do contrato e a sua implementação. Neste caso, como saber se a firma não está pagando além do que deveria? O que fazer?

Contrate um agente certificador. Por exemplo: a Gartner[204] é uma empresa de consultoria altamente especializada que desenvolve tecnologias relacionadas à análise necessária para que seus clientes tomem decisões diárias. Com profissionais espalhados por todo o mundo e trabalhando em rede, a empresa avalia projetos, emite opiniões sobre valores e atesta a capacidade e a idoneidade dos fornecedores na entrega do objeto ou do serviço contratado.

Assegurar a integridade dos sistemas deve ser uma preocupação constante dos gestores da área de informática, pois são comuns as fraudes e as invasões provocadas por hackers e outras pessoas mal-intencionadas. Preservar informações de clientes, associados, pacientes e fornecedores não é apenas uma atitude ética. O descuido com essas informações pode envolver perdas consideráveis em multas e indenizações e manchar a reputação da companhia.

A ISO/IEC 27002, por exemplo, é uma norma de segurança da informação[205]. O mundo globalizado dos negócios disponibiliza e absorve quantidade considerável de informação em um ambiente de empresas interligadas e extremamente competitivas. A informação é fator essencial para os negócios e deve ser protegida. As empresas utilizam as tecnologias de segurança da informação para proteger os seus dados, seguindo regras e controles rígidos, estabelecidos e monitorados constantemente[206].

O sucesso da implementação de regras e controles rígidos de segurança da informação depende de diversos fatores: comprometimento de todos os níveis gerenciais; requisitos de segurança claros e objetivos; política de segurança que reflita o negócio da organização; processo eficaz de gestão dos incidentes da segurança da informação, entre outros.

De acordo com a norma ABNT NBR ISO/IEC 17799:2005, o objetivo da política de segurança da informação é "prover orientação e apoio da direção para a segurança da informação de acordo com os requisitos da firma e com as leis e regulamentações. Convém que a direção estabeleça uma política clara, alinhada com os objetivos do negócio e demonstre apoio e comprometimento com a segurança da informação por meio da publicação e da manutenção de uma política de segurança da informação para toda a organização".

Para atestar a qualificação de um profissional na área de tecnologia da informação, pode-se recorrer a uma certificação da *Certified Information System Security Professional* – Cissp[207] (Sistema Certificado de Segurança de Informação Profissional). Profissionais capacitados pela Cissp são altamente requisitados no mercado, pois o selo atesta preparo e capacidade em uma das profissões de maior destaque no mercado[208].

Espionagem e Segredos Industriais

A Revista Exame publicou uma matéria que revelou que a disputa pelo mercado de carros elétricos foi levada às últimas consequências[209]. O texto relata que a *Renault* suspendeu três diretores suspeitos de repassar segredos sobre o projeto de um modelo de carro elétrico. Até mesmo o governo da França envolveu-se no caso e comparou-o a uma "guerra econômica". Representantes da *Renault* afirmam que a firma é vítima de uma rede internacional de espionagem. As investigações para descobrir quem estava por trás do caso de espionagem foram conduzidas pela polícia francesa.

Matérias desta natureza são recorrentes na mídia. Na mesma reportagem, a *Revista Exame* relata outros dez casos de espionagem industrial.

É possível contratar empresas certificadoras que atestem a segurança das instalações e dos sistemas contra a venda de informações privilegiadas ou espionagem industrial. Este mercado movimenta bilhões de reais e é permeado por empresas altamente especializadas em áreas relacionadas à mitigação de riscos. Os serviços dessas empresas incluem a verificação de antecedentes criminais, ***business intelligence***[210], ***market intelligence***[211] e ***eletronic discovery***[212]. Destacam-se nesta área, empresas como a Kroll[213], companhia global de consultoria de riscos, com sede nos Estados Unidos[214].

Certificação de Capacitação Educacional e Profissional

Se uma empresa pretende capacitar seus colaboradores com um bom nível de qualidade e, para isso, quer recorrer a uma universidade, qual será a melhor escolha? Ora, basta verificar se a instituição de ensino possuiu um selo de acreditamento. Certificações na área de capacitação profissional são bastante tradicionais. Algumas são muito rigorosas e de alta aceitação no mercado. Elas submetem a entidade a uma extensa sabatina. Verificam a qualificação do corpo docente, equipamentos e laboratórios disponíveis, os resultados alcançados com o ensino e, principalmente, o sucesso obtido pelos estudantes egressos em suas respectivas carreiras profissionais. Tudo para assegurar ao cliente (empresa ou estudante) uma boa contratação e garantir as condições necessárias para um atendimento de qualidade.

A *acreditação educacional*[215] é uma certificação de qualidade segundo a qual os serviços e as operações de instituições ou programas de ensino são avaliados por uma auditoria externa com o intuito de verificar o cumprimento de requisitos de avaliação.

No Brasil, existe um credenciamento educacional oficial que é feito pelo Ministério da Educação. Todavia, a sua credibilidade não é das melhores; por isso, são poucas as decisões que levam em consideração as avaliações do órgão. Nos Estados Unidos, a maioria das universidades se submete a um processo de garantia de qualidade realizado por organizações privadas sem fins lucrativos. Para receber um selo de qualidade dessas instituições, é necessário cumprir extensos requisitos. Por tal razão, a sociedade em geral tem enorme respeito pelas escolas que ostentam selos de qualidade. Essas certificações são levadas a sério nos EUA, de tal modo que um diploma universitário de um estado pode não ser aceito em outro.

A Secretaria de Educação dos Estados Unidos é obrigada por lei a publicar uma lista de agências de acreditação reconhecidas nacionalmente pela confiabilidade em avaliar a qualidade da educação e o treinamento oferecido pelas instituições de ensino superior[216]. Tais instituições alcançaram tamanha respeitabilidade que hoje certificam a qualidade de ensino no mundo todo, inclusive no Brasil. Entre as 52 reconhecidas, as certificadoras mais respeitáveis são as seguintes[217]:

» Distance Education Accrediting Commission (Deac).

» Accrediting Council for Independent Colleges and Schools (Acics).

» Accrediting Commission of Career Schools and Colleges (ACCSC).

» Accrediting Council for Continuing Education and Training (Accet).

» Council on Occupational Education (COE).

» United States Distance Learning Division (Usdla).

Além das entidades certificadoras, muitas associações, revistas e jornais também avaliam instituições de ensino para conferir-lhes certificados de qualidade.

A Fundação Getulio Vargas (FGV), por exemplo, foi a instituição brasileira mais bem colocada na primeira edição do *ranking Alma Mater Index (2013): Global Executives*[218], feito pela revista britânica *Times Higher Education* (THE)[219], que lista os 100 melhores locais para a formação de diretores executivos. Considerada pelo citado periódico a 1ª do Brasil e a 35ª do mundo, a FGV estava à frente de universidades como a de *Princeton*, nos Estados Unidos, e a de *Cambridge*, no Reino Unido.

O Ibmec, um dos mais importantes centros brasileiros de ensino no desenvolvimento de empreendedores e na formação de líderes, coleciona histórias de sucesso e também figura em listas de instituições que ranqueiam os melhores cursos. Além disso, o Ibmec também proclama orgulhosamente que todos os seus MBA são certificados pela *Association of MBAs* (Amba)[220], associação internacional inglesa que garante a excelência de ensino dos MBA existentes em todo o mundo.

Na mesma linha, o Insper[221] também exibe certificações da Amba, da Anamba[222] e da AACSB[223].

Finalmente, a Escola Superior de Propaganda e Marketing, reconhecida nacionalmente como ESPM, é um símbolo de qualidade e sonho de milhares de estudantes da área de negócios. A instituição é associada ao Embac (*Executive MBA Council*). Seu curso *MBA Executivo Internacional ESPM* é apenas um dos exemplos do padrão acadêmico de ensino superior da ESPM atestado pela Embac.

Verifique a Certificação Antes de Comprar um Produto de Segurança

Existem centenas de boas companhias que fornecem serviços de certificação que atestam a qualidade e a funcionalidade adequada de serviços, produtos e processos produtivos. Imagine que os colaboradores de uma empresa na área química utilizam vários equipamentos de segurança e prevenção de acidentes, como luvas, máscaras de gás, aventais, óculos e calçados especiais. O diretor de recursos humanos terá um trabalho muito mais fácil de ser executado se a área de *procurement*[224] selecionar fornecedores certificados para fazer as suas cotações de compras. Assim, a empresa terá a garantia de que os equipamentos adquiridos foram submetidos a rigorosos testes realizados de acordo com padrões internacionais de qualidade.

O Ministério do Trabalho e Emprego disponibiliza um sistema pelo qual a sociedade pode consultar a certificação de equipamentos de segurança utilizados em múltiplas atividades. O chamado Caepi (Certificado de Aprovação de Equipamento de Proteção Individual) é um cadastro que reúne informações de empresas fabricantes e/ou importadoras de equipamentos de proteção individual[225].

Ser uma empresa ética não é tarefa fácil. Gerenciar requer conhecimento técnico especializado, o que é indispensável para que suas ações não resultem em danos a acionistas, empregados, fornecedores, ao meio ambiente e à sociedade.

Certificações empresariais voltadas para a área de responsabilidade social

É na área socioambiental que está o "charme" das certificações. Pesquisas de mercado revelam que os consumidores preferem as empresas social e ambientalmente responsáveis. Percebendo a clara preferência do consumidor, as companhias fazem intensas campanhas de marketing na tentativa de demonstrar que atendem às expectativas de seus clientes. Com o pensamento de que "a gente não quer só comida"[226], na hora de comprar, muitos consumidores não levam em conta apenas o baixo preço e a boa qualidade do produto[227]. Eles demonstram claramente que preferem consumir produtos e serviços de firmas socialmente responsáveis.

Em 2002, o relatório *Responsabilidade Social das Empresas – Percepção do Consumidor Brasileiro,* elaborado pelo *Instituto Ethos – Empresas e Responsabilidade*, em conjunto com a *Indicator Pesquisa de Mercado*, revelou que 16% dos consumidores prestigiaram uma determinada empresa por causa de sua responsabilidade social, e outros 14% pensaram em fazê-lo.

A *Rede Empresa Responsável*, um ambiente virtual de interação entre organizações que trabalham com projetos voltados para a sustentabilidade, divulgou pesquisa realizada na PUC-SP com 176 jovens de 20 a 25 anos do último ano dos cursos de Administração e Publicidade e Propaganda. A pesquisa mostra que 71% pagariam até 30% a mais por produtos advindos de empresas socialmente responsáveis[228].

Mas são estudos em âmbito mundial que analisam os dados e as informações mais desconcertantes e preocupantes para aqueles que ainda não aderiram à responsabilidade social.

Uma das mais conceituadas instituições no mundo, o ***International Institute for Sustainable Development***[229] (Instituto Internacional para o Desenvolvimento Sustentável), que promove o desenvolvimento humano e a sustentabilidade ambiental por meio de pesquisas inovadoras, comunicação e parcerias, divulgou uma pesquisa que mostra que os atores sociais assumem comportamento positivo frente às ações de sustentabilidade e às boas práticas das companhias. A pesquisa mostrou ainda que 20 mil pessoas em 20 países diferentes têm preferência por produtos e serviços quando percebem demonstrações de responsabilidade social e ambiental das empresas.

Capitalistas e Investidores Financeiros

Não é desprezível o número de investidores que aplicam seus ativos em empresas socialmente responsáveis[230]. Nos Estados Unidos, 61% das pessoas têm investimentos em ações. Esses capitalistas consideram fortemente o desempenho social das companhias, uma vez que a imagem de responsabilidade delas é fator determinante para 28% das decisões de investimentos. Comportamento bastante semelhante também é observado em outros países, como Canadá, Grã-Bretanha, Japão e Itália, onde os investidores preferencialmente aplicam suas economias em empresas responsáveis:

- Alemanha: 18%.
- Canadá: 26%.
- EUA: 28%.
- França: 18%.
- Grã-Bretanha: 21%.
- Itália: 33%.
- Japão: 22%.

Percepção Pública da Empresa Frente aos Consumidores

A pesquisa do *International Institute for Sustainable Development* mostrou ainda que a responsabilidade social é uma forte ferramenta de marketing que reforça a imagem da marca da companhia e de seus produtos. Empresas que demonstram preocupação permanente com práticas ambientais aceitáveis, possuem gestão com viés humanista e mantêm boas relações com a comunidade, são mais bem-vistas pelos consumidores.

A Punição Imposta pelo Mercado Quando o Desempenho Social e Ambiental da Empresa é Percebido como Ruim

As companhias que ignoram suas responsabilidades sociais e colocam todo o seu foco no resultado financeiro estão perdendo mercado: 42% dos consumidores norte-americanos relataram que não compram mais produtos de empresas irresponsáveis socialmente[231]. Os percentuais de consumidores que puniram empresas por irresponsabilidade social, segundo o *Environics International*, por região do planeta, são os seguintes:

» América do Norte: 42%.

» África: 18%.

» América Latina: 23%.

» Ásia: 8%.

» Eurásia: 10%.

» Europa: 25%.

O Julgamento Feito pelos Líderes e Formadores de Opinião

Professores e pesquisadores das maiores e mais renomadas universidades do planeta são unânimes em dizer que a postura dos consumidores contra empresas com políticas sociais pobres tende a aumentar consideravelmente.

Líderes e formadores de opinião de vários segmentos da mídia também indicam que as expectativas sociais dos consumidores tendem a aumentar. Segundo o *Environics International*[232], "líderes de opinião continuam a esperar mais de empresas do que o público em geral; eles são os mais engajados em questões relacionadas à responsabilidade social das firmas". Nos próximos anos, as empresas estarão sob maior pressão pública para o cumprimento de suas responsabilidades sociais.

Certificações e regulamentações de responsabilidade social ganham espaço

De acordo com o professor Marcos Rogério Maioli[233], a normatização e a certificação de aspectos relacionados à responsabilidade social estão ligadas às grandes corporações, pois os montantes financeiros envolvidos nas transações dessas empresas são enormes. Os efeitos de uma má prática ou irresponsabilidade social são sentidos de forma contundente nessas companhias, visto que elas "têm muito a perder".

As pequenas organizações aderem às normas sociais porque são obrigadas por força de um contrato ou porque a concorrência faz ou, ainda, pelo receio de que sejam punidas pelos consumidores. As empresas menores e de pequeno porte são mais resistentes à adoção de boas práticas. Este cenário mostra uma grande oportunidade de avanço da responsabilidade social empresarial em todo o Brasil.

Normas ISO: uma certificação para poucos

De todas as normas certificadoras de processos aplicáveis em diferentes áreas das empresas, podem ser destacadas as seguintes:

» ABNT NBR 16001 – Responsabilidade social.

» AS 8000 – Direitos sociais.

» BS 8800 – Condições dignas de trabalho.

» BS 8855 – Sistemas e questões ambientais.

» CE EMAS – Sistemas e processos ambientais.

» ISO 14000 – Meio ambiente.

» ISO 9001 – Sistemas de gestão de qualidade.

» ISO 27001 – Sistemas de segurança de informações.

» ISO 26000 – Responsabilidade social.

» NBR ISO 10002 – Satisfação de clientes.

» OHSAS 18001 – Segurança e saúde no trabalho.

São centenas as normas certificadoras. No entanto, as mais conhecidas e aceitas pelas empresas e pela sociedade são as da série ISO – *International Organization for Standardization* (Organização Internacional de Normalização). Aplicadas em quase 160 países, os selos ISO certificam mais de um milhão de companhias no mundo que procuraram a avaliação e a normatização de seus procedimentos e produtos, de processos de gestão ou de segurança ambiental.

Uma firma que deseja ser certificada com o ISO 9000, por exemplo, precisa adotar uma série de procedimentos burocráticos e padronizar suas atividades, de modo que sejam executadas sempre da mesma forma. Qualidade não significa fazer bem feito, mas sim fazer bem feito do mesmo modo, sempre.

» ISO 9001 – Trata-se de um conjunto de regras de padronização de serviços e produtos. Esta norma objetiva melhorar o sistema de gestão das empresas para a qualidade daquilo que é produzido.

» ISO 14001 – É uma norma aplicável a qualquer tipo de entidade, cujo objetivo é alcançar um desempenho ambiental adequado de acordo com padrões de conformidade.

» ISO 26000 – Estabelece diretrizes sobre a responsabilidade social. Por meio desta norma, a responsabilidade social se "expressa pelo propósito das organizações em incorporarem considerações socioambientais em seus processos decisórios e em responsabilizar-se pelos impactos de suas decisões e atividades na sociedade e no meio ambiente"[234]. Adotar uma norma como ISO 26000 significa admitir um comportamento ético e transparente, de acordo com a legislação, de forma a contribuir para o desenvolvimento sustentável. Demonstra que a companhia integrou a responsabilidade social em seu meio. Segundo o Inmetro[235], a norma possui orientações para todos os tipos de organização, independentemente de seu porte ou localização, tais como:

– Conceitos, termos e definições referentes à responsabilidade social.

– Histórico, tendências e características da responsabilidade social.

– Princípios e práticas relativas à responsabilidade social.

– Temas centrais e questões referentes à responsabilidade social.

– Integração, implementação e promoção de comportamento socialmente responsável em toda a organização, por meio de políticas e práticas dentro de sua esfera de influência.

- Identificação e engajamento de partes interessadas.

A adoção de normas e sistemas de certificação começou nas empresas de grande porte; no entanto, as de pequeno porte também estão aptas e devem se adequar aos padrões de qualidade. É muito louvável a influência das grandes corporações sobre as empresas menores, comportamento também revelador de responsabilidade social. Ou seja, uma companhia multinacional que exige que seu "pequeno fornecedor" comprove práticas sociais responsáveis contribui para a disseminação de boas ações. A adoção de certificação é uma necessidade para a pequena empresa, uma estratégia para que, um dia, ela se torne grande no mercado.

Um bom exemplo disso é a Petrobras. As regras de contratação e de atuação da companhia explicitam que a petroleira só firmará parceria se a fornecedora tiver os certificados ISO 14001 (relacionado a questões ambientais e ecológicas) e ISO 18001 (relacionado à segurança no trabalho e à prevenção de acidentes). "As normas são partes da estratégia organizacional da empresa e vão muito além da padronização de procedimentos. Elas apresentam ferramentas que subsidiam a possibilidade de diagnósticos detalhados da companhia"[236].

Empresa Pró-Ética

A Controladoria-Geral da União[237] (CGU) e o Instituto Ethos[238] lançaram uma iniciativa que busca reconhecer empresas comprometidas com a integridade, a transparência, a prevenção e o combate à corrupção no ambiente corporativo.

Cada organização é avaliada anualmente, a partir de uma verificação prévia de perfil, seguida de um questionário com perguntas abertas. A cada ano, a CGU anuncia a lista e entrega o "selo" *Pró-Ética* para as firmas aprovadas, valorizando e divulgando as melhores práticas de integridade apresentadas no ano. O programa já conta com os aperfeiçoamentos trazidos pela Lei Anticorrupção (leia mais sobre a Lei nº 12.846/2013 no capítulo IV).

Os pedidos para receber a marca ***Pró-Ética*** são avaliados por um comitê gestor composto pela CGU, pelo Instituto Ethos e por mais oito instituições dos setores público e privado reconhecidas no meio empresarial[239].

Para ganhar o selo, a empresa preenche um questionário de avaliação que aborda seis áreas: comprometimento da alta direção e compromisso com a ética; políticas e procedimentos; comunicação e treinamento; canais de denúncia e remediação; análise de risco e monitoramento; transparência e responsabilidade no financiamento político e social.

O Cadastro Nacional de Empresas Comprometidas com a Ética e a Integridade (Cadastro Pró-Ética) busca dar visibilidade às empresas que compartilham a ideia de que a corrupção é um problema que deve ser prevenido e combatido não só pelo governo, mas também pelo setor privado e por toda a sociedade. Ao aderir ao cadastro, a organização assume o compromisso público e voluntário, perante o governo e a sociedade, de que adotará medidas para prevenir e combater a corrupção em favor da ética nos negócios. Os requisitos de admissibilidade são os seguintes:

» Preenchimento do cadastro.

» Responder ao questionário.

» Apresentar certidões negativas de regularidade fiscal, inclusive de FGTS.

» Inexistência de débitos no âmbito da Justiça do Trabalho.

» Não constar nos cadastros CEIS[240], CNEP[241] e CEPIM[242].

» Participar do pacto empresarial pela integridade e pela ética, do Instituto Ethos.

» A empresa deve possuir um código de ética.

Segundo análise publicada pela consultoria especializada em políticas públicas ***Patri***[243], o objetivo da iniciativa é consolidar e divulgar os nomes das empresas que adotam voluntariamente medidas reconhecidamente desejadas e necessárias para se criar um ambiente de integridade e confiança nas relações entre os setores público e privado, além de conscientizar as firmas de seu papel no enfrentamento da corrupção, ao se posicionarem afirmativamente pela prevenção e pelo combate às práticas ilegais e antiéticas e em defesa de relações socialmente responsáveis.

Capítulo XV
Accountability

"Não seja muito rápido nem em acreditar e, tampouco, em decidir. A pessoa madura se conhece pela paciência para analisar algo antes de acreditar. Como é fácil que mintam para você, não seja fácil de acreditar. Busque uma forma de não dar a entender ao outro que não acredita nele, já que isso é descortesia, pois ele pensará que o considera enganador ou enganado. Ademais, se der a entender que não acredita, podem considerá-lo mentiroso, pois parte da natureza daquele que mente é não acreditar em ninguém, nem ninguém acreditar nele. Tampouco seja rápido ao decidir, pois logo estará com problemas. Quem mente com a palavra também mentirá com obras e, nestes casos, o engano é maior"[244].

A palavra "*accountability*" tem origem no latim, *accomptare* ("tomar em conta") ou computare ("calcular"), que, por sua vez, deriva de *putare* ("avaliar", "contar"). "O conceito tem raízes antigas em atividades de registros relacionados com os sistemas de governança e empréstimo de dinheiro que primeiramente foram desenvolvidos no Egito, em Israel, na Babilônia, na Grécia e, mais tarde, em Roma"[245].

Accountability é um termo da língua inglesa. A palavra é empregada no idioma original pela impossibilidade de uma tradução que melhor represente seu significado no português, assim como aconteceu com a palavra "*marketing*", cujas inúmeras tentativas de traduzi-la foram em vão, razão pela qual a versão no idioma português foi abandonada.

A palavra *accountability* significa a prestação de contas por uma entidade administrativa aos seus reguladores. A expressão "prestar contas" poderia ser uma tradução resumida para o termo. *Accountability* refere-se àqueles que precisam explicar para uma instância superior o que, como, por que e por quanto fazem o que fazem.

Accountability "não se trata de prestar contas em termos quantitativos tão somente, mas de autoavaliar a obra; dar a conhecer o realizado e justificar aquilo em que se falhou. A obrigação de prestar contas é maior quanto maior for a função pública, ou seja, quando se trata do desempenho de cargos pagos pelo dinheiro dos contribuintes"[246].

Em relação à ética e à governança, o significado da palavra expandiu-se para além da ideia de prestação de contas. Por exemplo: para os contadores, o sentido de *accountability* não existiria se não houvesse uma prática contábil a ser cumprida. Ou seja, não existiria a necessidade de prestação de contas na ausência das normas contábeis. Já em administração, a *accountability* é considerada o aspecto central da governança tanto na esfera pública quanto na privada, seguindo-se a mesma linha da controladoria ou da contabilidade[247].

Já no campo da ética, a *accountability* é empregada como responsabilidade civil diante das obrigações organizacionais no campo socioambiental.

Pesquisadores indicam a existência de oito tipos[248] de *accountability* ou de prestação de contas:

» Moral.
» Administrativa.
» Política.
» De gestão.
» De mercado.
» Eleitoral.
» Judicial e legal.
» Profissional.

Accountability na área política

A responsabilidade política é a prestação de contas do governo, de funcionários públicos de todas as esferas (municipal, estadual e federal) e de órgãos legislativos (Senado Federal, Câmara dos Deputados, assembleias legislativas e câmaras municipais). A responsabilidade política mostra a importância da *accountability* como pilar de sustentabilidade de um regime democrático. Se, por um lado, a *accountability* é fundamental para a preservação da democracia, por outro, é indispensável a participação dos cidadãos para que ela se realize[249].

Ou seja, ao prestar contas, um político pode ter deixado de cumprir com determinações estatutárias ou regimentais ou mesmo violado a lei eleitoral ou a Constituição. Sob um outro aspecto, o processo eleitoral pode ser uma forma de poder popular para a revogação de um mandato quando um parlamentar não atende às expectativas do eleitorado, pois deixou de cumprir suas obrigações, segundo a visão do eleitor.

Neste sentido, a "accountability pode ser entendida, ainda, como um processo de avaliação e responsabilização permanente dos agentes públicos, que abrange tanto os eleitos quanto os nomeados e os de carreira, em razão do mandato público que lhes é delegado pela sociedade"[250].

Por serem eficientes em identificar e avaliar o desempenho do setor público, a mídia, as associações de classe, os financiadores de campanhas, além de membros dos ministérios públicos e auditores, têm papel fundamental na análise e na cobrança da prestação de contas de agentes políticos. É claro que, considerando-se a assimetria entre os envolvidos nas atividades estatais e não estatais, é difícil imaginar, em quaisquer países, um cenário no qual o poder político seja perfeito. No Brasil, onde os governos têm históricos de graves crises e revelam profunda falta de maturidade institucional — muito em parte devido à forma de governo —, as atividades de *accountability* tendem a ser mais rigorosas.

Os agentes da sociedade civil mencionados têm sido os "baluartes" da população na cobrança por um melhor desempenho da classe política, pois a prestação de contas agrada aos eleitores, mesmo os mais superficiais e desinteressados.

Accountability e ética

A *accountability*, em linhas gerais, está ligada ao ato de responsabilidade (de uma entidade governamental ou não, de um representante da administração pública ou privada, como um banco ou uma autarquia, por exemplo) de reportar a alguém (ou mesmo à sociedade como um todo) o destino do dinheiro ou de outros bens cuja guarda lhe fora confiada por esse mesmo alguém (ou por toda a coletividade). Mas a obrigação de uma organização ou de um indivíduo de prestar contas de suas atividades, de assumir responsabilidade sobre seus atos e de divulgar resultados de forma transparente vai muito além da necessidade de proteger e de preservar os ativos tangíveis da empresa.

A *accountability* pode ser aplicada em qualquer área do conhecimento, seja na produção ou prestação de serviço, por exemplo, ou no campo político[251].

Dentro de uma entidade, o estabelecimento de princípios e práticas éticas por meio de normas — como demonstram os procedimentos descritos nos padrões ISO (leia o capítulo XIV para saber mais sobre padrões e certificações) — tem como objetivo a prestação de contas para o aperfeiçoamento dos padrões internos de conduta e das estratégias econômicas, ambientais e de sustentabilidade da organização.

Accountability e ciência

A academia tem adotado a responsabilidade ética de forma progressiva. Os pesquisadores, por exemplo, estão cientes das necessidades de prestar contas à coletividade sobre suas metodologias de estudo. Na área científica, no entanto, os estudiosos, quando vão prestar contas, se deparam com um paradoxo: vidas são salvas por meio de novos medicamentos, mas ao custo do sacrifício de cobaias. Apesar dos benefícios trazidos pelos produtos médicos, os testes acabam sendo condenados por parte da opinião pública quando se tornam conhecidos. O impasse suscita uma importante discussão relacionada à ética no terceiro milênio: é necessário obter resultados; no entanto, o modelo "a qualquer preço" não é mais aceito.

Questões de *accountability* e responsabilidade ética na área científica abrangem ainda novos métodos de produção e seus efeitos sobre o meio ambiente, além de contraindicações nas áreas farmacológica e química, bem como impactos genéticos ambientais no desenvolvimento de novas espécies florestais e cultivares (transgênicos), etc.

A prática da responsabilidade ética e a prestação de contas na ciência envolvem a avaliação de riscos e as responsabilidades de pesquisadores e profissionais pelos impactos sociais e ambientais decorrentes de suas atuações. Ou seja, a prestação de contas poderá ser passível de contestação em relação às suas escolhas e à metodologia científica adotada.

Accountability administrativa

Regras, normas, comitês e fóruns são mecanismos para manter executivos de empresas, cientistas, pesquisadores e funcionários públicos responsáveis por seus atos. A *accountability* necessita de demonstrações de respeito social e de transparência de processos e resultados.

Na área governamental, os entes públicos têm facilitado o acesso a informações sobre gastos e atos da administração. A transparência é uma onda inexorável que avança sobre as economias mundiais.

No Brasil, a Lei nº 12.527/2011[252] regulamentou o direito constitucional de acesso às informações públicas. A norma brasileira, que entrou em vigor em 2012, criou mecanismos que possibilitam a qualquer pessoa, física ou jurídica, o acesso às informações públicas de órgãos e entidades sem a necessidade de justificativas. A lei abrange a União, Estados, o Distrito Federal e municípios, inclusive tribunais de contas e o Ministério Público. Entidades privadas sem fins lucrativos também são obrigadas a dar publicidade às informações referentes aos recursos públicos que receberam[253].

Os comportamentos humanos com melhores resultados estão ligados a normas, regulamentos e procedimentos. A estrutura administrativa não é um ambiente democrático; do contrário, nada ou pouca coisa funcionaria. Portanto, é necessário vincular os desempenhos de pessoas e de organizações a normas e hierarquias. Assim, a prestação de contas é uma responsabilidade única, uma obrigação, formal ou não, empreendida para se atingir um objetivo e justificá-lo sob a ameaça de sanção[254].

A cobrança da sociedade sobre os agentes públicos, que estão constantemente submetidos às advertências originárias de seus atos, é fator determinante na *accountability*. Imaturidade institucional significa baixa possibilidade de punição por atos não convencionais ou que estão em desacordo com as normas administrativas. Sem pena não há medo. A ausência de punição torna a prestação de contas desnecessária ou inócua. "A leão morto até as lebres se atrevem a molestar"[255]. Sem medo não há respeito, muito menos *accountability*.

Mídia e responsabilidade: uma união indissolúvel

Segundo pesquisa publicada no *Journal of Public Economics*[256] (Revista de Economia Pública), uma imprensa livre pode ser poderosa ferramenta de controle sobre a corrupção. Os dados levantados pelos pesquisadores Brunetti e Weder[257] sugerem existir uma correlação de causalidade entre mídia e corrupção: quanto maior for a liberdade de imprensa, menores serão os índices de corrupção. Ou seja, a liberdade de expressão propicia uma melhor prestação de contas por parte de agentes públicos e privados.

A liberdade da imprensa não serve a interesses políticos, pois está sempre revelando as ações e os propósitos dos partidos ou das facções[258].

Na mesma linha, outra pesquisa, realizada por Adserà, Payne e Boix, nos Estados Unidos, aponta que maior responsabilização política e menor corrupção têm mais probabilidade de acontecer se o consumo de jornais for elevado[259].

O "jornalismo de tribo" praticado nas redes sociais também exerce papel importante na responsabilização daqueles que não prestam contas sobre seus atos adequadamente. Munidas de celulares equipados com câmeras e aplicativos de mensagens instantâneas, milhões de pessoas em todo o mundo denunciam ações incondizentes com os padrões morais.

Defensores de políticos e empreiteiros envolvidos no escândalo da Petrobras[260] usam o argumento de que a corrupção sempre existiu no Brasil e que em governos anteriores acontecia pior. A diferença, dizem, é que agora tudo é mais investigado e a pressão pública é maior. Pode até ser verdade, pois os tempos mudaram. Até o fim da era Itamar Franco, não existia o acesso popular à internet nem às mídias sociais. A facilidade de gravar, filmar e publicar conteúdo nos dias de hoje é absurda e aumentará cada vez mais, para o desespero daqueles que não empregam o conceito de "*accountability*" em suas ações.

Os interessados em controlar a mídia devem acelerar suas ações e se apressar, pois o protagonismo dos cidadãos com a internet e as mídias sociais é acachapante. Se os veículos de comunicação não forem dominados rapidamente no melhor estilo Kim Jong-il[261], estes pseudodefensores da democratização do mercado de comunicação serão obrigados a "trocar de emprego" em curto prazo.

Nos Estados Unidos, um artigo publicado no *National Bureau of Economic Research*[262] (Bureau Nacional de Pesquisa Econômica), intitulado "*Do newspapers mather? Short-run and long-run evidence from the closure of the Cincinnati Post*" ("Alguém se importa com jornais? Evidências de curto e longo prazos sobre o fechamento do jornal Cincinnati Post")[263], suscita um interessante debate sobre a evolução dos meios de comunicação — especialmente jornais impressos dos Estados Unidos e da Europa — com o surgimento da comunicação digital e da internet.

A tese defendida é a de que o advento da rede mundial foi um marco na liberdade de expressão, apesar dos efeitos negativos no jornalismo investigativo, por causa do declínio no financiamento das publicações impressas. A Internet está captando os recursos publicitários antes destinados aos jornais. No entanto, a situação atual ainda não permite vislumbrarmos com total certeza o futuro desses meios de comunicação, pois monetizar um sistema jornalístico fora do papel, ou seja, na internet, é um feito que ninguém no mundo conseguiu até o momento, não obstante as diversas tentativas. Como alternativa, estuda-se direcionar recursos de cidadãos ou mesmo do governo para financiar projetos de jornalismo investigativo. Em suma, ganhou-se muito por um lado, pois a informação tem hoje mais meios de acesso, porém perdeu-se por outro, com o enfraquecimento do financiamento de veículos que trabalham com informação mais estruturada.

Não respeitar normas e não prestar contas está começando a ficar caro no mundo todo e, no Brasil, não é diferente.

Prestação de contas universal

Os estudiosos têm estendido suas pesquisas sobre *accountability* pela análise das justificativas e das racionalizações de empresas que adotam posturas, comportamentos e ações que promovem o bem-estar de seus públicos interno e externo. Os pesquisadores também fazem levantamento sobre outras formas de prestações de contas feitas por entidades públicas e privadas ou entidades internacionais com juridicidade mundial.

Inúmeros instrumentos foram criados como forma de estímulo ao aumento da responsabilidade social empresarial. Além disso, a pressão por serviços, produtos e comportamentos socialmente corretos incentivou as companhias a adotar formas administrativas transparentes e enquadradas nas normas. Neste contexto, surgiram entidades certificadoras com o propósito de ajudar as firmas na adoção de políticas de *accountability* de caráter social. Dentre as certificações mais importantes, vale destacar as seguintes (leia mais sobre certificação e credenciamento de comportamento empresarial no capítulo XIV):

» **AA1000** – Criada pelo Institute of Social and Ethical Accountability[264] (Instituto de Accountability Social e Ética), entidade sem fins lucrativos e líder internacional que reúne membros e parceiros de negócios da sociedade civil e do setor público de todo mundo. Esta certificação, de cunho social, aborda principalmente a relação da empresa com seus stakeholders. Uma das principais características da norma é a sua revisão anual, o que lhe dá um caráter de atualidade e adaptação.

» **SA8000** – A Social Accountability 8000 é uma norma internacional de avaliação da responsabilidade de empresas fornecedoras e vendedoras. Criada pelo Council on Economic Priorities Accreditation Agency – CEPAA[265] (Agência do Conselho de Acreditação de Prioridades Econômicas), ela tem foco nas relações trabalhistas. A SA8000 estabelece premissas para que a empresa ou a entidade evite ações antissociais ao longo da cadeia produtiva, como trabalho escravo, discriminação ou trabalho infantil.

» **ABNT-ISO 26000** – Trata-se de uma norma de grande utilidade para companhias interessadas em ética. Possui orientações relacionadas a sete princípios norteadores de responsabilidade social[266]:

- Accountability: responsabilizar-se pelas consequências de ações e decisões, respondendo por seus impactos na sociedade, na economia e no meio ambiente e prestando contas aos órgãos de governança e às demais partes interessadas, declarando erros e medidas cabíveis para contorná-los.
- Comportamento ético: agir de modo aceito pela sociedade, com base nos valores de honestidade, equidade e integridade, perante as pessoas e a natureza, de forma consistente e de acordo com as normas internacionais de comportamento.
- Direitos humanos: reconhecer a importância e a universalidade dos direitos humanos, cuidando para que as atividades da organização não os violem direta ou indiretamente, zelando pelo ambiente econômico e social.
- Respeito pelas partes interessadas (stakeholders): ouvir, considerar e responder aos interesses das pessoas ou dos grupos participantes das atividades da organização ou que por ela possam ser afetados.
- Respeito pelo Estado de Direito: o ponto de partida mínimo da responsabilidade social é cumprir integralmente com as leis do local onde se está atuando.
- Respeito pelas normas internacionais de comportamento: mesmo que não haja obrigação legal, devem-se adotar prescrições de tratados e acordos internacionais favoráveis à responsabilidade social.
- Transparência: fornecer, de forma acessível, clara, compreensível e em prazos adequados, todas as informações sobre os fatos que possam afetar a empresa.

Capítulo XVI
Empresa Cidadã

"Reputação é tudo. Tenha cuidado para não a manchar e, sobretudo, para não a perder. Este é o risco das virtudes. Poucos vivem sem um defeito moral da sua própria natureza e por ele se desesperam, mas com inteligência podem curá-lo facilmente, principalmente se buscam desenvolver o lado bom que sempre existe nas coisas. A boa reputação demora séculos para ser construída e segundos para ir ao chão. A destreza para alcançar boa reputação consiste em buscar incessantemente o defeito para convertê-lo em virtude. Aprenda com os grandes; César[267] conseguiu transformar em louros seus enormes defeitos naturais"[268].

A cidadania brasileira é o exercício dos deveres sociais, civis e políticos estabelecidos na Constituição. Para exercê-la, é preciso conhecer os direitos e colocá-los em prática, a fim de usufruir das prerrogativas constitucionais.

Uma empresa cidadã está alicerçada em três pilares sociais parecidos com o *triple bottom line*, o tripé da sustentabilidade: desenvolvimento sustentável, gestão organizacional e responsabilidade social (saiba mais sobre *triple bottom line* no capítulo XIII, que trata do balanço social empresarial).

A sociedade moderna não admite comportamento excessivamente mercantilista, ou seja, inclinado apenas para a exploração da mão de obra e o consumo exacerbado, sem considerar as práticas socioambientais.

As pesquisas citadas neste livro concluem que rompemos com os conceitos do passado. Recursos, clientes, fornecedores e comunidades fazem parte da vida de uma companhia. Definitivamente, desconsiderá-los não faz parte do padrão empresarial do terceiro milênio.

O processo de desenvolvimento sustentável deve estar amparado nos seguintes referenciais: socialmente justo, ecologicamente correto, culturalmente ético, economicamente viável e espacialmente harmônico[269]. Estes cinco pilares fazem parte da variável "sustentabilidade" das empresas cidadãs.

Segundo o professor Maurício Fernandes Pereira[270], da Universidade Federal de Santa Catarina, a gestão empresarial deve levar em conta sete atributos:

» Cultura empresarial baseada na meritocracia, ou seja, o modo de agir, operar ou executar uma atividade deve seguir os mesmos procedimentos, como se fossem códigos.

» Estrutura organizacional simples e flexível. Não atribuir mais valor ao cargo que uma pessoa ocupa na hierarquia do que à sua função.

» O desempenho e a execução da ação empresarial têm de ser impecáveis. Não há mais espaço para coisas malfeitas.

» Estratégia empresarial clara e objetiva. Manter sempre o foco. Empresa sem foco é também sem rumo e está na trilha do insucesso.

» Parcerias e uma sólida gestão da cadeia de valores são cruciais para a consolidação de relacionamentos confiáveis e de resultados conjuntos.

» Criatividade e inovação em processos, serviços e produtos. Com a tendência de gigantismo e "comoditização" das organizações, esses dois atributos passam a ser básicos para empresas que querem o diferencial.

» Líderes comprometidos com a organização e o desenvolvimento dos colaboradores.

Uma empresa cidadã deve praticar a responsabilidade social em todos os seus níveis de relacionamento: *stakeholders*, investidores, clientes, fornecedores e colaboradores. Aos clientes, preço justo, qualidade no produto e no serviço. Aos investidores, segurança no negócio, liquidez de investimentos e lucro na atividade. Para os colaboradores, tratamento honesto, rendimentos condizentes com o mercado, proteção física e perspectivas de crescimento na empresa. Para os fornecedores, equidade, comprometimento e parceria.

Em resumo, pode ser chamada de empresa cidadã uma organização que: I) considera preceitos de responsabilidade social, desenvolvimento e valorização dos empregados; II) fabrica respeitando o meio ambiente; III) pesquisa novas tecnologias para produzir bens e serviços ecologicamente corretos; IV) está comprometida com os clientes e fornecedores; e V) busca resultados financeiros como forma de perpetuação do negócio[271].

Sustentabilidade

A palavra "sustentável" tem origem no latim: "*sustentare*", que significa "sustentar", "apoiar" e "conservar". No meio empresarial, a palavra assume significado relacionado com mentalidade, atitude e estratégia ecologicamente corretas, viáveis no âmbito econômico, socialmente justas e diversificadas culturalmente, como, por exemplo, fazer bom uso da terra, do ar, da água, da flora e da fauna[272]. O uso desses recursos naturais não pode simplesmente satisfazer conveniências de uma companhia, de modo que possa prejudicar as necessidades das gerações futuras. Ao contrário, sustentabilidade implica atuar de forma responsável, a fim de colher resultados contínuos e duradouros.

Em síntese, sustentabilidade implica também na capacidade de interagir com o resto do mundo para a preservação do meio ambiente[273].

Reputação e grau de reputação empresarial

A reputação de uma empresa é fundamental. Segundo a psicóloga Rogéria Taragano[274], a reputação interfere nas cotações da bolsa, alavanca negócios e abre oportunidades. Pode ser de muitos tipos; no entanto, o que há de comum entre os diversos tipos de reputação é a sua força. No mundo moderno, a palavra está diretamente associada à imagem e à formação de juízo da sociedade em relação às pessoas ou às empresas.

"Reputação" (do latim: "*reputatione*") é a opinião ou o resultado da avaliação social do público em relação a uma entidade. No mundo dos negócios, confere às empresas um status social, para o bem ou para o mal[275]. Sua influência transcende os ambientes de negócios, as disputas de mercado e a concorrência, pois cria na sociedade, mesmo que esta não seja consumidora ou usuária dos seus serviços ou produtos, uma certeza de que a marca é séria. Observe as marcas Ferrari e Mercedes. Mesmo nunca tendo sentado no banco de um automóvel dessas marcas, a maioria considera que eles têm desempenho além das expectativas.

Estudada pelas ciências sociais e, principalmente, pela administração, a reputação é basilar na ordem e no contexto social, pois é impensada e se distribui uniformemente. É onipresente, e sua espontaneidade é altamente eficiente.

Quando pessoas ou empresas têm má reputação, elas estão sujeitas a avaliações sociais mais cruéis do que a própria realidade. A reputação antecede a pessoa, o produto ou o serviço. Por exemplo: a classe política, em todos os lugares do mundo, tem má reputação, injustamente imputada por uma ínfima quantidade de parlamentares. O transporte aéreo é unanimemente escolhido como perigoso, quando estatisticamente e comprovadamente é o mais seguro.

As companhias investem em programas de relações-públicas e comunicação com o objetivo de melhorar sua imagem ou mesmo torná-la conhecida junto ao público consumidor. Sempre que uma pessoa ou companhia sofre um revés em sua imagem, ela procura um profissional especializado para melhorá-la, uma vez que a reputação define como a empresa é percebida.

Mas como conseguir uma reputação de excelência, como 3M Company, Natura, Apple, Nestlé e Johnson & Johnson alcançaram?

Tais companhias têm algo em comum. Elas perceberam que as pessoas vão construindo imagens com peças que elas próprias fornecem. Como sabem muito bem o que querem, distribuem atributos coerentes e essenciais para formar uma reputação. Se não houver coerência, ou se os atributos forem confusos, as peças não se encaixarão, o que causará confusão na imagem que as pessoas têm delas. Por exemplo: não há coerência entre o serviço prestado e as peças publicitárias na propaganda dos bancos e das empresas aéreas. Estas firmas gastam milhões explicando que os clientes são a razão de sua existência, mas as pessoas não conseguem pensar que são especiais quando enfrentam grandes filas para que sejam atendidas ou quando uma remarcação de horário de voo custa mais caro do que a própria passagem, ou mesmo quando viagens são canceladas ou atrasadas sem explicações. Ou seja: o serviço prestado não é condizente com a publicidade veiculada. O produto é ruim e a imagem resultante também acaba sendo ruim.

Empresas que construíram boa reputação têm mais em comum:

- » Inovação é a ordem. Tecnologias e soluções inovadoras são uma obsessão.
- » São bons lugares onde se trabalhar.
- » Produtos de alta qualidade, com garantia irrestrita. Não funcionou ou não gostou, nós trocamos, não importa em que país você comprou.
- » Coerência entre a propaganda e o serviço prestado ou o produto vendido.
- » Sustentabilidade e preocupação com o meio ambiente.
- » Cultura empresarial de alto nível.
- » Compliance, ética e responsabilidade social.

Norberto Minguez[276] define a reputação como um conjunto de significados associados à organização, cujo processo de formação é extremamente difícil e complexo. A reputação será o resultado decorrente da abstração de um indivíduo em relação aos atributos que ele considera mais representativos na companhia. Esses atributos, segundo Minguez, decorrem de três fontes: os meios de comunicação de massa, as relações interpessoais e a experiência pessoal. Em resumo, a imagem corporativa é constituída por retalhos do que a empresa é, do que faz e do que diz.

Responsabilidade socioambiental

"Socioambiental" é tudo aquilo que envolve fatores ligados à sociedade e ao meio ambiente. Na área empresarial, trata-se da responsabilidade da organização para com a sociedade e com o meio ambiente, além de seus compromissos legais (*compliance*) e econômico-financeiros (rentabilidade)[277]. É o comprometimento da companhia em abraçar procedimentos normativos que estimulem seus colaboradores e gestores a assumirem um comportamento ético.

A responsabilidade socioambiental é também conceituada como um sistema de gerenciamento empresarial ou estatal para a realização de ações de inclusão social e de preservação do meio ambiente. Sinteticamente, pode ser entendida ainda como um sistema de gestão seguido por empresas públicas e privadas, tendo por finalidade providenciar a inclusão social (responsabilidade social) e o cuidado ou a conservação ambiental.

No contrato de trabalho, as corporações mais evoluídas institucionalmente exigem a assinatura do colaborador, comprometendo-se a aplicar as normas empresariais voltadas para a ética e para o socioambiental. Mas quem poderia não assinar? Qual candidato ao emprego seria tolo o suficiente para negar propósitos socioambientais? Não é raro, em viagens ao exterior, as pessoas ironizarem perguntas da alfândega de alguns países, especialmente a americana, tais como: "Já esteve preso?", "Está portando armas?", "Carrega drogas?". Quem poderia responder "sim"? A questão principal não reside na pergunta em si, mas na mentira. Ou seja: se, por hipótese, você responder contrariamente à verdade, mas for pego na mentira, certamente será penalizado. Não se trata apenas do ato ilícito praticado, mas também da mentira dita.

Muitas companhias adotam códigos de conduta para fornecedores, estabelecendo normas para estimular boas práticas em relação às legislações social e ambiental. Como exemplo, o Walmart possui uma política de ética na cadeia de suprimentos, intitulada "*Working together for a safe, responsible supply chain*" ("Trabalhando juntos por uma cadeia de suprimentos segura e responsável"). O documento da política é um conjunto de normas que refletem as expectativas do Walmart em relação aos seus parceiros em atividades relacionadas à produção das mercadorias vendidas pela rede e ao impacto dessas práticas e processos sobre o meio ambiente (saiba mais sobre o *Ethical Sourcing*, do Walmart[278], no capítulo XII, que trata do código de ética empresarial).

Por razões de mercado (pressionadas pela concorrência ou como estratégia de marketing), as empresas perceberam que as adoções de uma postura socioambiental fazem-nas vender mais. Uma parcela significativa de clientes já considera essencial a compra de produtos de empresas com imagem socioambiental positiva.

Responsabilidade social e marketing

A discussão sobre ética no ambiente empresarial tem pelo menos 35 anos e já demonstrou ser relevante nas universidades e principais empresas comerciais mundiais[279].

Quanto à ética no marketing, existem diversas publicações, normas, códigos e recomendações de boas práticas acerca do tema. A *American Marketing Association* – AMA[280] (Associação Americana de Marketing) divulga vários documentos desenvolvidos por seus parceiros (todos especialistas na indústria) para instruir e orientar as boas práticas "nas áreas de marketing interativo, publicidade, gestão da marca, estratégia de marketing e relações com o cliente. Eles fornecem uma visão geral de conceitos essenciais e dicas para aplicar este conhecimento e alcançar o sucesso de marketing"[281].

Além disso, a AMA disponibiliza pesquisas, estudos e artigos relacionados aos valores e à ética profissional para a prática do marketing de responsabilidade. Tais valores representam a concepção daquilo que as comunidades consideram desejável, importante e moralmente correto. Assim, a entidade espera que empresários e profissionais adotem conceitos e valores éticos para com clientes, colaboradores, investidores, reguladores e comunidade[282].

Em sua "Declaração de Ética – Normas Éticas" (*Statement of Ethics – Ethical Norms*), a AMA oferece os seguintes conselhos[283] aos marqueteiros:

» Não faça mal. Evite ações ou omissões prejudiciais. Aja com altos padrões éticos e aceda a todas as leis e aos regulamentos aplicáveis às suas escolhas.

» Estimule confiança no sistema de marketing. Significa esforçar-se para a boa-fé, de modo a contribuir para a eficácia do processo de troca de produtos defeituosos. Evite enganos no design do produto, no preço, na comunicação e na entrega de distribuição.

» Abrace valores éticos. Construa relações e reforce a confiança dos consumidores no marketing, afirmando valores como honestidade, responsabilidade, justiça, respeito, transparência e cidadania.

» Quanto aos valores, veja a seguir o que a American Marketing Association afirma na "Declaração de Ética – Valores Éticos" (Statement of Ethics – Ethical Values)[284]:

» Honestidade – ser sincero nas relações com clientes e stakeholders:

- Esforçar-se para ser verdadeiro em todas as situações e em todos os momentos.
- Oferecer produtos de valor que fazem o que foi anunciado nas comunicações.
- Estar por trás dos produtos, se eles não conseguirem entregar os seus benefícios reivindicados.
- Honrar com compromissos e promessas explícitas e implícitas.

» Responsabilidade – aceitar as consequências das decisões e estratégias de marketing:

- Esforçar-se para atender às necessidades dos clientes.
- Evitar o uso de coerção com as partes interessadas.
- Reconhecer as obrigações sociais para com as partes interessadas quando a comercialização e o poder econômico crescerem.
- Cumprir com compromissos especiais para segmentos vulneráveis do mercado, como crianças, idosos, carentes, analfabetos e outros que possam ser prejudicados.
- Considerar a gestão ambiental na tomada de decisão.

» Equidade – equilibrar com justiça as necessidades do comprador com os interesses do vendedor:

- Representar os produtos de forma clara na publicidade e nos meios de comunicação, o que inclui prevenção de promoção falsa e enganosa.
- Rejeitar manipulações e vendas táticas que prejudicam a confiança do cliente.
- Recusar-se a participar de fixação de preços, preços predatórios e da manipulação de preços ou táticas "bait and switch"[285].
- Evitar a participação em conflitos de interesse.
- Procurar proteger informações privadas de clientes, colaboradores e parceiros.

» Respeito – reconhecer a dignidade humana básica de todas as partes interessadas:

- Valorar diferenças individuais e evitar estereótipos dos clientes ou de grupos demográficos de uma forma negativa ou desumanizante (sexo, raça, orientação sexual).
- Ouvir as necessidades dos clientes e fazer todos os esforços para acompanhar e melhorar a sua satisfação de forma contínua.
- Fazer todos os esforços para entender e tratar respeitosamente compradores, fornecedores, intermediários e distribuidores.
- Reconhecer as contribuições dos outros, tais como consultores, funcionários e colegas de trabalho.
- Tratar todos, inclusive os concorrentes, como gostaria de ser tratado.

» Transparência – criar espírito de abertura em operações de marketing:

- Esforçar-se para comunicar-se claramente com todos os círculos.
- Aceitar crítica construtiva de clientes e outros stakeholders.
- Explicar um produto ou serviço, realizar a substituição de componentes ou tomar medidas adequadas em relação a eventualidades previsíveis que possam afetar os clientes ou a sua percepção da decisão de compra.
- Divulgar os preços de tabela e os termos de financiamento e de reajustes.

» Cidadania — cumprir com as responsabilidades econômicas, legais, filantrópicas e sociais que servem as partes interessadas:

- Esforçar-se para proteger o ambiente ecológico na execução de campanhas de marketing.
- Ajudar a comunidade pelo voluntariado e por doações de caridade.
- Contribuir para a melhoria global do mercado e da sua reputação.
- Encorajar os membros da cadeia de abastecimento para garantir que o comércio seja justo para todos os participantes, incluindo os produtores dos países em desenvolvimento.

No Brasil, encontramos excelentes iniciativas de reforço dos valores éticos no marketing em áreas como as de promoção e vendas. Códigos de conduta, relatórios, pesquisas e artigos sobre ética no marketing são leituras obrigatórias para qualquer profissional atuante em gestão. Dentre os códigos de conduta na área, destacam-se os das seguintes entidades:

- Associação Brasileira de Marketing[286].
- Associação de Marketing Promocional[287].
- Associação Brasileira de Marketing Direto[288].
- Associação Brasileira dos Profissionais de Marketing[289].
- Associação Brasileira de Marketing Rural e Agronegócio[290].

Líderes empresariais

Maior representante dos poetas metafísicos[291] da sua época, o inglês John Donne (1572 – 1631) deixou a seguinte frase: "Nenhum homem é uma ilha isolada. Cada homem é uma partícula do continente, uma parte da terra. Se um torrão é arrastado para o mar, a Europa fica diminuída, como se fosse um promontório, como se fosse a casa dos teus amigos ou a tua própria. A morte de qualquer homem me diminui, porque sou parte do gênero humano. E, por isso, não perguntes por quem os sinos dobram; eles dobram por ti". O sentido da frase de Donne indica que nenhum homem faz nada sozinho. Nós fazemos parte de um todo, e o sucesso, em qualquer empreitada, depende de uma equipe.

Algumas pessoas precisam desenvolver liderança, mas outras já nasceram com este dom. Liderar consiste em delegar, conduzir e permitir que seus colaboradores assumam riscos. O escritor americano John Calvin Maxwell escreveu muitos livros que falam sobre liderança, entre eles o ***best-seller***: "*The 360 Degree Leader: Developing Your Influence from Anywhere in the Organization*"[292] ("O Líder 360 Graus: Desenvolvendo sua Influência de Qualquer Lugar na Organização"). Maxwell faz uma lista de dez características que identificam os líderes potenciais. A lista pode parecer um tanto utópica, pois sabemos que não é possível ser excepcional em todos os atributos. Todavia, reunindo algumas dessas qualidades, é provável que alguém se torne um excelente líder:

- Fazer as coisas acontecerem: velocidade na entrega das tarefas.
- Perceber oportunidades em quaisquer situações.
- Influenciar as opiniões e as ações das pessoas.
- Acrescentar valor aos atos alheios.

- » Atrair os vencedores para a sua equipe.
- » Equipar potenciais líderes para que liderem.
- » Oferecer ideias que ajudem a organização.
- » Possuir uma atitude extraordinariamente incrível.
- » Cumprir os seus compromissos.
- » Mostrar lealdade para com a organização.

A liderança empresarial vai além de uma lista. Para liderar uma empresa, é necessário possuir um conjunto de atributos. Vejamos alguns a seguir.

Líder inteligente

O primeiro deles é ter inteligência. Ao ser questionado, certa vez, por um dos meus alunos, sobre como ganhar um milhão de dólares por ano, contei a história de um engenheiro com o qual tive a sorte de trabalhar. Além de ser engenheiro, ele era egresso do Instituto Tecnológico de Aeronáutica (ITA), o que o distinguia em um grupo menor ainda. Na faculdade, seu apelido era "gabarito". O engenheiro era extremamente sério no que fazia, mas agradável e bem-humorado, além de justo e com alta capacidade de se relacionar. Era um workaholic. Bom, precisa explicar mais por que ele virou o presidente da companhia e, claro, ganhou um milhão de dólares por ano?

Liderança requer presença constante

Como segundo ponto, é preciso estar presente no negócio: andar pela fábrica e pelo escritório, falar com as pessoas, saber o que se passa. Se o líder ficar fechado na sala de trabalho, as suas chances de sucesso serão muito menores. Lembro que, quando viajava a São Paulo todas as segundas-feiras, ao desembarcar no aeroporto de Congonhas, às 7 h, o já falecido comandante Rolim Amaro, fundador da TAM Linhas Aéreas, estava ao pé da escada cumprimentando seus clientes. Ter presença é isso, ser o primeiro a chegar e o último a ir embora. Não existe prazer sem dor[293]. Ser um líder presente exige sacrifícios.

Conhecer o Trabalho e Aprofundar-se nos Temas da Companhia

O homem é, por natureza, um animal superficial. Se a oportunidade surgir, ele deixa para um outro fazer. Por que deve gastar seu tempo se um terceiro pode executar?

É aí que entra o líder. Ele mergulha em todos os aspectos do negócio, conhece o produto vendido ou o serviço prestado. Mas atenção: não se trata de tomar o lugar dos técnicos, muito menos mostrar que sabe tudo ou que tem mais domínio que os especialistas. O líder conhece o método de produção, os insumos, bem como as particularidades do mercado, tanto do ponto de vista dos clientes quanto dos fornecedores. Lembre-se: informação é poder, mas conhecimento é domínio.

Mas é na área econômico-financeira que o líder realmente desponta. Relatórios contábeis e de desempenho precisam ser dominados minuciosamente por aqueles que postulam melhorar a posição hierárquica na firma. Além disso, não importa a área da companhia, um gerente deve conhecer profundamente seus processos de controladoria.

Não me entendam mal, mas um líder não deve confiar em ninguém. Seus melhores amigos são o auditor e o advogado. Dê crédito aos seus instintos, mas nunca deixe de se aconselhar com os especialistas. Escute a todos e preste muita atenção ao que os subordinados dizem. Todavia, sempre tome as decisões que julgar serem as melhores. Seja autônomo; afinal, o seu "*feeling*" é o que o levará a ser um líder.

Ser Ético e Ter Responsabilidade Social

Grandes líderes não compactuam com irregularidades, não transgridem a lei e não correm riscos desnecessariamente. Sempre desconfiam de fórmulas mágicas para economizar impostos, mesmo quando aconselhados por consultores de reputação. Ética, *compliance* e responsabilidade social são a tônica da sua gestão.

O líder não pensa que o comedimento está associado à lentidão. Não infere que "essa qualidade o afastará da criatividade e do arroubo empreendedor, que marcam a personalidade dos vencedores. Os coreanos e chineses são, por natureza, prudentes e comedidos"[294]. Precisa dizer mais?

Colocar Todas as Fichas no Negócio. Se Não Acreditar, Não Vai Dar Certo

Acredite no negócio e aposte todas as fichas no sucesso. Entre as histórias contadas a respeito de Carlos de Brito[295], uma diz que, quando ele assumiu a direção da Ambev, reuniu seus diretores e falou-lhes que a companhia não pagaria mais notas de almoços com consumo de vinho. Por que, afinal, "somos cervejeiros", declarou. Como pode um diretor de uma revendedora Ford dirigir uma BMW? Conheci um diretor executivo da TIM que, no início dos anos 2000, informava apenas o telefone celular em seu cartão de visitas. Se você ligasse, ele mesmo atenderia, pois não havia número fixo direcionado para secretária. Afinal, a TIM era uma empresa exclusivamente móvel. Exemplos assim demonstram a importância de se viver o negócio, de acreditar nele e de vestir a camisa da companhia, inclusive aos domingos, quando for passear com os filhos no parque.

Sem Resultados Não Existe Líder

Mas tudo estará perdido se o líder não produzir resultados. De nada adiantará o líder se os acionistas não estiverem satisfeitos. Sem bons resultados, ninguém terá oportunidade de permanecer líder.

How to Catch the Bad Guy? ("Como Pegar o Vilão?")

É no relacionamento diário com os funcionários da empresa que as atitudes mais importantes do líder se manifestam. Ele trata seus colaboradores com justiça e equidade e os estimula a alcançar resultados. O bom líder deve estimular que o colaborador se levante pela manhã e se sinta feliz em ir para o trabalho.

Baseada em pesquisas, a literatura contemporânea está repleta de obras que exaltam a necessidade de que o gerente interaja com os seus subordinados de forma eficiente, cobrando resultados e estabelecendo limites de forma justa e educada. Na empresa de hoje não cabem mais gestores autocráticos, despóticos, arrogantes e mal-educados no trato.

Sendo assim, as empresas têm grande preocupação com o relacionamento interpessoal de seus colaboradores e investem muitos recursos em capacitação e desenvolvimento gerencial. É uma maneira de "humanizar" seus executivos e conseguir que seus gerenciados sejam comprometidos com o trabalho.

Entretanto, nem sempre os esforços aplicados em ensino e treinamento empresarial se mostram ineficientes. As capacitações com o viés "trabalho prazeroso gera melhores resultados" ainda não mostraram efeitos satisfatórios. E os gastos continuam.

O comportamento do gerente do século XXI já deveria ter mudado. Mas gestores autocráticos continuam se multiplicando dentro das organizações. As empresas permanecem enfrentando dificuldades para melhorar a produtividade e, com o intuito de encontrar um líder que as leve ao sucesso, substituem com frequência os executivos do quadro gerencial.

Mas como o homem é educado pelo bolso, ou seja, só muda de comportamento se algo pesar em sua conta bancária, sugiro, em dois passos, uma nova forma de tratar gerentes despóticos.

Primeiro, em vez de fazer pesados investimentos na capacitação do corpo gerencial — como tentativa de alterar o comportamento dos gestores, para que abandonem suas práticas medievais de gerência e passem a liderar grupos em prol de resultados melhores —, dispenda recursos para encontrar os feitores dentro da sua empresa e despedi-los. Ao longo do tempo, as pessoas perceberiam a necessidade de controlar seus instintos; caso contrário, saberiam que a guilhotina seria o seu destino.

Em segundo lugar, adote técnicas de contratação capazes de encontrar resultados indicativos de liderança, investigando não apenas a capacidade técnica do candidato, mas também seus atributos como pessoa. Substituir o gerente autocrático e arrogante ou evitar a sua contratação é indispensável para aqueles que pretendem vencer com ética. Já que esse comportamento é tão danoso e prejudicial, em vez de "fazer sermão para os catequizados", ou seja, treinar os inadequados, resta eliminar os maus gerentes e, assim, evitar que eles contaminem a organização com suas posturas desajustadas.

VI

Os Dez Mandamentos Da Ética

» Nesta parte, faço um resumo dos dezesseis capítulos deste livro, sintetizando em dez passos as ações e os programas necessários para se tornar uma empresa cidadã em toda a sua extensão, levando em consideração questões comuns na área socioeconômica e comportamental das companhias, entre outras coisas, tais como: propaganda enganosa, assédio moral, coação de pessoas e apadrinhamento de parentes. E, finalmente, encerro com os dez mandamentos da ética governamental.

Capítulo XVII
Os Dez Mandamentos da Ética Empresarial e Governamental

"Em apenas uma palavra: santo. É como aconselhar-se todas as vezes. É a maior de todas as perfeições, centro e motivo da felicidade. Se você é santo, será prudente, atento, sagaz, concordante, sábio, valoroso, íntegro, feliz, plausível, verdadeiro e um herói universal. Três "s" lhe fazem feliz: santidade, saúde e sabedoria. A virtude é o sol do mundo terreno e a sua lua é a boa consciência. É tão linda que leva a graça de Deus e da gente. Não há coisa mais amável do que a virtude nem mais aborrecida do que o vício. A capacidade e a grandeza devem ser medidas por meio da virtude, nunca pela fortuna. A virtude se basta e sobra. Ao homem vivo, a virtude o faz amável, e ao morto, memorável"[296].

De bons propósitos o inferno está cheio, diz o dito popular. Todavia, um código de conduta pode ser uma maneira de "evitar as trevas". Um código de ética com regras e objetivos claros e sistemas de controle eficazes são indispensáveis para as pequenas empresas que desejam tornar-se grandes um dia. Para ser grande, é preciso agir com ética, seguir regras, atuar na legalidade. O mesmo vale para as gigantes, pois isso auxilia a comunicação entre os vários níveis gerenciais, além de padronizar ações e comportamentos, criando uma cultura de alto valor institucional.

Fazendo alusão à Bíblia Sagrada, podemos dizer que os dez mandamentos da ética empresarial são um conjunto de conselhos divinos, gravados em fogo sobre a pedra e deixados no Monte Sinai do mercado empresarial. Mas eles apenas serão válidos se as empresas tiverem fé para praticá-los. Ou seja, se a empresa não tiver fé, nada feito. A fé no mundo empresarial é representada pela esperança de rentabilidade e retorno financeiro. Mas, claro, objetivando a atuação mercadológica dentro da ordem e do respeito aos empregados e às autoridades. O universo do lucro não é frequentado apenas por executivos agressivos e despóticos que nada respeitam. É possível que uma sociedade ética e preocupada com o socioambiental conviva, sim, com resultados financeiros expressivos.

Os dez mandamentos da ética empresarial

- I – Não divulgarás propaganda enganosa ou amoral.
- II – Não assediarás sexualmente.
- III – Não coagirás pessoas.
- IV – Não apadrinharás o mau desempenho, os amigos ou os parentes.
- V – Tratarás os colaboradores com respeito.
- VI – Demitirás os gerentes arrogantes e soberbos.
- VII – Honrarás os clientes.
- VIII – Não subornarás agentes públicos ou compradores dos seus produtos ou serviços.
- IX – Não poluirás ou cometerás sacrilégios contra o meio ambiente.
- X – Lucrarás como consequência da sua capacidade.

I - Não Divulgarás Propaganda Enganosa ou Amoral

A propaganda é uma promessa e, como tal, precisa ser cumprida. Mas ela precisa ir além disso, pois a mensagem divulgada tem um forte apelo e deve atender aos aspectos éticos e morais.

A publicidade deve refletir, com a maior exatidão possível, as qualidades do produto ou serviço ofertado, suas características, seus preços e suas particularidades. Se não forem verossímeis ou minimamente críveis, a empresa cairá em descrédito. Que o digam alguns prestadores de serviço de internet de banda larga que prometem "cem" e entregam "dois". Ou aqueles que propagandeiam com grandes letras "apenas R$ 20,00 por mês", mas avisam em fonte minúscula "nos primeiros três meses". Exemplos não faltam no mercado. Os prestadores de serviço em geral são os mais "audaciosos", pois não respeitam o consumidor e insistem em dizer o contrário. Na publicidade, para se obter a chave do sucesso, também é necessário copiar as melhores práticas e seguir o seguinte conselho: assemelhe-se aos bons e evite os fracassados.

Publicitários são profissionais maravilhosos. Nasceram com o dom da criatividade. São ousados e vibram com o mundo numa rotação diferente daquela das demais pessoas. Mas é preciso lembrar-lhes quais são os seus limites. Não coibi-los, mas recordar-lhes que a sociedade ainda vive com a moral do século XIX. Assim, mostrar uma mulher seminua em uma peça publicitária pode soar desrespeitoso para as famílias e, consequentemente, atrapalhar a venda do produto. Um telespectador "ingênuo" pode se sentir ofendido ao assistir a uma propaganda com um personagem de comportamento "tonto" e outras figuras "espertas".

É errado usar de ironia que possa ferir pessoas de diferentes raças, crenças e religiões. Por exemplo: evitar fazer brincadeiras alusivas ao Islamismo não é atentar contra a liberdade de expressão, mas sim um ato de bom senso e respeito. Os islâmicos que estão no Oriente vivem em uma realidade diferente da vivida nos países do Ocidente e insistir em retratá-los de outra forma é antiético. Com a nossa visão ocidental, tal procedimento pode colocar as vidas de inocentes em risco, sob a égide de uma premissa tola. O exemplo serve para que possamos aprender a seguinte lição: não faça na África aquilo que é proibido na Europa. Se algo não serve para o Canadá, também não pode servir para o Paraguai, pois, embora talvez a lei não o proíba, ao menos a ética deve impedir.

II – Não Assediarás Sexualmente

O assédio sexual é um dos crimes mais antigos do mundo. Felizmente, há cerca de 30 anos, ele vem se caracterizando cada vez mais como um ato abominável e sofrendo enormes restrições no âmbito empresarial das culturas ocidentais. Todavia, não obstante tal avanço, as vítimas deste crime ainda sofrem grande desvantagem pela dificuldade de defesa, principalmente devido à sua condição socioeconômica, determinante nestes acontecimentos. Os casos de assédio sexual são múltiplos e variados e acontecem em diferentes ambientes, inclusive no meio acadêmico. Nas empresas, estão ligados à manutenção do emprego ou à promoção de cargo.

A Lei nº 10.224/2001, que alterou o artigo 216 do Código Penal (Decreto-Lei nº 2.848/1940), tipificou o crime de assédio sexual, estipulando como delito grave o constrangimento de alguém para a obtenção de vantagem ou favorecimento sexual, prevalecendo-se da condição de superior hierárquico ou ascendência inerente ao exercício de emprego, cargo ou função. A Organização Internacional do Trabalho (OIT)[297] conceitua o assédio sexual como "atos, insinuações, contatos físicos forçados e convites impertinentes que tenham relação com alguma das situações a seguir"[298]:

» Ser uma condição clara para manutenção do emprego.

» Influir nas promoções da carreira.

» Prejudicar o rendimento profissional.

» Humilhar, insultar ou intimidar a vítima.

» Ameaçar e coagir.

» Oferta de ascensão ou de favorecimento.

Uma cartilha sobre assédio sexual do Ministério do Trabalho e Emprego[299] orienta as vítimas a não compactuar com o crime e tomar providências imediatas. A primeira e a mais importante delas é o rompimento do silêncio. Assim, o assediado sairá de uma posição submissa para uma atitude ativa:

» Dizer claramente "não" ao assediador.

» Contar para os colegas o que está acontecendo.

» Reunir provas, como bilhetes, e-mails e presentes.

» Arrolar colegas que possam ser testemunhas.

» Relatar o acontecido ao setor de recursos humanos.

» Relatar o acontecido ao sindicato.

» Registrar a ocorrência na Delegacia da Mulher e, na falta desta, em uma delegacia comum.

» Registrar o fato na Superintendência Regional do Trabalho e Emprego.

Mesmo com toda a reprovação social que este tipo de crime acarreta, delatar o delito de assédio não é algo que possa ser considerado trivial, uma vez que, geralmente, a vítima passa rapidamente para a condição de réu; quando não, o assediado é despedido, acompanhado do criminoso.

No atual contexto social, o assédio sexual pode custar caro. Em última análise, a empresa sempre será a responsável pelo ato desastroso. Sendo assim, o que as empresas podem fazer para evitar e coibir este tipo de ação degradante?

» Primeiramente, o código de ética da firma deve abordar a condição criminosa de forma clara e explícita. A empresa deve vincular ainda o código ao contrato de trabalho. Assim, ao assiná-lo, o colaborador assume que conhece as regras da empresa e compromete-se a não violá-las.

» Em segundo lugar, é salutar que as empresas orientem seus colaboradores. Alguns comportamentos não são mais admissíveis no mundo corporativo do terceiro milênio e devem ser evitados no ambiente de trabalho, como proferir palavras de baixo calão, contar piadas e tecer comentários de cunho sexual, se aproximar do outro com o objetivo de conseguir um contato físico, etc.

» Em terceiro lugar, é recomendável que a área de gestão de pessoas (whistle blower) disponibilize um canal de comunicação para o recebimento de denúncias. As queixas e a identidade do denunciante devem ser mantidas sob absoluto sigilo.

» Por último, é necessário capacitar os colaboradores na percepção de sinais de comportamentos não convencionais e monitorar suspeitos. O empregado que praticar conduta imoral deve ser demitido imediatamente.

III – Não Coagirás Pessoas

Coagir é a ação de forçar, obrigar ou compelir um indivíduo a realizar ou não determinada ação. No Direito brasileiro, o constrangimento é descrito no art. 146 do Código Penal (Decreto-Lei nº 2.848/1940), no capítulo que trata de crimes contra a liberdade individual:

"Art. 146 - Constranger alguém, mediante violência ou grave ameaça, ou depois de lhe haver reduzido, por qualquer outro meio, a capacidade de resistência, a não fazer o que a lei permite, ou a fazer o que ela não manda".

O legislador teve o intuito de resguardar a autodeterminação ou o direito à liberdade das pessoas de fazer ou não alguma coisa, ao menos que o faça para se cumprir a lei, sendo sujeito passivo o indivíduo que se ver forçado a se abster ou fazer alguma ação ou que tenha sua liberdade individual cerceada.

Assim como o assédio sexual, a coação também deve ser abordada nos códigos de conduta. Esta prática ilícita é inadmissível em uma empresa cidadã, pois, além de colocar em risco o próprio negócio, é um crime contra o ser humano.

IV – Não Apadrinharás o Mau Desempenho, os Amigos ou os Parentes

"Nepotismo" (do latim: "*nepos*", *neto* ou *descendente*)[300] é a palavra usada para definir o favorecimento de parentes. Embora pouca gente o considere, o apadrinhamento de amigos em detrimento à qualificação de um cargo ou uma função[301] também é enquadrado no conceito. O termo surgiu nos estados papais, pois era comum os papas nomearem "sobrinhos" (*nepote*) para assumirem cargos importantes. Um dos maiores nepotistas que a história conheceu foi Napoleão Bonaparte, que "protegia" e concedia privilégios para toda a sua família. O imperador francês fez de seus três irmãos reis de países ocupados por seu exército.

No setor privado, principalmente em empresas de pequeno e médio porte, é comum que cargos e funções sejam ocupados por parentes ou amigos dos proprietários.

Apesar de bastante praticado, em linhas gerais, o nepotismo está frequentemente relacionado à ineficiência administrativa e à quebra de poder na cadeia hierárquica.

O nepotismo nas organizações privadas é absolutamente condenável pelos efeitos que pode causar nos negócios. Dez entre dez consultores recomendam evitar a prática. A primeira recomendação destes profissionais quando são chamados para resolver problemas de gestão é o imediato afastamento da "família" da direção da empresa e a entrega da gestão a profissionais de mercado capacitados.

V - Tratarás os Colaboradores com Respeito

Motivar colaboradores é um desafio permanente para firmas e gestores. Mas por qual razão muitos são descomprometidos e irresponsáveis, se as condições de trabalho estão cada vez melhores?[302] Tratar os empregados com respeito é fundamental para a obtenção de comportamentos positivos na empresa. O respeito é um dos valores mais importantes do ser humano e representa uma das formas mais básicas e essenciais para uma convivência saudável[303]. Todavia, a palavra "respeito" contém um sentido amplo e abrangente no mundo empresarial. Assim, agir com atenção e consideração para com os colaboradores significa:

- » Remunerar de acordo com a função, o potencial e o mercado.
- » Não discriminar ou ofender pela forma de viver ou por escolhas pessoais: cor, credo e orientação sexual.
- » Reconhecer pelo trabalho inerente à função. Numa orquestra, todos os instrumentos são importantes, do triângulo ao piano. Na empresa, vale o mesmo, do engenheiro ao copeiro.
- » Proporcionar um bom clima de trabalho e camaradagem.
- » Mostrar que os gestores querem o sucesso dos colaboradores.
- » Valorizar a equipe e o ideal comum.
- » Reconhecer a eficiência e promover a meritocracia.
- » Escutar, promover desafios e oportunidades.

Uma empresa não é, por essência, um ambiente democrático: ordens, disciplina, busca por resultados e hierarquia são a tônica do mundo corporativo. No entanto, respeito, justiça e equidade jamais devem ser negligenciados, pois, acima de tudo, somos humanos[304].

VI - Demitirás os Gerentes Arrogantes e Soberbos

O gerente ou executivo arrogante, soberbo e presunçoso acredita ser o mais inteligente e valoroso[305] de todos os funcionários. Esse tipo de gestor não enxerga seus próprios defeitos e desvaloriza as virtudes dos demais. O bom gerente deve delegar com firmeza e cobrar resultados de sua equipe, mas nada justifica um comportamento desrespeitoso ou grosseiro. O estresse ocasionado por uma postura gerencial severa pode ocasionar sérias consequências, como doenças e incapacidade laboral, além da possibilidade de causar consideráveis prejuízos à companhia.

A postura rompante desmotiva a equipe e cria um clima organizacional desfavorável e improdutivo. Os colaboradores que sofrem assédio moral fazem suas tarefas reprimidos, com medo de retaliação. Gerenciar com sucesso é conduzir uma equipe com virtude, espírito de liderança e respeito às diversas competências. Cabe ao líder reconhecer valores, respeitar o potencial de cada um e buscar resultados positivos para a sua gestão. "Faça o inusitado, pratique o justo, seja firme, nunca arrogante. Serás amado e temido por todos os tempos" ensinou Maquiavel[306].

E como conviver com uma pessoa prepotente no trabalho? É necessário entender que a arrogância é uma forma de ocultar a própria insegurança. A pessoa arrogante não reconhece que ninguém é melhor que o outro.

O melhor a fazer é tomar duas atitudes: a primeira, afastar-se, evitar o confronto, pois o embate reforça o comportamento do arrogante. Decisões precipitadas, como a de pedir demissão ou transferência, não são a melhor solução. A segunda é levar a situação ao conhecimento da área de gestão de pessoas. É claro que a primeira reclamação pode não provocar ações contra o problema em um primeiro momento, mas quando outros agredidos se queixarem, a empresa passará a observar as dificuldades que geralmente surgem com práticas de assédio moral (por exemplo, o desestímulo da equipe).

Mas que medida uma empresa eticamente orientada pode tomar para evitar gerentes carrascos? Basicamente, três ações empresariais podem ser desenvolvidas para banir este mau comportamento. A primeira ação é a orientação e a capacitação. Conversando, sempre é possível se entender.

Como segundo passo, deixar claro no contrato de trabalho e no código de conduta da companhia que tal tipo de comportamento não será aceito pela empresa. Em seguida, registrar todos os casos ocorridos em um dossiê. Lembre-se que juízes se orientam e julgam por fatos.

Por último, mesmo depois de empregados todos os esforços, a empresa deve demitir o gestor que insistir em praticar assédio moral. Empresas socialmente responsáveis precisam buscar resultados com gestores éticos e justos, pois isso faz parte do desafio.

VII - Honrarás os Clientes

Quando a água bate na cintura, é preciso aprender a nadar. O momento mercadológico é de extrema competição, o que obriga a empresa a ter uma postura de total dedicação à satisfação do cliente e um diferencial em relação aos concorrentes.

Na empresa, "a interação do funcionário com o cliente vai além de troca da mercadoria por dinheiro: pressupõe como fundamento uma relação ética, sem a qual o consumidor não se sentirá propenso a tornar-se cliente. Por isso, uma empresa deve, em relação ao consumidor em geral, inspirar a realização de certas exigências, que se manifestam nos seguintes aspectos: competência no atendimento, postura verdadeira, justa e responsável"[307].

Com a ampliação dos canais de comunicação, principalmente devido ao crescimento do acesso à internet, os clientes têm mais oportunidades de divulgar suas reclamações contra empresas que não prestam um bom serviço. Se não for bem atendido, o consumidor registrará nas redes sociais a sua insatisfação. É claro que as companhias tentam monitorar tais situações e até podem ocultar as queixas, mas isso nem sempre é possível.

Para escolher um hotel antes de uma viagem de férias, por exemplo, é comum a pessoa consultar o site da empresa e ler a opinião daqueles que lá estiveram. Se o cliente realizar a consulta em sites especializados em reservas ou compras, a empresa administradora do hotel não poderá apagar a mensagem que ele deixou.

Percebendo isso, as companhias orientam seus atendentes e vendedores a provocar o cliente: "se gostar do atendimento, por favor, deixe uma mensagem no site". Mas como palavras são levadas pelo vento, o que permanece é a verdadeira satisfação do comprador. Provavelmente, ele só vai deixar a sua opinião se a compra se enquadrar em dois extremos: se atendeu ou não às suas expectativas.

A lição é tentar, ao máximo possível, satisfazer os clientes, pois enganá-los, vendendo-lhes algo que não corresponde à realidade, pode custar caro à reputação da empresa. O melhor para a firma é trabalhar com a perspectiva de resultados em longo prazo. Evidentemente, produtos e serviços bons evitarão que o cliente pense que está levando "gato por lebre".

Boas práticas contribuem para a construção da identidade ética das firmas. Os clientes estão menos crédulos com a publicidade e mais cientes dos seus direitos. Os consumidores estão se capacitando rapidamente para perceber que uma fotografia estampada em um folder ou em uma revista foi retocada no *Photoshop* ou que o jardim de uma casa anunciada na internet pode parecer menor. Na propaganda, o mar é sempre verde, mas ao vivo, nem tanto.

Uma empresa que vende produtos ou serviços cujos preços são considerados abusivos normalmente é vista como desonesta, porque explora os consumidores. Veja, por exemplo, as companhias aéreas. Se comprado com um mês de antecedência, um bilhete de São Paulo para Brasília pode custar R$ 200,00. Contudo, se a compra for feita três dias antes da viagem, o preço pode subir para R$ 2.000,00. É aceitável que o valor aumente quando a viagem está próxima, mas ninguém consegue perceber razoabilidade num aumento de 1.000%.

Por isso, o padrão ético das empresas deve ser constantemente colocado em xeque, para obrigá-las a uma postura consistente.

VIII – Não Subornarás Agentes Públicos ou Compradores dos seus Produtos ou Serviços

Suborno é o ato de induzir a pessoa à prática de improbidade, oferecendo-lhe dinheiro ou outros benefícios em proveito próprio, induzindo o subornado a deixar de se comportar eticamente em relação aos seus deveres profissionais. Muitas vezes, o termo "suborno" é usado como sinônimo de corrupção. Todavia, a corrupção é mais ampla. Suborno é apenas uma de suas formas de manifestação.

Normalmente, as pessoas associam o suborno à atividade pública, pela qual os servidores recebem ofertas em dinheiro para facilitar trâmites burocráticos, oferecer pareceres que beneficiem as reguladas, por exemplo. Mas é no âmbito privado que o suborno acontece com mais frequência.

Segundo a Transparência Internacional[308], mais do que nunca, os riscos de corrupção são uma grande preocupação para as empresas, quando elas são confrontadas com exigências de subornos praticadas por concorrentes ou ainda quando são prejudicadas por funcionários que violam seus códigos de conduta. Mas a Transparência Internacional alerta que o ambiente empresarial mudou radicalmente nos últimos anos. A prática do suborno passou a ser execrada socialmente. Como consequência, os governos publicaram inúmeras leis que aumentam o rigor e a punição por este e por outros atos de corrupção.

As companhias devem desenvolver e implementar programas antissuborno como forma de expressar amplos valores éticos e responsabilidade corporativa. A exposição ao perigo varia entre diferentes indústrias e empresas. Por isso, nenhuma firma pode ter a certeza de que está livre do risco. Uma companhia multinacional americana, por exemplo, com ações negociadas na *Nyse*[309], pode ser responsabilizada e penalizada nos Estados Unidos, caso uma de suas filiais no Brasil seja denunciada por prática de suborno.

Um programa eficaz pode ajudar a mitigar riscos de suborno e fortalecer a reputação da companhia, construindo respeito diante de empregados, clientes e fornecedores e aumentando a credibilidade com os ***stakeholders***, que, invariavelmente, apoiam o compromisso de uma organização com comportamento honesto e responsável.

A Transparência Internacional recomenda fortemente a adoção de medidas e princípios baseados no compromisso, na integridade, na transparência e na prestação de contas. As companhias devem ter como objetivo uma cultura interna inclusiva de responsabilidade individual e:

» proibir o suborno sob qualquer forma, direta ou indireta, em seu código de conduta;

» avaliar com profundidade a exposição de riscos, identificar pontos de controle e comprometer-se a implementar um programa de combate ao suborno;

» construir um programa antissuborno empreendendo múltiplos esforços: código de conduta, políticas, procedimentos, gestão de riscos, comunicação interna e externa, formação e orientação, controles, supervisão, monitoramento e garantias;

» garantir que os colaboradores, sujeitos a práticas de suborno ou não, sejam informados sobre todas as regras relacionadas ao assunto e sobre os canais de comunicação existentes para relatar casos de corrupção e desvios de conduta.

Na cartilha ***Business Principles for Countering Bribery a Multi-Stakeholder Initiative*** ("Princípios da Área de Negócios para Combater o Suborno: Multi-iniciativas dos *Stakeholders*")[310], a Transparência Internacional orienta que um programa antissuborno deve abranger especificidades voltadas para os riscos mais comuns e que, no mínimo, trate das seguintes questões:

» **Conflitos de interesse**: estabelecer políticas e procedimentos para identificar, monitorar e gerenciar conflitos de interesse que possam dar origem a práticas de suborno reais, potenciais ou presumidas. Essas políticas devem ser voltadas a conselheiros, diretores, empregados e terceiros, tais como agentes, vendedores, lobistas e outros intermediários contratados.

» **Subornos**: proibir todas as formas de suborno diretas ou praticadas por terceiros. Proibir funcionários de solicitar, organizar ou aceitar subornos em benefício próprio ou de familiares, amigos, colegas ou conhecidos.

» **Contribuições políticas feitas a partidos e candidatos**: a empresa, seus funcionários, agentes, lobistas ou outros intermediários não devem fazer contribuições diretas ou indiretas a partidos e organizações políticas com o objetivo de obter vantagens indevidas em transações comerciais. Todas as contribuições políticas da empresa devem ser divulgadas.

» **Contribuições de caridade, associativas e patrocínios**: assegurar que as contribuições, as atividades beneficentes e os patrocínios não sejam utilizados como subterfúgios para a corrupção. A empresa deve divulgar publicamente todas as contribuições de caridade e os patrocínios por meio de seu balanço social.

» **Pagamentos de facilitação**: a empresa deve proibir pagamentos para a obtenção de facilidades (suborno).

» **Presentes, hospitalidades e despesas**: desenvolver políticas e procedimentos para garantir que presentes, hospitalidades e despesas sejam concedidos de boa-fé. A empresa deve proibir a oferta, a doação e o recebimento de presentes, hospitalidade ou pagamento de despesas sempre que houver a possibilidade de que tais benefícios influenciem ou contribuam indevidamente para a garantia de algum resultado nas transações comerciais.

IX - Não Poluirás ou Cometerás Sacrilégios Contra o Meio Ambiente

A 3M[311] é uma companhia caracterizada pela velocidade com a qual se adapta às novas tecnologias e pela grande capacidade de inovação. A companhia também é um dos exemplos mundiais de cultura empresarial voltada para o socioambiental.

A 3M do Brasil cumpre rigorosas normas internas, descritas em sua política ambiental corporativa, inclusive as que, eventualmente, ainda não estejam previstas na legislação brasileira. A implantação de controles para o lançamento de solventes na atmosfera é um exemplo[312].

Uma empresa deve acreditar que seja capaz de contribuir para o uso racional das reservas de energia e das matérias-primas que utiliza e para a conscientização ambiental de outras organizações. Preocupação e postura consciente refletem ética, organização, eficiência, confiabilidade e responsabilidade. São qualidades que estão influenciando cada vez mais as compras de clientes em diversos ramos.

A 3M[313] desenvolveu tecnologias para o tratamento de lixo industrial e reciclagem de produtos com soluções práticas e eficientes para a proteção do meio ambiente e a melhoria da qualidade de vida de funcionários e das comunidades onde a empresa atua. Seguida por todas as fábricas próprias do mundo, sua política corporativa de meio ambiente declara que reconhece e exerce responsabilidade para:

» solucionar problemas de poluição ambiental;

» prevenir a poluição na fonte, sempre que possível;

» desenvolver produtos com o mínimo de impacto sobre o meio ambiente;

» conservar recursos naturais por meio da prática de reciclagem;

» assegurar que instalações e produtos estejam de acordo com os regulamentos das agências ambientais; e

» apoiar órgãos de regulação e organizações oficiais que atuem pela preservação ambiental.

Uma companhia realmente preocupada com a responsabilidade social e ambiental deve adotar uma política ética capaz de isolar pontos de fragilidade, mapear potenciais problemas e estabelecer planos de contingência e sistemas de controle. Um planejamento na área socioambiental deverá conter, basicamente, as seguintes diretrizes:

» Capacitação de colaboradores para o desenvolvimento de responsabilidades com capacidade no reconhecimento de riscos e no auxílio a programas que promovam o comprometimento de todos os envolvidos.

» Transformação do local de trabalho dos colaboradores em ambiente seguro, minimizando riscos, prevenindo lesões e doenças ocupacionais.

» Mapeamento e análise dos processos empresariais, de fabricação ou de prestação de serviços, com vistas a prever cenários de ocorrências negativas e atenuar riscos assumidos.

» Elaboração de planos de contingência dinâmicos e submetidos a contínuas revisões.

» Orientação (compliance) para atendimento à legislação ambiental de forma integrada, inclusive aplicando resoluções e legislações de outros países, mesmo que estas ainda não sejam exigidas no Brasil. Se não serve para a Europa, não há necessidade de lei para saber que não convém para o Brasil também.

» Preservação de recursos naturais escassos de forma proativa, evitando possíveis danos ao meio ambiente, causados por poluição e atendendo às legislações federal, estadual e municipal.

X - Lucrarás Como Consequência da sua Capacidade

São inúmeras as críticas ao capitalismo proferidas por comunistas, socialistas e anarquistas. Também no campo religioso, muitas entidades judaicas, muçulmanas e cristãs possuem doutrinas restritivas à "forma capitalista de ser", como, por exemplo, contra a usura e o materialismo[314].

O capitalismo é associado à desigualdade da distribuição de renda, ao excesso de poder, às tendências monopolistas, ao colonialismo e ao imperialismo e a outras formas de exploração e repressão social que maltratam a pessoa e desrespeitam o meio ambiente.

Danos sociais, como alienação, desemprego e instabilidade econômica, são outras consequências do capitalismo. O sistema também é considerado irracional, com produção não planejada, o que cria incoerências e contradições.

Os ambientalistas, por sua vez, argumentam que o capitalismo exige crescimento econômico contínuo e, inevitavelmente, faz os recursos naturais se esgotarem[315].

Todas essas alegações mostraram-se falsas na prática. É cruel a história do socialismo e do comunismo, que não passam de "miragens sociais". Milhões de pessoas foram mortas ou submetidas à fome por conta de ideias de déspotas nacional-socialistas como Josef Stálin, Mao Tsé Tung e Erich Honecker[316]. Se o socialismo fosse bom na prática tanto quanto na teoria, milhões de americanos tentariam migrar para Cuba. Quem poderia conter os sul-coreanos em direção a Pyongyang[317]? Com a devida vênia aos teóricos e intelectuais, a sociedade vive melhor nas mãos do capitalismo. Mesmo com todos os seus males, ele ainda é melhor que os demais sistemas.

Em uma visão otimista, o capitalismo selvagem está ocupando parte dos livros de história, pois as empresas estão se humanizando. É claro que há muito a ser feito. O lucro é, na maioria das empresas, consequência de uma administração eficiente. O acirramento da concorrência e a abertura de mercados fazem cada vez mais as organizações crescerem e se consolidarem, formando verdadeiros Estados dentro do Estado (às vezes, até maiores). As companhias nunca foram tão eficientes e geraram tantos lucros quanto na atualidade. No entanto, excluindo os maus exemplos, nem por isso deixam de respeitar as pessoas e o meio ambiente. Os dados mostrados neste livro provam que o mundo empresarial está mudando para melhor. Quem viver, verá.

Os dez mandamentos da ética governamental

» I – Farás valer os princípios diretivos da Administração Pública estabelecidos na Constituição Federal.

» II – Profissionalizarás as atividades públicas.

» III – Profissionalizarás as empresas do Estado.

» IV – Não apadrinharás o mau desempenho, os amigos ou os parentes.

» V – Tratarás os colaboradores com respeito.

» VI – Não envolverás a função ou a entidade pública em atividades político-partidárias.

» VII – Não farás promessas com finalidades político-partidárias.

» VIII – Não receberás presentes ou brindes de entidades controladas ou vinculadas com o setor público.

» IX – Não patrocinarás o interesse privado perante a administração pública (tráfico de influência).

» X – Não coagirás pessoas, agentes ou entidades.

Os mandamentos aqui descritos não têm ligação com gestões, políticos, candidatos ou partidos, sejam de tempos passados ou atuais. Afinal, a imensa necessidade de melhoria dos aspectos éticos das instituições brasileiras decorre da fragilidade do modelo político e não necessariamente das pessoas. Tampouco os conflitos éticos da gestão estatal estão restritos a um partido político ou a uma única esfera pública, pois eles são percebidos em todos os níveis da Federação (municípios, estados e União).

Acontece que a falta de ética na gestão pública está ligada às fragilidades do governo de coalizão. Para fidelizar os membros da "coalizão" e obter sustentação política, é necessário cooptá-los com cargos em órgãos da administração direta ou indireta, o que acarreta a desprofissionalização e a ausência de planejamento para a implantação de políticas sólidas de longo prazo.

I - Farás Valer os Princípios Diretivos da Administração Pública Estabelecidos na Constituição Federal

O ordenamento jurídico brasileiro contempla normas de diversas naturezas destinadas a direcionar a atuação da administração e dos ocupantes de cargos públicos. Essas normas podem ser encontradas na Constituição Federal, no Código Penal, nas leis que tratam de improbidade administrativa e nos códigos de conduta de servidores públicos e das agências reguladoras, sendo de fundamental importância para que se alcance um padrão ético digno na gestão da coisa pública[318]. Os princípios diretivos da administração pública estabelecidos na Constituição Federal (CF) são os seguintes:

» Legalidade, impessoalidade, moralidade, publicidade e eficiência (art. 37, caput).

» Licitação pública para aquisição de bens e serviços (art. 37, inciso XXI).

» Probidade administrativa, cujos atos a ela contrários são punidos com a suspensão dos direitos políticos, perda da função pública, indisponibilidade de bens e o ressarcimento ao erário, na forma e gradação previstas em lei (art. 37, § 4o).

» Iniciativa popular para anular ato lesivo ao patrimônio público e/ou à moralidade administrativa (art. 5°, inciso LXXIII, da CF).

II - Profissionalizarás as Atividades Públicas

Imaginemos um caso hipotético. O prefeito de Orlando, na Flórida, Estados Unidos, ao assumir o cargo para o qual foi eleito, não altera profundamente a estrutura administrativa da prefeitura: não substitui os secretários de educação, obras, saúde, trabalho e administração. A ele é permitido formar um gabinete composto por apenas dois assistentes e uma secretária particular. O secretário de obras do município (para o qual o prefeito foi eleito) foi contratado há cerca de oito anos por um *headhunter*. Antes de trabalhar em Orlando, ele era responsável pela diretoria de obras na prefeitura da cidade de Atlanta. Apenas um desvio de conduta e mostra de ineficiência seriam motivos para a troca do diretor. A estrutura da prefeitura é totalmente profissionalizada. Lá, os servidores seguem carreira, são capacitados, treinados e têm perspectivas de ascensão (condicionadas unicamente à meritocracia).

Se não fosse ficção, este exemplo, na vida real, seria o melhor dos mundos possíveis do profissionalismo. O desinsulamento[319] da Administração Pública explica, em parte, por que o Brasil enfrenta tantos casos de corrupção, baixa produtividade e PIB pífio. O político com visão de curtíssimo prazo não pensa que, profissionalizando a gestão, ele pode alcançar grandes resultados e, assim, alçar posições maiores e mais importantes.

As administrações são repletas de cargos de comissão, em todas as áreas, inclusive nas altamente técnicas. Por isso, como primeira medida, um novo prefeito, ao assumir o cargo, por exemplo, substitui todo o corpo gerencial da prefeitura, contratando pessoas da sua agremiação. Além de antiética, essa postura traz consequências desastrosas, tais como:

» Inexistência de planejamento estratégico e operacional de longo prazo.

» Falta de carreira e perspectivas para os servidores.

» Desmotivação dos servidores, ao perceberem que pessoas despreparadas assumem funções importantes.

» Comprometimento dos comissionados com a facção que os empregou, e não com a entidade para a qual prestam serviços.

» Maior suscetibilidade à corrupção e ao suborno.

» Comprometimento da cultura organizacional.

» Perda da independência regulatória.

» Desprofissionalização de atividades operacionais relevantes.

É intrigante a quantidade de instrumentos normativos que regulam o comportamento ético de dirigentes e servidores do setor público brasileiro. Isso se explica pela enorme influência do jogo político-partidário na indicação dos ocupantes de cargos da administração. O melhor ***headhunter*** do mercado contratado para selecionar conselheiros e diretores pode errar na escolha. Imagine, então, o alto nível de incapacidade técnica nas agências reguladoras federais cujos cargos são ocupados por indicações de partidos políticos. É praticamente impossível contratar executivos minimamente capacitados com base em critérios totalmente discricionários.

Como resolver a questão? A formação de uma comissão de notáveis técnicos destinada a selecionar e indicar dirigentes poderia ser uma saída. Assim, a influência política seria eliminada, e a qualidade dos gestores, elevada. A comissão não deixaria que os órgãos públicos ficassem sem gestores por meses enquanto se decide quem escolhe o candidato para ocupar o cargo.

O quadro 17.1 mostra leis e códigos a que estão submetidos os dirigentes das agências reguladoras de atividades econômicas em relação a atividades paralelas. As normas existem, mas apenas uma postura ética dos mandatários poderá encorajar que elas sejam cumpridas.

Agência Nacional de Vigilância Sanitária (Anvisa) (Lei nº 9.782/1999)	Atividade paralela: é vedado aos dirigentes desta Agência o exercício de qualquer outra atividade profissional, empresarial, sindical ou de direção político-partidária, exceto a que decorra de vínculo contratual com entidades públicas destinadas ao ensino e à pesquisa, inclusive com as de direito privado a elas vinculadas (art. 13, caput, e § 2º).
Agência Nacional de Telecomunicações (Anatel) (Lei nº 9.472/1997)	Atividade paralela: é vedado aos membros do Conselho Diretor da Anatel o exercício de qualquer outra atividade profissional, empresarial, sindical ou de direção político-partidária, salvo a de professor universitário, em horário compatível (art. 28).
Agência Nacional de Petróleo (ANP) (Lei nº 9.478/1997)	Impedimento para exercer cargo de diretor: está impedida de exercer o cargo de diretor da ANP a pessoa que mantenha ou haja mantido, nos doze meses anteriores à data de início do mandato, vínculo com empresa que explore quaisquer das atividades integrantes da indústria do petróleo ou de distribuição ou que tenha exercido cargo de direção em entidade sindical ou associação de classe representativa de interesses de tais empresas (art. 13).

Agência Nacional de Saúde Suplementar (ANS) (Lei nº 9.961/2000)	Quarentena: até um ano após deixar o cargo, é vedado ao ex-dirigente da ANS representar qualquer pessoa ou interesse perante a Agência ou deter participação, exercer cargo ou função em organização sujeita à regulação da ANS; excetua-se desta proibição a defesa de interesse próprio relacionado a contrato particular de assistência à saúde suplementar, na condição de contratante ou consumidor (art. 9º).
Agência Nacional de Águas (ANA) (Lei nº 9.984/2000)	Atividade paralela: é vedado aos dirigentes da ANA o exercício de qualquer outra atividade profissional, empresarial, sindical ou de direção político-partidária, exceto a que decorra de vínculo contratual com entidades públicas ou privadas de ensino e pesquisa (art. 11, caput, e § 2º).

Quadro 17.1 – Agências reguladoras e restrições a dirigentes

Fonte: CNPQ[320]

III - Profissionalizarás as Empresas do Estado

Como visto, de todos os males éticos sofridos pela administração pública brasileira, o preenchimento de cargos com base em critérios políticos e pessoais é o maior. No governo de coalizão, o presidente da República, o prefeito ou o governador precisa "acomodar" seus aliados em cargos públicos, como forma de recompensá-los pelo apoio e manter a sua fidelização. Este sistema cria distorções nefastas para as administrações: áreas que exigem funcionários altamente especializados são geridas por pessoas sem nenhuma experiência, preparo ou formação para o cargo.

Imaginemos um exemplo hipotético. A 25ª maior empresa do mundo recrutará um CEO (leia mais sobre CEO no capítulo I, que aborda as formas de administração no Brasil). Trata-se de uma empresa do ramo de mineração e processamento. Alguém poderia ser levado a pensar que a escolha recairia sobre um engenheiro com um currículo invejável, formado no ITA ou no IME, com especialização no MIT, fluente em três idiomas e com 30 anos de experiência no setor. No entanto, é selecionado um professor de Economia da Universidade Federal do Ceará que nunca exerceu função executiva e sempre se dedicou à nobre missão de ensinar. A razão para a escolha "esdrúxula" está unicamente ligada à filiação política do novo contratado. Quais são as chances de que a referida companhia alcance grandes objetivos? Poucas ou nenhuma. Como implantar uma administração ética responsável num ambiente onde a meritocracia é ignorada?

Casos como este são recorrentes na administração pública brasileira. É preciso "blindar" as empresas públicas para que elas sejam menos suscetíveis à "fome" dos políticos (veja a definição de ***insulamento*** no mandamento II – ***Profissionalizarás as atividades públicas***). Para protegê-las, seria necessário a adoção de um regime de carreira cuja ascensão profissional só aconteceria com base em parâmetros meritocráticos.

Mais um exemplo hipotético. Uma nação africana tem como orgulho nacional vasta gama de recursos naturais, em especial. A combinação envolve bom clima, praias e montanhas de indescritíveis belezas. O potencial turístico do país é imenso. Contudo, lá o turismo não "decola". Imagine se a empresa nacional de turismo tem como presidente um ex-juiz de Direito. Aliás, a gestão da agência é sua primeira função executiva, pois até então ele havia atuado apenas em questões judiciais. Ao assumir o cargo, ele substitui todas as pessoas que ocupavam postos importantes na companhia por outras que atuavam em sua agremiação. Mas que razão poderia ter ocasionado a nomeação de tão importante cargo? Apoio político. Existe alguma chance de que a citada administração tenha sucesso? Pouca ou nenhuma.

Não é recomendável melhorar o salário de membros do governo, alçando-os a cargos em conselhos administrativos ou fiscais. Os ocupantes de conselhos devem ter intimidade com o negócio, experiência, vasto conhecimento e comprometimento. Conselhos com perfil político são inúteis. Ao prever a criação desses órgãos, o legislador pensou em dar mais segurança à empresa, no entanto, se forem ocupados por incompetentes e descomprometidos, estarão mais vulneráveis a fracassos.

Algumas medidas são necessárias para se evitar este tipo de desvio ético nas administrações públicas:

» Não utilize politicamente as empresas estatais para privilegiar aliados.

» Não permita que os conselhos administrativos e fiscais sejam ocupados politicamente.

» Desenvolva um planejamento estratégico e operacional de longo prazo.

» Estabeleça sistemas de carreira para os servidores. A blindagem contra interesses alheios aos da companhia os tornará mais motivados.

» Estabeleça metas de crescimento de longo prazo, desafios e recompensas com base de mercado para que o corpo gerencial se comprometa com os objetivos da empresa.

» Conceda autonomia financeira e orçamentária para o empreendimento de ações.

» Desenvolva uma cultura organizacional de alto nível.

IV – Não Apadrinharás o Mau Desempenho, os Amigos ou os Parentes

Empregar amigos e parentes é um dos problemas éticos mais recorrentes nos setores públicos. Não obstante a farta legislação que proíbe o nepotismo, os governantes estão sempre inclinados a contratar irmãos, pais, mães, tios e primos. A família toda pode ser empregada dentro da máquina pública.

Neste caso, temos dois problemas que se potencializam. O primeiro é o da competência profissional para o exercício da função pública. É preciso impedir que pessoas "estranhas" ao meio sejam admitidas. Ou seja, as funções de qualquer administração devem ser exercidas por pessoal de carreira e especialmente preparado para o cargo, com perspectivas de crescimento no órgão. Quando uma pessoa alheia à função pública é contratada, os empregados carreiristas daquela repartição ou autarquia são desestimulados.

Por exemplo: trabalhamos em uma empresa de ***headhunters*** e fomos contratados para selecionar um CEO para comandar um dos cinco maiores portos graneleiros do mundo, onde aportam dezenas de navios de transporte de cereais. São milhares de pessoas envolvidas nas operações, entre colaboradores diretos e indiretos. Quais são os requisitos básicos para a escolha do gestor? Pelo menos, 20 anos de experiência na área. De preferência, exercício em cargos de direção em portos internacionais, fluência em três idiomas, formação em Engenharia, especialização nos Estados Unidos ou na Europa, capacidade de liderança e uma lista de realizações e sucessos. Se, por outro lado, este porto estivesse sob a jurisdição do Estado, o prefeito ou o governador poderia nomear como superintendente seu próprio irmão ou filho, sem que este preenchesse sequer um dos requisitos listados. Qual seria a chance de que a citada administração desse certo? Pouca ou nenhuma.

O gestor, que é irmão ou filho do prefeito ou do governador, não é comprometido com a função que exerce no porto graneleiro, pois ele sabe que logo será destituído do cargo quando outro político ganhar as eleições. Assim, a fidelidade deste "servidor fugaz" será com a pessoa que lhe deu a condição de emprego, nunca com a instituição que ele representa.

Neste caso, destaca-se ainda o aspecto absolutamente antiético e imoral da nomeação. Empregar parentes em funções públicas é errado em qualquer lugar, mesmo que não haja lei que o proíba. A sociedade reprova este comportamento sob a ótica da moralidade e do bom costume.

Prevista na Lei nº 8.112/1990, em seu art. 117, inciso VIII, e no Decreto nº 7.203/2010, a prática de nepotismo é incompatível com o ordenamento jurídico nacional. De acordo com a legislação, o servidor é proibido de manter sob a sua chefia imediata, em cargo ou função de confiança, cônjuge, companheiro ou parente até o segundo grau civil. Na tentativa de impedir o nepotismo em todos os órgãos do Estado, o Supremo Tribunal Federal (STF) editou a Súmula Vinculante nº 13, nos seguintes termos:

> *"A nomeação de cônjuge, companheiro ou parente, em linha reta, colateral ou por afinidade, até o 3º grau inclusive, da autoridade nomeante ou de servidor da mesma pessoa jurídica, investido em cargo de direção, chefia ou assessoramento, para o exercício de cargo em comissão ou de confiança, ou, ainda, de função gratificada na Administração Pública direta ou indireta, em qualquer dos Poderes da União, dos Estados, do Distrito Federal e dos Municípios, compreendido o ajuste mediante designações recíprocas, viola a Constituição Federal"*[321].

Para melhor análise, o quadro a seguir lista os níveis parentais mencionados na súmula do STF, em conformidade com o Direito de Família:

	Parente em linha reta	Parente colateral	Parente por afinidade (familiares do cônjuge)
1º grau	Pai, mãe e filho(a)		Padrasto, madrasta, enteado(a), sogro(a), genro e nora
2º grau	Avô, avó e neto(a)	Irmãos	Cunhado(a), avô e avó do cônjuge
3º grau	Bisavô, bisavó e bisneto(a)	Tio(a) e sobrinho(a)	Concunhado(a)

Quadro 17.2 – Relação de parentesco

É importante ressaltar que a súmula também proíbe o chamado nepotismo cruzado, conforme cita o trecho "(...) *compreendido o ajuste mediante designações recíprocas* (...)". O nepotismo cruzado é muito comum e de difícil fiscalização. Ocorre quando um político ou servidor indica um parente para assumir cargo em outro órgão, sob supervisão de outro político ou servidor, enquanto este último indica um parente seu para trabalhar junto ao primeiro.

Portanto, a legislação veda qualquer tipo de nepotismo. No entanto, uma interpretação diferente do próprio STF afastou a caracterização de nepotismo nos casos das nomeações para cargos políticos de ministro do Estado, secretário estadual e municipal, conforme decisão proferida na análise do RE nº 579.951/RN. Neste caso, a situação é legal, embora imoral.

V - Tratarás os Colaboradores com Respeito

As empresas privadas descobriram que as chances de enfrentar com êxito a concorrência são diminuídas quando não há colaboradores comprometidos com o negócio. Muitas empresas, grandes ou pequenas, estão trabalhando para melhorar este aspecto. Por isso, quem não o fizer sucumbirá. As companhias multinacionais, especialmente americanas e europeias, estão contagiando positivamente as firmas brasileiras, pois trazem de seus países boas práticas de capacitação de empregados.

Os colaboradores são a força motriz da produção de bens, da prestação de serviços e da lucratividade.

Desafortunadamente, na área pública não há muita preocupação com os colaboradores, com algumas exceções. Muitos órgãos não oferecem planos de carreira e capacitação. Os cargos de chefia são preenchidos por filiados a partidos políticos nas áreas de saúde, energia, saneamento, turismo, cultura, etc. Administrações desprofissionalizadas não têm condições de desenvolver infraestrutura adequada para dar condições mínimas de trabalho aos servidores. Não há avaliação por desempenho. A má gestão também acarreta distorções no preenchimento das repartições: alguns lugares carecem fortemente de mão de obra, enquanto outros estão cheios de pessoas sem nada para fazer.

O bom exemplo deve partir de cima, diz o dito popular. Estas situações são desestimulantes e desagregadoras. Produzem uma cultura organizacional acomodada, na qual todos acham que o melhor é fazer a sua parte e calar-se. Esforçar-se ou aperfeiçoar-se não contribuirá para a carreira.

VI – Não Envolverás a Função ou a Entidade Pública em Atividades Político-Partidárias

É reconhecido o direito de qualquer autoridade de participar de atividades e eventos políticos, como reuniões e convenções partidárias, inclusive em época de eleições. Todavia, recomenda-se que a autoridade não se valha do cargo público para benefício próprio, alocando subordinados ou usando recursos da administração estatal em atividades privadas.

VII – Não Farás Promessas com Finalidades Político-Partidárias

É fundamental que a autoridade não faça promessa para obter benefícios particulares, de forma explícita ou implícita, cujo cumprimento dependa do uso do cargo público, como a realização de obras, a liberação de recursos e a nomeação para cargo ou emprego. Essa restrição decorre da necessidade de manutenção da dignidade da função pública e de demonstração de respeito à sociedade e ao eleitor. A lei determina que a autoridade candidata a cargo eletivo peça exoneração até seis meses antes do pleito. Porém, se antes disso ela insistir em manifestar publicamente sua pretensão eleitoral, não poderá mais praticar ato de gestão que resulte em algum tipo de privilégio para qualquer pessoa ou entidade que esteja em sua base eleitoral. É importante enfatizar tratar-se apenas de ato que gere privilégio. Durante o período pré-eleitoral, a autoridade deve ser cautelosa para que seus contatos funcionais com terceiros não se confundam com suas atividades político eleitorais. Se, por qualquer motivo, for verificado conflito de interesse entre a atividade eleitoral e a função pública, a autoridade deverá escolher entre abster-se de participar dela ou requerer afastamento do cargo.

VIII - Não Receberás Presentes ou Brindes de Entidades Controladas ou Vinculadas com o Setor Público

As administrações federais, estaduais e municipais estabelecem, em seus códigos de conduta, regras para o recebimento de brindes e presentes. No âmbito federal, o inciso V do art. 2º do Decreto de 26 de maio de 1999 veda a aceitação de presentes por autoridades públicas.

O Código de Conduta da Administração Federal[322] proíbe o recebimento de presentes de qualquer valor, em razão do cargo que a autoridade ocupa, quando o ofertante for pessoa, empresa ou entidade que:

» Esteja sujeita à jurisdição regulatória do órgão a que pertença a autoridade.

» Tenha interesse pessoal, profissional ou empresarial em decisão que possa ser tomada pela autoridade, individualmente ou de caráter coletivo.

» Mantenha relação comercial com o órgão a que pertença a autoridade.

» Represente interesse de terceiros, como procurador ou preposto de pessoas, empresas ou entidades compreendidas nos itens 1, 2 e 3.

Os presentes apenas são permitidos em razão de laços de parentesco ou amizade, desde que o seu custo seja arcado pelo próprio ofertante, e não por pessoa, empresa ou entidade que se enquadre em quaisquer das hipóteses previstas no item anterior.

O Código de Conduta da Alta Administração Federal é um excelente manual. É recomendável que todas as entidades públicas brasileiras, nas três esferas, copiem e sigam as regras gerais sobre a aceitação ou não de presentes por autoridades e servidores. No caso dos brindes, eles só podem ser aceitos se não ultrapassarem valor comercial unitário de R$ 100,00. Devem ser distribuídos por entidade de qualquer natureza a título de cortesia, propaganda, divulgação habitual ou por ocasião de eventos ou datas comemorativas de caráter histórico ou cultural. É necessário também que a periodicidade de distribuição não seja inferior a 12 meses e não se destinem a agraciar exclusivamente uma determinada autoridade.

IX – Não Patrocinarás o Interesse Privado Perante a Administração Pública (tráfico de influência)

É crime patrocinar o interesse privado valendo-se da qualidade de funcionário público (art. 321 do CP)[323]. Também é crime dar causa à instauração de licitação ou à celebração de contrato cuja invalidação vier a ser decretada pelo Poder Judiciário (art. 91 da Lei nº 8.666/1993).

É considerado ato de improbidade administrativa a obtenção de vantagem econômica para a liberação ou a aplicação de verba pública de qualquer natureza.

A improbidade administrativa é um mal pernicioso, que assola as administrações públicas de todo o mundo. O problema é maximizado com a influência política na máquina burocrática. Não há fórmulas para se resolver a questão por completo. No entanto, a profissionalização da administração, farta regulamentação que estabeleça limites de ação e severas punições aos infratores podem ser bons atenuadores.

X – Não Coagirás Pessoas, Agentes ou Entidades

Os funcionários do serviço público também são coagidos. Neste caso, são forçados a se abster de alguma questão polêmica, a cometer ação imprópria ou a dar parecer que favoreça pessoa ou entidade. Na área pública, a prática de coerção é chamada de "abuso de poder".

O abuso de poder praticado pelo gestor pode influir nas decisões de concessão, empréstimo ou financiamento e na liberação de licenças, alvarás e certidões, isso quando o requerente não possui todas as condições legais e documentais.

Apêndice

Apêndice I
Decreto 8.420/2015, Regulamenta a Lei do Compliance nº 12.846, de 1º de agosto de 2013

DECRETO Nº 8.420, DE 18 DE MARÇO DE 2015

Regulamenta a Lei nº 12.846, de 1º de agosto de 2013, que dispõe sobre a responsabilização administrativa de pessoas jurídicas pela prática de atos contra a administração pública, nacional ou estrangeira e dá outras providências.

A PRESIDENTA DA REPÚBLICA, no uso da atribuição que lhe confere o art. 84, caput, inciso IV, da Constituição, e tendo em vista o disposto na Lei nº 12.846, de 1º de agosto de 2013,

DECRETA:

Art. 1º Este Decreto regulamenta a responsabilização objetiva administrativa de pessoas jurídicas pela prática de atos contra a administração pública, nacional ou estrangeira, de que trata a Lei nº 12.846, de 1º de agosto de 2013.

CAPÍTULO I

DA RESPONSABILIZAÇÃO ADMINISTRATIVA

Art. 2º A apuração da responsabilidade administrativa de pessoa jurídica que possa resultar na aplicação das sanções previstas no art. 6º da Lei no 12.846, de 2013, será efetuada por meio de Processo Administrativo de Responsabilização – PAR.

Art. 3º A competência para a instauração e para o julgamento do PAR é da autoridade máxima da entidade em face da qual foi praticado o ato lesivo, ou, em caso de órgão da administração direta, do seu Ministro de Estado.

Parágrafo único. A competência de que trata o caput será exercida de ofício ou mediante provocação e poderá ser delegada, sendo vedada a subdelegação.

Art. 4º A autoridade competente para instauração do PAR, ao tomar ciência da possível ocorrência de ato lesivo à administração pública federal, em sede de juízo de admissibilidade e mediante despacho fundamentado, decidirá:

I - pela abertura de investigação preliminar;

II - pela instauração de PAR; ou

III - pelo arquivamento da matéria.

§ 1º A investigação de que trata o inciso I do caput terá caráter sigiloso e não punitivo e será destinada à apuração de indícios de autoria e materialidade de atos lesivos à administração pública federal.

§ 2º A investigação preliminar será conduzida por comissão composta por dois ou mais servidores efetivos.

§ 3º Em entidades da administração pública federal cujos quadros funcionais não sejam formados por servidores estatutários, a comissão a que se refere o § 2º será composta por dois ou mais empregados públicos.

§ 4º O prazo para conclusão da investigação preliminar não excederá sessenta dias e poderá ser prorrogado por igual período, mediante solicitação justificada do presidente da comissão à autoridade instauradora.

§ 5º Ao final da investigação preliminar, serão enviadas à autoridade competente as peças de informação obtidas, acompanhadas de relatório conclusivo acerca da existência de indícios de autoria e materialidade de atos lesivos à administração pública federal, para decisão sobre a instauração do PAR.

Art. 5º No ato de instauração do PAR, a autoridade designará comissão, composta por dois ou mais servidores estáveis, que avaliará fatos e circunstâncias conhecidos e intimará a pessoa jurídica para, no prazo de trinta dias, apresentar defesa escrita e especificar eventuais provas que pretende produzir.

§ 1º Em entidades da administração pública federal cujos quadros funcionais não sejam formados por servidores estatutários, a comissão a que se refere o caput será composta por dois ou mais empregados públicos, preferencialmente com no mínimo três anos de tempo de serviço na entidade.

§ 2º Na hipótese de deferimento de pedido de produção de novas provas ou de juntada de provas julgadas indispensáveis pela comissão, a pessoa jurídica poderá apresentar alegações finais no prazo de dez dias, contado da data do deferimento ou da intimação de juntada das provas pela comissão.

§ 3º Serão recusadas, mediante decisão fundamentada, provas propostas pela pessoa jurídica que sejam ilícitas, impertinentes, desnecessárias, protelatórias ou intempestivas.

§ 4º Caso a pessoa jurídica apresente em sua defesa informações e documentos referentes à existência e ao funcionamento de programa de integridade, a comissão processante deverá examiná-lo segundo os parâmetros indicados no Capítulo IV, para a dosimetria das sanções a serem aplicadas.

Art. 6º A comissão a que se refere o art. 5º exercerá suas atividades com independência e imparcialidade, assegurado o sigilo, sempre que necessário à elucidação do fato e à preservação da imagem dos envolvidos, ou quando exigido pelo interesse da administração pública, garantido o direito à ampla defesa e ao contraditório.

Art. 7º As intimações serão feitas por meio eletrônico, via postal ou por qualquer outro meio que assegure a certeza de ciência da pessoa jurídica acusada, cujo prazo para apresentação de defesa será contado a partir da data da cientificação oficial, observado o disposto no Capítulo XVI da Lei nº 9.784, de 29 de janeiro de 1999.

§ 1º Caso não tenha êxito a intimação de que trata o caput, será feita nova intimação por meio de edital publicado na imprensa oficial, em jornal de grande circulação no Estado da federação em que a pessoa jurídica tenha sede, e no sítio eletrônico do órgão ou entidade pública responsável pela apuração do PAR, contando-se o prazo para apresentação da defesa a partir da última data de publicação do edital.

§ 2º Em se tratando de pessoa jurídica que não possua sede, filial ou representação no País e sendo desconhecida sua representação no exterior, frustrada a intimação nos termos do caput, será feita nova intimação por meio de edital publicado na imprensa oficial e no sítio eletrônico do órgão ou entidade público responsável pela apuração do PAR, contando-se o prazo para apresentação da defesa a partir da última data de publicação do edital.

Art. 8º A pessoa jurídica poderá acompanhar o PAR por meio de seus representantes legais ou procuradores, sendo-lhes assegurado amplo acesso aos autos.

Parágrafo único. É vedada a retirada dos autos da repartição pública, sendo autorizada a obtenção de cópias mediante requerimento.

Art. 9º O prazo para a conclusão do PAR não excederá cento e oitenta dias, admitida prorrogação por meio de solicitação do presidente da comissão à autoridade instauradora, que decidirá de forma fundamentada.

§ 1º O prazo previsto no caput será contado da data de publicação do ato de instauração do PAR.

§ 2º A comissão, para o devido e regular exercício de suas funções, poderá:

I - propor à autoridade instauradora a suspensão cautelar dos efeitos do ato ou do processo objeto da investigação;

II - solicitar a atuação de especialistas com notório conhecimento, de órgãos e entidades públicos ou de outras organizações, para auxiliar na análise da matéria sob exame; e

III - solicitar ao órgão de representação judicial ou equivalente dos órgãos ou entidades lesadas que requeira as medidas necessárias para a investigação e o processamento das infrações, inclusive de busca e apreensão, no País ou no exterior.

§ 3º Concluídos os trabalhos de apuração e análise, a comissão elaborará relatório a respeito dos fatos apurados e da eventual responsabilidade administrativa da pessoa jurídica, no qual sugerirá, de forma motivada, as sanções a serem aplicadas, a dosimetria da multa ou o arquivamento do processo.

§ 4º O relatório final do PAR será encaminhado à autoridade competente para julgamento, o qual será precedido de manifestação jurídica, elaborada pelo órgão de assistência jurídica competente.

§ 5º Caso seja verificada a ocorrência de eventuais ilícitos a serem apurados em outras instâncias, o relatório da comissão será encaminhado, pela autoridade julgadora:

I - ao Ministério Público;

II - à Advocacia-Geral da União e seus órgãos vinculados, no caso de órgãos da administração pública direta, autarquias e fundações públicas federais; ou

III - ao órgão de representação judicial ou equivalente no caso de órgãos ou entidades da administração pública não abrangidos pelo inciso II.

§ 6º Na hipótese de decisão contrária ao relatório da comissão, esta deverá ser fundamentada com base nas provas produzidas no PAR.

Art. 10º A decisão administrativa proferida pela autoridade julgadora ao final do PAR será publicada no Diário Oficial da União e no sítio eletrônico do órgão ou entidade público responsável pela instauração do PAR.

Art. 11º Da decisão administrativa sancionadora cabe pedido de reconsideração com efeito suspensivo, no prazo de dez dias, contado da data de publicação da decisão.

§ 1º A pessoa jurídica contra a qual foram impostas sanções no PAR e que não apresentar pedido de reconsideração deverá cumpri-las no prazo de trinta dias, contado do fim do prazo para interposição do pedido de reconsideração.

§ 2º A autoridade julgadora terá o prazo de trinta dias para decidir sobre a matéria alegada no pedido de reconsideração e publicar nova decisão.

§ 3º Mantida a decisão administrativa sancionadora, será concedido à pessoa jurídica novo prazo de trinta dias para cumprimento das sanções que lhe foram impostas, contado da data de publicação da nova decisão.

Art. 12º Os atos previstos como infrações administrativas à Lei nº 8.666, de 21 de junho de 1993, ou a outras normas de licitações e contratos da administração pública que também sejam tipificados como atos lesivos na Lei nº 12.846, de 2013, serão apurados e julgados conjuntamente, nos mesmos autos, aplicando-se o rito procedimental previsto neste Capítulo.

§ 1º Concluída a apuração de que trata o caput e havendo autoridades distintas competentes para julgamento, o processo será encaminhado primeiramente àquela de nível mais elevado, para que julgue no âmbito de sua competência, tendo precedência o julgamento pelo Ministro de Estado competente.

§ 2º Para fins do disposto no caput, o chefe da unidade responsável no órgão ou entidade pela gestão de licitações e contratos deve comunicar à autoridade prevista no art. 3º sobre eventuais fatos que configurem atos lesivos previstos no art. 5º da Lei nº 12.846, de 2013.

Art. 13º A Controladoria-Geral da União possui, no âmbito do Poder Executivo federal, competência:

I - concorrente para instaurar e julgar PAR; e

II - exclusiva para avocar os processos instaurados para exame de sua regularidade ou para corrigir-lhes o andamento, inclusive promovendo a aplicação da penalidade administrativa cabível.

§ 1º A Controladoria-Geral da União poderá exercer, a qualquer tempo, a competência prevista no caput, se presentes quaisquer das seguintes circunstâncias:

I - caracterização de omissão da autoridade originariamente competente;

II - inexistência de condições objetivas para sua realização no órgão ou entidade de origem;

III - complexidade, repercussão e relevância da matéria;

IV - valor dos contratos mantidos pela pessoa jurídica com o órgão ou entidade atingida; ou

V - apuração que envolva atos e fatos relacionados a mais de um órgão ou entidade da administração pública federal.

§2° Ficam os órgãos e entidades da administração pública obrigados a encaminhar à Controladoria-Geral da União todos os documentos e informações que lhes forem solicitados, incluídos os autos originais dos processos que eventualmente estejam em curso.

Art. 14° Compete à Controladoria-Geral da União instaurar, apurar e julgar PAR pela prática de atos lesivos à administração pública estrangeira, o qual seguirá, no que couber, o rito procedimental previsto neste Capítulo.

CAPÍTULO II

DAS SANÇÕES ADMINISTRATIVAS E DOS ENCAMINHAMENTOS JUDICIAIS

Seção I

Disposições gerais

Art. 15° As pessoas jurídicas estão sujeitas às seguintes sanções administrativas, nos termos do art. 6° da Lei n° 12.846, de 2013:

I - multa; e

II - publicação extraordinária da decisão administrativa sancionadora.

Art. 16° Caso os atos lesivos apurados envolvam infrações administrativas à Lei n° 8.666, de 1993, ou a outras normas de licitações e contratos da administração pública e tenha ocorrido a apuração conjunta prevista no art. 12°, a pessoa jurídica também estará sujeita a sanções administrativas que tenham como efeito restrição ao direito de participar em licitações ou de celebrar contratos com a administração pública, a serem aplicadas no PAR.

Seção II

Da Multa

Art. 17º O cálculo da multa se inicia com a soma dos valores correspondentes aos seguintes percentuais do faturamento bruto da pessoa jurídica do último exercício anterior ao da instauração do PAR, excluídos os tributos:

I - um por cento a dois e meio por cento havendo continuidade dos atos lesivos no tempo;

II - um por cento a dois e meio por cento para tolerância ou ciência de pessoas do corpo diretivo ou gerencial da pessoa jurídica;

III - um por cento a quatro por cento no caso de interrupção no fornecimento de serviço público ou na execução de obra contratada;

IV - um por cento para a situação econômica do infrator com base na apresentação de índice de Solvência Geral - SG e de Liquidez Geral - LG superiores a um e de lucro líquido no último exercício anterior ao da ocorrência do ato lesivo;

V - cinco por cento no caso de reincidência, assim definida a ocorrência de nova infração, idêntica ou não à anterior, tipificada como ato lesivo pelo art. 5º da Lei nº 12.846, de 2013, em menos de cinco anos, contados da publicação do julgamento da infração anterior; e

VI - no caso de os contratos mantidos ou pretendidos com o órgão ou entidade lesado, serão considerados, na data da prática do ato lesivo, os seguintes percentuais:

a) um por cento em contratos acima de R$ 1.500.000,00 (um milhão e quinhentos mil reais);

b) dois por cento em contratos acima de R$ 10.000.000,00 (dez milhões de reais);

c) três por cento em contratos acima de R$ 50.000.000,00 (cinquenta milhões de reais);

d) quatro por cento em contratos acima de R$ 250.000.000,00 (duzentos e cinquenta milhões de reais); e

e) cinco por cento em contratos acima de R$ 1.000.000.000,00 (um bilhão de reais).

Art. 18º Do resultado da soma dos fatores do art. 17º serão subtraídos os valores correspondentes aos seguintes percentuais do faturamento bruto da pessoa jurídica do último exercício anterior ao da instauração do PAR, excluídos os tributos:

I - um por cento no caso de não consumação da infração;

II - um e meio por cento no caso de comprovação de ressarcimento pela pessoa jurídica dos danos a que tenha dado causa;

III - um por cento a um e meio por cento para o grau de colaboração da pessoa jurídica com a investigação ou a apuração do ato lesivo, independentemente do acordo de leniência;

IV - dois por cento no caso de comunicação espontânea pela pessoa jurídica antes da instauração do PAR acerca da ocorrência do ato lesivo; e

V - um por cento a quatro por cento para comprovação de a pessoa jurídica possuir e aplicar um programa de integridade, conforme os parâmetros estabelecidos no Capítulo IV.

Art. 19º Na ausência de todos os fatores previstos nos art. 17º e art. 18º ou de resultado das operações de soma e subtração ser igual ou menor a zero, o valor da multa corresponderá, conforme o caso, a:

I - um décimo por cento do faturamento bruto do último exercício anterior ao da instauração do PAR, excluídos os tributos; ou

II - R$ 6.000,00 (seis mil reais), na hipótese do art. 22º.

Art. 20º A existência e quantificação dos fatores previstos nos art. 17º e art. 18º, deverá ser apurada no PAR e evidenciada no relatório final da comissão, o qual também conterá a estimativa, sempre que possível, dos valores da vantagem auferida e da pretendida.

§ 1º Em qualquer hipótese, o valor final da multa terá como limite:

I - mínimo, o maior valor entre o da vantagem auferida e o previsto no art. 19º; e

II - máximo, o menor valor entre:

a) vinte por cento do faturamento bruto do último exercício anterior ao da instauração do PAR, excluídos os tributos; ou

b) três vezes o valor da vantagem pretendida ou auferida.

§ 2º O valor da vantagem auferida ou pretendida equivale aos ganhos obtidos ou pretendidos pela pessoa jurídica que não ocorreriam sem a prática do ato lesivo, somado, quando for o caso, ao valor correspondente a qualquer vantagem indevida prometida ou dada a agente público ou a terceiros a ele relacionados.

§ 3º Para fins do cálculo do valor de que trata o § 2º, serão deduzidos custos e despesas legítimos comprovadamente executados ou que seriam devidos ou despendidos caso o ato lesivo não tivesse ocorrido.

Art. 21º Ato do Ministro de Estado Chefe da Controladoria-Geral da União fixará metodologia para a apuração do faturamento bruto e dos tributos a serem excluídos para fins de cálculo da multa a que se refere o art. 6º da Lei nº 12.846, de 2013.

Parágrafo único. Os valores de que trata o caput poderão ser apurados, entre outras formas, por meio de:

I - compartilhamento de informações tributárias, na forma do inciso II do § 1º do art. 198 da Lei nº 5.172, de 25 de outubro de 1966; e

II - registros contábeis produzidos ou publicados pela pessoa jurídica acusada, no país ou no estrangeiro.

Art. 22º Caso não seja possível utilizar o critério do valor do faturamento bruto da pessoa jurídica no ano anterior ao da instauração ao PAR, os percentuais dos fatores indicados nos art. 17º e art. 18º incidirão:

I - sobre o valor do faturamento bruto da pessoa jurídica, excluídos os tributos, no ano em que ocorreu o ato lesivo, no caso de a pessoa jurídica não ter tido faturamento no ano anterior ao da instauração ao PAR;

II - sobre o montante total de recursos recebidos pela pessoa jurídica sem fins lucrativos no ano em que ocorreu o ato lesivo; ou

III - nas demais hipóteses, sobre o faturamento anual estimável da pessoa jurídica, levando em consideração quaisquer informações sobre a sua situação econômica ou o estado de seus negócios, tais como patrimônio, capital social, número de empregados, contratos, dentre outras.

Parágrafo único. Nas hipóteses previstas no caput, o valor da multa será limitado entre R$ 6.000,00 (seis mil reais) e R$ 60.000.000,00 (sessenta milhões de reais).

Art. 23º Com a assinatura do acordo de leniência, a multa aplicável será reduzida conforme a fração nele pactuada, observado o limite previsto no § 2º do art. 16º da Lei nº 12.846, de 2013.

§ 1º O valor da multa previsto no caput poderá ser inferior ao limite mínimo previsto no art. 6º da Lei nº 12.846, de 2013.

§ 2º No caso de a autoridade signatária declarar o descumprimento do acordo de leniência por falta imputável à pessoa jurídica colaboradora, o valor integral encontrado antes da redução de que trata o caput será cobrado na forma da Seção IV, descontando-se as frações da multa eventualmente já pagas.

Seção III

Da Publicação Extraordinária da Decisão Administrativa Sancionadora

Art. 24º A pessoa jurídica sancionada administrativamente pela prática de atos lesivos contra a administração pública, nos termos da Lei nº 12.846, de 2013, publicará a decisão administrativa sancionadora na forma de extrato de sentença, cumulativamente:

I - em meio de comunicação de grande circulação na área da prática da infração e de atuação da pessoa jurídica ou, na sua falta, em publicação de circulação nacional;

II - em edital afixado no próprio estabelecimento ou no local de exercício da atividade, em localidade que permita a visibilidade pelo público, pelo prazo mínimo de trinta dias; e

III - em seu sítio eletrônico, pelo prazo de trinta dias e em destaque na página principal do referido sítio.

Parágrafo único. A publicação a que se refere o caput será feita a expensas da pessoa jurídica sancionada.

Seção IV

Da Cobrança da Multa Aplicada

Art. 25º A multa aplicada ao final do PAR será integralmente recolhida pela pessoa jurídica sancionada no prazo de trinta dias, observado o disposto nos §§ 1º e 3º do art. 11º.

§ 1º Feito o recolhimento, a pessoa jurídica sancionada apresentará ao órgão ou entidade que aplicou a sanção documento que ateste o pagamento integral do valor da multa imposta.

§ 2° Decorrido o prazo previsto no caput sem que a multa tenha sido recolhida ou não tendo ocorrido a comprovação de seu pagamento integral, o órgão ou entidade que a aplicou encaminhará o débito para inscrição em Dívida Ativa da União ou das autarquias e fundações públicas federais.

§ 3° Caso a entidade que aplicou a multa não possua Dívida Ativa, o valor será cobrado independentemente de prévia inscrição.

Seção V

Dos Encaminhamentos Judiciais

Art. 26° As medidas judiciais, no País ou no exterior, como a cobrança da multa administrativa aplicada no PAR, a promoção da publicação extraordinária, a persecução das sanções referidas nos incisos I a IV do caput do art. 19° da Lei n° 12.846, de 2013, a reparação integral dos danos e prejuízos, além de eventual atuação judicial para a finalidade de instrução ou garantia do processo judicial ou preservação do acordo de leniência, serão solicitadas ao órgão de representação judicial ou equivalente dos órgãos ou entidades lesados.

Art. 27° No âmbito da administração pública federal direta, a atuação judicial será exercida pela Procuradoria-Geral da União, com exceção da cobrança da multa administrativa aplicada no PAR, que será promovida pela Procuradoria-Geral da Fazenda Nacional.

Parágrafo único. No âmbito das autarquias e fundações públicas federais, a atuação judicial será exercida pela Procuradoria-Geral Federal, inclusive no que se refere à cobrança da multa administrativa aplicada no PAR, respeitadas as competências específicas da Procuradoria-Geral do Banco Central.

CAPÍTULO III

DO ACORDO DE LENIÊNCIA

Art. 28° O acordo de leniência será celebrado com as pessoas jurídicas responsáveis pela prática dos atos lesivos previstos na Lei n° 12.846, de 2013, e dos ilícitos administrativos previstos na Lei n° 8.666, de 1993, e em outras normas de licitações e contratos, com vistas à isenção ou à atenuação das respectivas sanções, desde que colaborem efetivamente com as investigações e o processo administrativo, devendo resultar dessa colaboração:

I - a identificação dos demais envolvidos na infração administrativa, quando couber.

II - a obtenção célere de informações e documentos que comprovem a infração sob apuração.

Art. 29º Compete à Controladoria-Geral da União celebrar acordos de leniência no âmbito do Poder Executivo federal e nos casos de atos lesivos contra a administração pública estrangeira.

Art. 30º A pessoa jurídica que pretenda celebrar acordo de leniência deverá:

I - ser a primeira a manifestar interesse em cooperar para a apuração de ato lesivo específico, quando tal circunstância for relevante;

II - ter cessado completamente seu envolvimento no ato lesivo a partir da data da propositura do acordo;

III - admitir sua participação na infração administrativa

IV - cooperar plena e permanentemente com as investigações e o processo administrativo e comparecer, sob suas expensas e sempre que solicitada, aos atos processuais, até o seu encerramento; e

V - fornecer informações, documentos e elementos que comprovem a infração administrativa.

§ 1º O acordo de leniência de que trata o caput será proposto pela pessoa jurídica, por seus representantes, na forma de seu estatuto ou contrato social, ou por meio de procurador com poderes específicos para tal ato, observado o disposto no art. 26º da Lei nº 12.846, de 2013.

§ 2º A proposta do acordo de leniência poderá ser feita até a conclusão do relatório a ser elaborado no PAR.

Art. 31º A proposta de celebração de acordo de leniência poderá ser feita de forma oral ou escrita, oportunidade em que a pessoa jurídica proponente declarará expressamente que foi orientada a respeito de seus direitos, garantias e deveres legais e de que o não atendimento às determinações e solicitações da Controladoria-Geral da União durante a etapa de negociação importará a desistência da proposta.

§ 1º A proposta apresentada receberá tratamento sigiloso e o acesso ao seu conteúdo será restrito aos servidores especificamente designados pela Controladoria-Geral da União para participar da negociação do acordo de leniência, ressalvada a possibilidade de a proponente autorizar a divulgação ou compartilhamento da existência da proposta ou de seu conteúdo, desde que haja anuência da Controladoria-Geral da União.

§ 2º Poderá ser firmado memorando de entendimentos entre a pessoa jurídica proponente e a Controladoria-Geral da União para formalizar a proposta e definir os parâmetros do acordo de leniência.

§ 3º Uma vez proposto o acordo de leniência, a Controladoria-Geral da União poderá requisitar os autos de processos administrativos em curso em outros órgãos ou entidades da administração pública federal, relacionados aos fatos objeto do acordo.

Art. 32º A negociação a respeito da proposta do acordo de leniência deverá ser concluída no prazo de cento e oitenta dias, contado da data de apresentação da proposta.

Parágrafo único. A critério da Controladoria-Geral da União, poderá ser prorrogado o prazo estabelecido no caput, caso presentes circunstâncias que o exijam.

Art. 33º Não importará em reconhecimento da prática do ato lesivo investigado a proposta de acordo de leniência rejeitada, da qual não se fará qualquer divulgação, ressalvado o disposto no § 1º do art. 31º.

Art. 34º A pessoa jurídica proponente poderá desistir da proposta de acordo de leniência a qualquer momento que anteceda a assinatura do referido acordo.

Art. 35º Caso o acordo não venha a ser celebrado, os documentos apresentados durante a negociação serão devolvidos, sem retenção de cópias, à pessoa jurídica proponente e será vedado seu uso para fins de responsabilização, exceto quando a administração pública federal tiver conhecimento deles independentemente da apresentação da proposta do acordo de leniência.

Art. 36º O acordo de leniência estipulará as condições para assegurar a efetividade da colaboração e o resultado útil do processo, do qual constarão cláusulas e obrigações que, diante das circunstâncias do caso concreto, reputem-se necessárias.

Art. 37º O acordo de leniência conterá, entre outras disposições, cláusulas que versem sobre:

I - o compromisso de cumprimento dos requisitos previstos nos incisos II a V do caput do art. 30º;

II - a perda dos benefícios pactuados, em caso de descumprimento do acordo;

III - a natureza de título executivo extrajudicial do instrumento do acordo, nos termos do inciso II do caput do art. 585º da Lei nº 5.869, de 11 de janeiro de 1973; e

IV - a adoção, aplicação ou aperfeiçoamento de programa de integridade, conforme os parâmetros estabelecidos no Capítulo IV.

Art. 38º A Controladoria-Geral da União poderá conduzir e julgar os processos administrativos que apurem infrações administrativas previstas na Lei nº 12.846, de 2013, na Lei nº 8.666, de 1993, e em outras normas de licitações e contratos, cujos fatos tenham sido noticiados por meio do acordo de leniência.

Art. 39º Até a celebração do acordo de leniência pelo Ministro de Estado Chefe da Controladoria-Geral da União, a identidade da pessoa jurídica signatária do acordo não será divulgada ao público, ressalvado o disposto no § 1º do art. 31º.

Parágrafo único. A Controladoria-Geral da União manterá restrito o acesso aos documentos e informações comercialmente sensíveis da pessoa jurídica signatária do acordo de leniência.

Art. 40º Uma vez cumprido o acordo de leniência pela pessoa jurídica colaboradora, serão declarados em favor da pessoa jurídica signatária, nos termos previamente firmados no acordo, um ou mais dos seguintes efeitos:

I - isenção da publicação extraordinária da decisão administrativa sancionadora;

II - isenção da proibição de receber incentivos, subsídios, subvenções, doações ou empréstimos de órgãos ou entidades públicos e de instituições financeiras públicas ou controladas pelo Poder Público;

III - redução do valor final da multa aplicável, observado o disposto no art. 23º; ou

IV - isenção ou atenuação das sanções administrativas previstas nos art. 86º a art. 88º da Lei nº 8.666, de 1993, ou de outras normas de licitações e contratos.

Parágrafo único. Os efeitos do acordo de leniência serão estendidos às pessoas jurídicas que integrarem o mesmo grupo econômico, de fato e de direito, desde que tenham firmado o acordo em conjunto, respeitadas as condições nele estabelecidas.

CAPÍTULO IV
DO PROGRAMA DE INTEGRIDADE

Art. 41º Para fins do disposto neste Decreto, programa de integridade consiste, no âmbito de uma pessoa jurídica, no conjunto de mecanismos e procedimentos internos de integridade, auditoria e incentivo à denúncia de irregularidades e na aplicação efetiva de códigos de ética e de conduta, políticas e diretrizes com objetivo de detectar e sanar desvios, fraudes, irregularidades e atos ilícitos praticados contra a administração pública, nacional ou estrangeira.

Parágrafo Único. O programa de integridade deve ser estruturado, aplicado e atualizado de acordo com as características e riscos atuais das atividades de cada pessoa jurídica, a qual por sua vez deve garantir o constante aprimoramento e adaptação do referido programa, visando garantir sua efetividade.

Art. 42º Para fins do disposto no § 4º do art. 5º, o programa de integridade será avaliado, quanto a sua existência e aplicação, de acordo com os seguintes parâmetros:

I - comprometimento da alta direção da pessoa jurídica, incluídos os conselhos, evidenciado pelo apoio visível e inequívoco ao programa;

II - padrões de conduta, código de ética, políticas e procedimentos de integridade, aplicáveis a todos os empregados e administradores, independentemente de cargo ou função exercidos;

III - padrões de conduta, código de ética e políticas de integridade estendidas, quando necessário, a terceiros, tais como, fornecedores, prestadores de serviço, agentes intermediários e associados;

IV - treinamentos periódicos sobre o programa de integridade;

V - análise periódica de riscos para realizar adaptações necessárias ao programa de integridade;

VI - registros contábeis que reflitam de forma completa e precisa as transações da pessoa jurídica;

VII - controles internos que assegurem a pronta elaboração e confiabilidade de relatórios e demonstrações financeiros da pessoa jurídica;

VIII - procedimentos específicos para prevenir fraudes e ilícitos no âmbito de processos licitatórios, na execução de contratos administrativos ou em qualquer interação com o setor público, ainda que intermediada por terceiros, tal como pagamento de tributos, sujeição a fiscalizações, ou obtenção de autorizações, licenças, permissões e certidões;

IX - independência, estrutura e autoridade da instância interna responsável pela aplicação do programa de integridade e fiscalização de seu cumprimento;

X - canais de denúncia de irregularidades, abertos e amplamente divulgados a funcionários e terceiros, e de mecanismos destinados à proteção de denunciantes de boa-fé;

XI - medidas disciplinares em caso de violação do programa de integridade;

XII - procedimentos que assegurem a pronta interrupção de irregularidades ou infrações detectadas e a tempestiva remediação dos danos gerados;

XIII - diligências apropriadas para contratação e, conforme o caso, supervisão, de terceiros, tais como, fornecedores, prestadores de serviço, agentes intermediários e associados;

XIV - verificação, durante os processos de fusões, aquisições e reestruturações societárias, do cometimento de irregularidades ou ilícitos ou da existência de vulnerabilidades nas pessoas jurídicas envolvidas;

XV - monitoramento contínuo do programa de integridade visando seu aperfeiçoamento na prevenção, detecção e combate à ocorrência dos atos lesivos previstos no art. 5º da Lei nº 12.846, de 2013; e

XVI - transparência da pessoa jurídica quanto a doações para candidatos e partidos políticos.

§ 1º Na avaliação dos parâmetros de que trata este artigo, serão considerados o porte e especificidades da pessoa jurídica, tais como:

I - a quantidade de funcionários, empregados e colaboradores;

II - a complexidade da hierarquia interna e a quantidade de departamentos, diretorias ou setores;

III - a utilização de agentes intermediários como consultores ou representantes comerciais;

IV - o setor do mercado em que atua;

V - os países em que atua, direta ou indiretamente;

VI - o grau de interação com o setor público e a importância de autorizações, licenças e permissões governamentais em suas operações;

VII - a quantidade e a localização das pessoas jurídicas que integram o grupo econômico; e

VIII - o fato de ser qualificada como microempresa ou empresa de pequeno porte.

§ 2º A efetividade do programa de integridade em relação ao ato lesivo objeto de apuração será considerada para fins da avaliação de que trata o caput.

§ 3º Na avaliação de microempresas e empresas de pequeno porte, serão reduzidas as formalidades dos parâmetros previstos neste artigo, não se exigindo, especificamente, os incisos III, V, IX, X, XIII, XIV e XV do caput.

§ 4º Caberá ao Ministro de Estado Chefe da Controladoria-Geral da União expedir orientações, normas e procedimentos complementares referentes à avaliação do programa de integridade de que trata este Capítulo.

§ 5º A redução dos parâmetros de avaliação para as microempresas e empresas de pequeno porte de que trata o § 3º poderá ser objeto de regulamentação por ato conjunto do Ministro de Estado Chefe da Secretaria da Micro e Pequena Empresa e do Ministro de Estado Chefe da Controladoria-Geral da União.

CAPÍTULO V

DO CADASTRO NACIONAL DE EMPRESAS INIDÔNEAS E SUSPENSAS E DO CADASTRO NACIONAL DE EMPRESAS PUNIDAS

Art. 43º O Cadastro Nacional de Empresas Inidôneas e Suspensas - CEIS conterá informações referentes às sanções administrativas impostas a pessoas físicas ou jurídicas que impliquem restrição ao direito de participar de licitações ou de celebrar contratos com a administração pública de qualquer esfera federativa, entre as quais:

I - suspensão temporária de participação em licitação e impedimento de contratar com a administração pública, conforme disposto no inciso III do caput do art. 87º da Lei nº 8.666, de 1993;

II - declaração de inidoneidade para licitar ou contratar com a administração pública, conforme disposto no inciso IV do caput do art. 87º da Lei nº 8.666, de 1993;

III - impedimento de licitar e contratar com União, Estados, Distrito Federal ou Municípios, conforme disposto no art. 7° da Lei n° 10.520, de 17 de julho de 2002;

IV - impedimento de licitar e contratar com a União, Estados, Distrito Federal ou Municípios, conforme disposto no art. 47° da Lei n° 12.462, de 4 de agosto de 2011;

V - suspensão temporária de participação em licitação e impedimento de contratar com a administração pública, conforme disposto no inciso IV do caput do art. 33° da Lei n° 12.527, de 18 de novembro de 2011; e

VI - declaração de inidoneidade para licitar ou contratar com a administração pública, conforme disposto no inciso V do caput do art. 33° da Lei n° 12.527, de 2011.

Art. 44° Poderão ser registradas no CEIS outras sanções que impliquem restrição ao direito de participar em licitações ou de celebrar contratos com a administração pública, ainda que não sejam de natureza administrativa.

Art. 45° O Cadastro Nacional de Empresas Punidas - CNEP conterá informações referentes:

I - às sanções impostas com fundamento na Lei n° 12.846, de 2013; e

II - ao descumprimento de acordo de leniência celebrado com fundamento na Lei n° 12.846, de 2013.

Parágrafo único. As informações sobre os acordos de leniência celebrados com fundamento na Lei n° 12.846, de 2013, serão registradas no CNEP após a celebração do acordo, exceto se causar prejuízo às investigações ou ao processo administrativo.

Art. 46° Constarão do CEIS e do CNEP, sem prejuízo de outros a serem estabelecidos pela Controladoria-Geral da União, dados e informações referentes a:

I - nome ou razão social da pessoa física ou jurídica sancionada;

II - número de inscrição da pessoa jurídica no Cadastro Nacional da Pessoa Jurídica - CNPJ ou da pessoa física no Cadastro de Pessoas Físicas - CPF;

III - tipo de sanção;

IV - fundamentação legal da sanção;

V - número do processo no qual foi fundamentada a sanção;

VI - data de início de vigência do efeito limitador ou impeditivo da sanção ou data de aplicação da sanção;

VII - data final do efeito limitador ou impeditivo da sanção, quando couber;

VIII - nome do órgão ou entidade sancionador; e

IX - valor da multa, quando couber.

Art. 47º A exclusão dos dados e informações constantes do CEIS ou do CNEP se dará:

I - com fim do prazo do efeito limitador ou impeditivo da sanção; ou

II -mediante requerimento da pessoa jurídica interessada, após cumpridos os seguintes requisitos, quando aplicáveis:

a) publicação da decisão de reabilitação da pessoa jurídica sancionada, nas hipóteses dos incisos II e VI do caput do art. 43º;

b) cumprimento integral do acordo de leniência;

c) reparação do dano causado; ou

d) quitação da multa aplicada.

Art. 48º O fornecimento dos dados e informações de que tratam os art. 43º a art. 46º, pelos órgãos e entidades dos Poderes Executivo, Legislativo e Judiciário de cada uma das esferas de governo, será disciplinado pela Controladoria-Geral da União.

CAPÍTULO VI
DISPOSIÇÕES FINAIS

Art. 49º As informações referentes ao PAR instaurado no âmbito dos órgãos e entidades do Poder Executivo federal serão registradas no sistema de gerenciamento eletrônico de processos administrativos sancionadores, mantido pela Controladoria-Geral da União, conforme ato do Ministro de Estado Chefe da Controladoria-Geral da União.

Art. 50º Os órgãos e as entidades da administração pública, no exercício de suas competências regulatórias, disporão sobre os efeitos da Lei nº 12.846, de 2013, no âmbito das atividades reguladas, inclusive no caso de proposta e celebração de acordo de leniência.

Art. 51º O processamento do PAR não interfere no seguimento regular dos processos administrativos específicos para apuração da ocorrência de danos e prejuízos à administração pública federal resultantes de ato lesivo cometido por pessoa jurídica, com ou sem a participação de agente público.

Art. 52º Caberá ao Ministro de Estado Chefe da Controladoria-Geral da União expedir orientações e procedimentos complementares para a execução deste Decreto.

Art. 53º Este Decreto entra em vigor na data de sua publicação.

Brasília, 18 de março de 2015; 194º da Independência e 127º da República.

DILMA ROUSSEFF; José Eduardo Cardozo; Luís Inácio Lucena Adams; Valdir Moysés Simão

Este texto não substitui o publicado no DOU de 19.3.2015

Apêndice II
Código de Ética da ANVISA

CAPÍTULO I

Das Diretrizes Institucionais

Art. 1º A Agência Nacional de Vigilância Sanitária - Anvisa, autarquia especial vinculada ao Ministério da Saúde tem como finalidade institucional "promover a saúde da população, por intermédio do controle sanitário da produção e da comercialização de produtos e serviços submetidos à vigilância sanitária, inclusive dos ambientes, dos processos, dos insumos e das tecnologias a eles relacionadas, bem como o controle de portos, aeroportos e fronteiras", competindo ainda à Anvisa coordenar o Sistema Nacional de Vigilância Sanitária e desenvolver a política de Vigilância Sanitária do país, definida pelo Ministério da Saúde e homologada pelo Conselho Nacional de Saúde.

§ 1º A Anvisa tem, como espaço de atuação, a regulação sanitária objetivando promoção do bem-estar social.

§ 2º A Anvisa tem, como missão, "proteger e promover a saúde da população, garantindo a segurança sanitária de produtos e serviços e participando da construção de seu acesso".

§ 3º A Anvisa tem, por valores institucionais, a transparência dos atos, o conhecimento como fonte da ação, o espírito de cooperação e o compromisso com os resultados.

CAPÍTULO II

Dos Objetivos do Código de Ética

Art. 2º O Código de Ética tem por objetivo:

I - tornar claro que o exercício funcional na Anvisa pressupõe adesão a normas de conduta previstas neste Código;

II - estabelecer as regras de conduta inerentes ao vínculo funcional com a Anvisa;

III - preservar a imagem e a reputação do servidor, cuja conduta esteja de acordo com as normas estabelecidas neste Código;

IV - evitar a ocorrência de situações que possam suscitar conflitos, envolvendo interesse privado, ações filantrópicas e atribuições do servidor;

V - criar mecanismo de consulta, destinado a possibilitar o prévio e pronto esclarecimento de dúvidas quanto à correção ética de condutas específicas;

VI - dar maior transparência às atividades da Anvisa.

CAPÍTULO III

Dos Princípios e Deveres Funcionais Gerais

Art. 3º Todo servidor da Anvisa, independentemente da posição ocupada na estrutura organizacional da agência, é merecedor da confiança da sociedade, devendo pautar-se pelos princípios da legalidade, impessoalidade, publicidade, eficiência, moralidade e probidade.

Art. 4º O servidor da Anvisa não poderá valer-se do vínculo funcional para auferir benefícios ou tratamento diferenciado, para si ou para outrem, junto a outras pessoas, entidades públicas, privadas ou filantrópicas, nem utilizar-se, em proveito próprio ou para terceiros, de meios técnicos e recursos humanos ou materiais a que tenha acesso em razão do exercício funcional nesta Agência.

Art. 5º Cabe ao servidor respeitar a capacidade individual de todo cidadão, sem preconceito de raça, cor, religião, sexo, nacionalidade, idade, cunho político ou posição social, abstendo-se, dessa forma, de causar-lhe dano moral.

Art. 6º São deveres fundamentais do servidor da Anvisa:

I - desempenhar plenamente as atribuições do vínculo funcional;

II - exercer as atribuições com rapidez, perfeição e rendimento, evitando atraso na prestação dos serviços;

III - ser probo, reto, leal e justo, escolhendo sempre a melhor e a mais vantajosa opção para o bem comum;

IV - jamais retardar qualquer prestação de contas, condição essencial da gestão dos bens, direitos e serviços da coletividade;

V - ter consciência de que o trabalho é regido por princípios éticos que se materializam na adequada prestação dos serviços públicos;

VI - resistir e denunciar todas as pressões de superiores hierárquicos, de contratantes, de interessados e de outros que visem obter quaisquer favores, benesses ou vantagens indevidas em decorrência de ações imorais, ilegais ou não éticas;

VII - ser assíduo e frequente ao serviço;

VIII - comunicar imediatamente aos superiores qualquer ato ou fato contrário ao interesse público, exigindo as providências cabíveis;

IX - participar de movimentos e estudos que se relacionem com a melhoria do exercício das atribuições;

X - apresentar-se ao serviço com vestimenta adequada;

XI - manter-se atualizado com os instrumentos legais pertinentes às atribuições funcionais;

XII - facilitar a supervisão das atividades desenvolvidas;

XIII - exercer, com estrita moderação, as prerrogativas funcionais, abstendo-se de fazê-lo contrariamente aos interesses dos usuários do serviço público e dos jurisdicionados administrativos;

XIV - abster-se de exercer a função, poder ou autoridade com finalidade estranha ao interesse público, mesmo que observando as formalidades legais e não cometendo qualquer violação expressa à lei;

XV - guardar sigilo sobre assuntos de trabalho;

XVI - denunciar ato de ilegalidade, omissão ou abuso de poder, de que tenha tomado conhecimento, indicando elementos que possam levar à respectiva comprovação, para efeito de apuração em processo apropriado;

XVII - atender à convocação da Comissão de Ética – CEAnvisa.

CAPÍTULO IV

Dos Deveres Específicos e Das Proibições

SEÇÃO I

Da Relação com a Instituição

Art. 7º Cabe ao servidor em exercício na Anvisa:

I - identificar-se com a filosofia organizacional, sendo um agente facilitador e colaborador na implantação de mudanças administrativas e políticas;

II -estabelecer e manter um clima cortês no ambiente de trabalho, não alimentando discórdia e desentendimento;

III - cumprir e fazer cumprir o Código Ética;

IV - atender requisições da CEAnvisa.

Art. 8º É vedado ao servidor:

I - utilizar-se da amizade, grau de parentesco ou outro tipo de relacionamento com qualquer servidor em qualquer nível hierárquico para obter favores pessoais ou estabelecer uma rotina de trabalho diferenciada em relação aos demais;

II - prejudicar deliberadamente outros servidores, no ambiente de trabalho;

III - retirar da repartição pública, sem estar legalmente autorizado, qualquer documento ou bem pertencente ao patrimônio público;

IV - fazer uso de informações privilegiadas, obtidas no âmbito interno de seu serviço, em benefício próprio, de parentes, de amigos ou de terceiros;

V - apresentar-se ao serviço alcoolizado ou sob efeito de substâncias psicoativas;

VI - prejudicar deliberadamente a reputação de outros servidores ou de cidadãos;

VII - desviar recursos humanos e/ou recursos materiais para atendimento de interesse particular;

VIII - alterar ou deturpar o teor de documentos;

IX - ausentar-se das suas funções sem prévio conhecimento e anuência de seus superiores.

Art. 9º As audiências com pessoas físicas ou jurídicas, não pertencentes à Administração Pública direta ou indireta de qualquer um dos Poderes da União, dos Estados, do Distrito Federal e dos Municípios ou de organismo internacional do qual o Brasil participe, interessadas em decisão de alçada do servidor, prescindem obrigatoriamente:

I - de solicitação formal pelo próprio interessado, com especificação do tema a ser tratado e a identificação dos participantes, e;

II - de registro específico, que deverá ser mantido para eventual consulta.

Seção II

Da Relação com a Sociedade

Art. 10. É dever do servidor ser cortês, ter urbanidade, disponibilidade e atenção com o cidadão.

Art. 11. É vedado ao servidor:

I - o uso do vínculo funcional, facilidades, amizades, tempo, posição e influências, para obter qualquer favorecimento, para si ou para outrem;

II - usar de artifícios para retardar ou dificultar o exercício regular de direito por qualquer pessoa, causando-lhe dano moral ou material;

III - permitir que perseguições, simpatias, antipatias, caprichos, paixões ou interesses de ordem pessoal interfiram no trato com o público, com os jurisdicionados administrativos ou com os demais servidores, independentemente da posição hierárquica;

IV - pleitear, solicitar, provocar, sugerir ou receber qualquer tipo de ajuda financeira, gratificação, prêmio, comissão, doação ou vantagem de qualquer espécie, para si, familiares ou qualquer pessoa, para o cumprimento da sua missão ou para influenciar outro servidor para o mesmo fim;

V - iludir ou tentar iludir qualquer pessoa que necessite de atendimento;

VI - prejudicar deliberadamente a reputação profissional de outro servidor;

VII - ser, em função do espírito de solidariedade, conivente com conduta em desacordo com a lei ou infração a este Código.

Seção III

Da Relação com outras Instituições

Art. 12. Ficam vedados atos, cujo propósito possa ser substancialmente afetado por informação da qual o servidor tenha conhecimento privilegiado, para fim especulativo ou favorecimento para si ou para outrem, assim como:

I - prestar serviços ou aceitar proposta de trabalho junto aos usuários desta instituição, de natureza eventual ou permanente, ainda que fora de seu horário de expediente desde que os vínculos externos não gerem conflito de interesse.

II - o exercício na Anvisa de servidores que forem sócios, responsáveis ou acionistas de qualquer categoria, ou que prestam serviços a empresas ou estabelecimentos sujeitos a vigilância sanitária.

III - a participação de gerência ou administração de empresa privada, de sociedade civil ou o exercício do comércio, exceto na qualidade de acionista, cotista ou comanditário.

IV - prestar informações sobre matéria que:

a) não seja da sua competência específica; e

b) constitua privilégio para quem solicita ou que se refira a interesse de terceiro;

V - dar o seu concurso a qualquer instituição que atente contra a moral, a honestidade ou a dignidade da pessoa humana;

VI - exercer atividade profissional não ética ou ligar o seu nome a empreendimentos de cunho duvidoso.

Art. 13. No ato da admissão, os servidores ficam obrigados a declarar, em formulário específico, eventuais vínculos funcionais ou empregatícios e que, estes vínculos externos não geram conflito de interesses com o exercício na Anvisa.

Parágrafo único. Fica dispensado da exigência de que trata este artigo o profissional, sem vínculo com a Anvisa, participante de comissão ou grupo de trabalho criados com fim específico, duração determinada e não integrantes da estrutura organizacional desta agência.

Art. 14. Fica vedado receber presente, transporte, hospedagem, quaisquer vantagens ou favores, assim como aceitar convites para almoços, jantares e festas.

§ 1° É permitida a participação em seminários, congressos e eventos semelhantes, desde que seja respeitado o interesse de representação institucional da ANVISA e que seja previamente autorizada pelo Diretor-Supervisor."(NR) (Alterado conforme Resolução – RDC nº 14, de 7 de abril de 2009).

§ 2° Não se consideram presentes, para os fins deste artigo, aqueles que: não tenham valor comercial; sejam distribuídos de forma generalizada por entidades de qualquer natureza a título de cortesia, propaganda, divulgação habitual ou por ocasião de eventos especiais ou datas comemorativas, desde que não ultrapassem o valor de R$ 100,00 (cem reais).

§ 3° No caso de destinação de remuneração, vantagem ou presente que não possam ser recusadas ou devolvidas, estes deverão ser imediatamente incorporados ao patrimônio da Anvisa ou destinados a programas sociais oficiais.

Este texto não substitui o publicado no site da ANVISA

Leituras Recomendadas

ALONSO, Felix,; López, Francisco; Castrucci, Plínio. **Curso de ética Empresarial em Administração Empresarial e Pública.** São Paulo: Editora Atlas, 2012.

ANTONIK, Luis e Muller, Aderbal. **O príncipe revisitado – Maquiavel e o mundo empresarial.** São Paulo: Editora Almedina, 2012.

ANTONIK, Luis Roberto. A arte da prudência – **Gracián e o mundo empresarial**. São Paulo: Editora Livros de Safra, 2014.

BERNARDI, Orlando (ofm). **Pensar e Agir Franciscanamente**. Curitiba: Editora Bom Jesus, 2015.

D'ANNA, Elio. **A Escola dos Deuses, Formação de Líderes da Nova Economia**. São Paulo: Editora Barany, 2012.

DEGEORGE, Richard. **Business Ethics**. Prentice Hall, Boston, 2009.

DELOITTE Touche Tohmatsu. **Lei Anticorrupção Um retrato das práticas de compliance na era da empresa limpa**. São Paulo, 2014.

HUGHES, Owen. **Public Management and Administration: An Introduction.** Palgrave Macmillan (3rd edition), UK, 2003.

IUDÍCIBUS, Sérgio de. **Manual de Contabilidade das Sociedades por Ações.** 7ª. ed. São Paulo: Atlas, 2003.

LEISINGER, Klaus; Schmitt, Karin. **Ética Empresarial, Responsabilidade Global e Gerenciamento Moderno**. Petrópolis, Editora Vozes, 2002.

LITTERER, Joseph. **Análise das Organizações**. São Paulo: Editora Atlas, 1977.

MORGAN, Gareth. **Imagens da Organização**. São Paulo: Editora Atlas, 1996.

MULLER, Gustavo. **Ética Governamental. Artigo publicado no Observatório de Informações Municipais** http://www.oim.tmunicipal.org.br. Consulta de 10 de março de 2015, 21:05.

NEWMAN, Willian. **Ação Administrativa, as Técnicas de Organização e Gerência**. São Paulo: Editora Atlas, 1981.

PICCHIAI, Djair. **Estruturas Organizacionais Modelos**. Universidade Federal de São Paulo, Reitoria, Secretaria de Planejamento: São Paulo, 2010.

PONCHIROLLI, Osmar. **Ética e Responsabilidade Social Empresarial**. Curitiba: Editora Juruá, 2014.

SANTOS, Fernando. **Ética Empresarial, Políticas de Responsabilidade Social em Cinco Dimensões**. São Paulo: Editora Atlas, 2015.

SROUR, Robert. **Ética Empresarial**. São Paulo: Editora Campus, 2013.

STUKART, H. L. **Ética & Corrupção – Os benefícios da conduta ética na vida pessoal e empresarial**. São Paulo: Nobel, 2003.

SUNDFELD, Carlos (e outros). **Direito Administrativo Econômico**. São Paulo: Malheiros Editores, 2000.

TCU. **Dez Passos para a Boa Governança. Secretaria de Planejamento, Governança e Gestão**. Brasília, 2014.

Notas

1- Trata-se de uma referência a Adam Smith e ao seu livro "A Riqueza das Nações". Adam Smith defendia mínima intervenção do governo na vida privada, sob a justificativa de que, apesar das más intenções das empresas, uma "mão invisível" se encarregaria de regular o mercado e asseguraria, naturalmente, a prevalência dos bons propósitos, dispensando a ação regulatória do Estado.

2- Caio Júlio César (100 a.C. – 44 a.C.) foi um líder militar e político romano. Desempenhou um papel crítico na transformação do Império Romano. Suas conquistas se estenderam pelo domínio romano até o oceano Atlântico. Gracián o cita porque, apesar de seus grandes defeitos, César sabia controlá-los.

3- Alexandre III da Macedônia, chamado de Grande ou Magno, nasceu em 356 a.C. Foi príncipe e rei da Macedônia, além de um dos três filhos do rei Felipe II. Alexandre foi o mais célebre conquistador do Mundo Antigo. Em sua juventude, teve como preceptor o filósofo Aristóteles. Alexandre III é citado nesta passagem por Gracián pois, apesar da sua grandeza, o macedônio nunca quis se equiparar aos deuses.

4- Mais conhecido como Sêneca, Lucius Annaeus Sêneca era filósofo. Nasceu em Córdoba, no ano 4 a.C., e morreu em Roma no ano 65 d.C. Segundo Sêneca, "é parte da cura o desejo de ser curado". Gracián o cita para ilustrar a ideia de que os gênios são escassos.

5- Apolo foi um dos deuses olímpicos principais da mitologia greco-romana.

6- Neste ponto, Gracián cita alguns exemplos de sucesso e grandeza por meio de personagens históricos, tais como Caio Júlio César, Alexandre, Apolo e Sêneca.

7- Baltazar Gracián (1601 – 1658): "A Arte da Prudência", uma coletânea de 300 conselhos para aqueles que desejam vencer na vida empresarial.

8- Lei nº 10.406, de 10 de janeiro de 2002.

9- Vide: <http://portal2.tcu.gov.br/portal/pls/portal/docs/2055550.PDF>.

10- Vide: <http://jus.com.br/artigos/4255/as-sociedades-no-novo-codigo-civil>.

11- Publicado no jornal Folha de São Paulo em 05/10/2012, Caderno Mercado PME, página 5.

12- Dados reproduzidos do jornal Folha de São Paulo.

13- Publicado no jornal Folha de São Paulo em 20/10/2013; Mercado, PME; página 4. As fontes informadas pela Folha foram: Miguel Silva & Yamashita Advogados e Mattos Filho, Veiga Filho, Marrey Júnior e outros advogados.

14- As empresas com receitas superiores a R$ 48 milhões são obrigadas a adotar o lucro real.

15- SANTOS, Fernando de Almeida. Ética Empresarial. São Paulo: Editora Atlas, 2015.

16- Baltazar Gracián (1601 – 1658): "A Arte da Prudência", uma coletânea de 300 conselhos para aqueles que desejam vencer na vida empresarial.
Frase atribuída a Baltazar Gracián (1601 – 1658), padre jesuíta espanhol que escreveu um dos clássicos da literatura mundial, um dos livros mais vendidos e disseminados de todos os tempos: "A Arte da Prudência".

17- Jules Henri Fayol (1841 – 1925) foi um engenheiro francês e um dos teóricos clássicos da Ciência da Administração, tendo sido fundador da Teoria Clássica da Administração. Segundo Fayol, as funções do primeiro nível da administração são as finanças, a administração, a produção e a comercialização.

18- Baltazar Gracián (1601 – 1658): "A Arte da Prudência", uma coletânea de 300 conselhos para quem deseja vencer na vida empresarial.

19- Vide: <www.transparency.org>.

20- Vide: <http://www.fraudes.org/showpage1.asp?pg=16>.

21- Oriundo da Mesopotâmia, o Código de Hammurabi (1750 a.C.) representa um conjunto de leis escritas, sendo um dos exemplos mais bem preservados desse tipo de texto.

22- Dado da homepage do Monitor de Fraudes (www.fraudes.org), uma organização que tem como missão publicar estudos, relatórios e cases sobre fraudes, corrupção e lavagem de dinheiro no mundo financeiro e dos negócios. É leitura mandatória para os que desejam aperfeiçoar-se na prática da ética empresarial.

23- Vide: <http://www.csoonline.com/category/fraud-prevention>.

24- Vide: <www.acfe.com/>.

25- Denunciante ou delator é a pessoa que expõe má conduta ou suposta atividade desonesta ou ilegal. A má conduta pode ser classificada de várias maneiras: violação à lei, à norma, ao regulamento e/ou ameaça direta ao interesse público, tais como corrupção e fraudes nas áreas de saúde e segurança. Denunciantes podem apresentar as suas alegações internamente (por exemplo, para outras pessoas dentro da organização ou externamente) para reguladores, agências de aplicação da lei, aos meios de comunicação ou para grupos preocupados com tais questões. Fonte: Wikipédia.

26- Frederick Winslow Taylor (1856 – 1915) foi um engenheiro americano que escreveu o livro "The Principles of Scientific Management" (Princípios de Gerenciamento Científico). É considerado o pai da administração científica. Seu foco era a eficiência operacional na administração industrial. Fonte: Wikipédia.

27- Henry Ford (1863 – 1947), industrial americano, foi o primeiro a aplicar o conceito de montagem em série ou linha de produção para fabricar automóveis. Único dono da Ford Company, foi um dos homens mais ricos e conhecidos do mundo.

28- Friedrich Engels (1820 – 1895) foi um teórico revolucionário alemão que, junto com Karl Marx, fundou o socialismo científico ou marxismo. Com Marx, ele foi coautor de diversas obras, sendo a mais conhecida o Manifesto Comunista. Fonte: Wikipédia.

29- Charles John Huffam Dickens (1812 – 1870), escritor inglês, criou alguns dos mais conhecidos personagens da literatura ficcional. Ainda em vida, seus trabalhos alcançaram enorme popularidade. Sua obra "Hard Times" ("Tempos Difíceis") retrata o ambiente degradante dos trabalhadores nas indústrias inglesas da Era Vitoriana, época em que as condições de trabalho eram desumanas (mulheres grávidas e crianças trabalhavam pelo menos 14 horas por dia, sem nenhum direito).

30- MORGAM, Gareth. Images of Organization. Sage Publications, Inc. Thousands:Oaks, California, 1986.

31- SWOT = forças (strengths), fraquezas (weaknesses), oportunidades (opportunities) e ameaças (threats).

32- Esta citação foi encontrada em: <www.wikipedia.com/swotanalisys>.

33- Conhecido como filósofo, Lucius Annaeus Sêneca nasceu no ano 4 a.C., em Córdoba, e morreu no ano 65 d.C., em Roma. Sêneca dizia: "Sempre que te aconteça alguma coisa contrária à tua expectativa, fustiga os membros como um látego". Gracián refere-se a essa frase em sentido figurado, ou seja, faz alusão àquelas pessoas que se martirizam em pensamento, recriminando-se ou discutindo com a sua própria consciência.

34- Baltazar Gracián (1601 – 1658): "A Arte da Prudência", uma coletânea de 300 conselhos para aqueles que desejam vencer na vida empresarial.

35- Expressão largamente empregada por Maquiavel. Trata-se da habilidade de agir de maneira certa, no momento certo. Para Maquiavel, a virtù é o único modo de se chegar à glória na história.

36- Vide: <https://jornalri.wordpress.com/2011/03/14/resumo-sobre-maquiavel/>.

37- Vide: <www.patripoliticaspublicas.com>.

38- Dougllas Cecil North (1920 -), economista americano, recebeu o Nobel de Economia em 1993.

39- Vide: <www.compliancebrasil.org>.

40- Vide: <www.planalto.gov.br>.

41- PATRI políticas públicas. Link: <http://www.patripoliticaspublicas.com/>.

42- PATRI políticas públicas. Link: <http://www.patripoliticaspublicas.com/>.

43- Vide: <http://www.dicio.com.br/leniencia/>.

44- Vide: <http://lfg.jusbrasil.com.br/noticias/101157/o-que-se-entende-por-acordo-de-leniencia>.

45- Link: < https://pt.wikipedia.org/wiki/Rudolf_von_Ihering

46- Revista época, matéria de Marcelo Moura, edição nº 891, de 6 de julho de 2015, página 34 a 40.

47- Link: < http://www.cienciadaestrategia.com.br/teoriadosjogos/capitulo.asp?cap=m6

48- Link: < http://www.cienciadaestrategia.com.br/teoriadosjogos/capitulo.asp?cap=m6

49- Revista época, matéria de Marcelo Moura, edição nº 891, de 6 de julho de 2015, página 34 a 40.

50- Francisco Yukio Hayashi, advogado criminalista, sócio fundador do Costa Ferreira & Hayashi Advocacia e Consultoria.

51- Revista Veja, edição de 27 de maio de 2015, página 52. Matéria do jornalista André Petry.

52- André Petry é jornalista da Revista Veja.

53- Revista Veja, edição de 27 de maio de 2015, página 54. Matéria do jornalista André Petry, citando a pesquisa do Professor Sérgio Praça da Universidade Federal do ABC.

54- Sérgio Praça, Andréa Freitas, and Bruno Hoepers (2011), Political Appointments and Coalition Management in Brazil, 2007-2010, in: Journal of Politics in Latin America.

55- Roberto Klitgaard. Controlling Corruption. University of California Press, 1988.

56- Revista Veja, edição de 13 de maio de 2015, entrevista à Jornalista Claudia Andrade, página 17/20 e 21.

57- Entrevista concedida a Duda Teixeira, publicada em edição impressa de Veja, edição 2291 – ano 45, página nº 42, 17 de 15 de outubro de 2012.

58- A Harvard Business School é uma das escolas de pós-graduação da Universidade Harvard focada em administração de empresas, na cidade de Boston, Estados Unidos.

59- Link: <http://www.opopular.com.br/editorias/opiniao/opini%C3%A3o-1.146393/rem%C3%A9dio-contra-m%C3%A1-gest%C3%A3o-1.222689. Artigo publicado por Daniel Vilella em 26/10/2012, no jornal O Popular de Goiás. Acesso de 5 de julho de 2015.

60- Entrevista concedida a Duda Teixeira, publicada em edição impressa de Veja, edição 2291 – ano 45, página nº 42, 17 de 15 de outubro de 2012.

61- Entrevista concedida a Duda Teixeira, publicada em edição impressa de Veja, edição 2291 – ano 45, página nº 42, 17 de 15 de outubro de 2012.

62- TCU. Dez Passos para a Boa Governança. Secretaria de Planejamento, Governança e Gestão. Brasília, 2014.

63- Vide: <www.tcu.gov.br/governanca>.

64- Isabel I de Castela (1451 – 1504), posteriormente apelidada de "A Católica", foi proclamada rainha de Castela depois da morte de seu meio-irmão, o rei Henrique IV. Mostrou grande firmeza na governança da região espanhola. Tentou converter os muçulmanos ao catolicismo com a ajuda dos cardeais Mendoza e Jiménez de Cisneros. Aqui, Gracián a cita pela subordinação do navegador Cristóvão Colombo ao seu mando.

65- Gracián se refere ao navegador Cristóvão Colombo, em cujo sonho e ousadia a rainha Isabel I de Castela confiou, provendo-lhe os recursos para que ele se imortalizasse na sua célebre expedição às Américas.

66- Baltazar Gracián (1601 – 1658), em "A Arte da Prudência", uma coletânea de 300 conselhos para aqueles que desejam vencer na vida empresarial.

67- A Lei de Incentivo à Cultura (Lei nº 8.313, de 23 de dezembro de 1991) instituiu políticas públicas para a cultura nacional, como o Pronac (Programa Nacional de

Apoio à Cultura). É também conhecida como Lei Rouanet, em homenagem ao então secretário de Cultura, Sérgio Paulo Rouanet.

68- Link: <http://www.responsabilidadesocial.com/o-que-e-responsabilidade-social/>.

69- Link: <http://www.novonegocio.com.br/lideranca-e-gestao/a-importancia-da-iso-9000/>.

70- A ISO – International Organization for Standardization (Organização Internacional de Normalização) é uma organização internacional suíça que tem por objetivo a padronização e a normatização. Congrega, em mais de 170 países, agências de aprovação de normas internacionais em todos os campos técnicos.

71- Link: <http://www.coladaweb.com/administracao/iso-9000>.

72- Link: <http://www.dcc.ufrj.br/~schneide/es/2002/2/t13a/02.html>.

73- Elizabeth de Melo Rico, professora da Faculdade de Serviço Social da PUC-SP, pesquisadora do Núcleo de Estudos Avançados do Terceiro Setor do Programa de Pós-Graduação em Administração da PUC-SP.

74- Governo de Portugal; Portal da Empresa. Link: <http://www.portaldaempresa.pt/CVE/pt/Gestao/ResponsabilidadeSocial/>.

75- Governo de Portugal; Portal da Empresa; empresas socialmente responsáveis. Link: <www.portaldaempresa.pt>.

76- Governo de Portugal; Portal da Empresa; empresas socialmente responsáveis. Link: <www.portaldaempresa.pt>.

77- Baltazar Gracián (1601 – 1658). A Arte da Prudência, uma coletânea de 300 conselhos para aqueles que desejam vencer na vida empresarial.

78- ANTONIK, Luis; e MULLER, Aderbal. O Príncipe Revisitado – Maquiavel e o mundo empresarial. São Paulo: Editora Almedina, 2012.

79- O denunciante ou delator é uma pessoa que expõe má conduta, suposta atividade desonesta ou ilegal. A alegada má conduta pode ser classificada de várias maneiras: corrupção; violação a leis, normas e regulamentos; e/ou ameaça direta ao interesse público, tais como fraude nas áreas de saúde e segurança. Denunciantes podem apresentar as suas alegações internamente (por exemplo, para outras pessoas da organização) ou externamente (para reguladores, agências de aplicação da lei, meios de comunicação ou grupos preocupados com as questões). Fonte: Wikipédia.

80- MULLER, Gustavo. Ética Governamental. Artigo publicado no Observatório de Informações Municipais. Link: <http://www.oim.tmunicipal.org.br>. Consulta em 10 de março de 2015, 21h05.

81- BERNARDI, Orlando (OFM). Do Pensar e Agir Franciscanamente. Curitiba: Editora Bom Jesus, 2015.

82- MULLER, Gustavo. Ética Governamental. Artigo publicado no Observatório de Informações Municipais. Link: <http://www.oim.tmunicipal.org.br>. Consulta em 10 de março de 2015, 21h05.

83- MULLER, Gustavo. Ética Governamental. Artigo publicado no Observatório de Informações Municipais. Link: <http://www.oim.tmunicipal.org.br>. Consulta em 10 de março de 2015, 21h05.

84- Link: <www.wikipedia.com> – Business ethics and corporate ethics.

85- Trata-se de uma referência a Adam Smith e ao seu livro A Riqueza das Nações, escrito em 1776.

86- John Maynard Keynes (1883 — 1946), economista britânico cujos ideais serviram de influência para a macroeconomia moderna, tanto na teoria quanto na prática. Ele defendeu uma política econômica de Estado intervencionista, por meio da qual os governos usariam medidas fiscais e monetárias para mitigar os efeitos adversos dos ciclos econômicos, da recessão, da depressão e dos booms. Suas ideias serviram de base para a escola de pensamento conhecida como economia keynesiana. Fonte: Wikipédia.

87- Segundo Cesar Mangabeira Barbosa, procurement é um dos subsistemas da cadeia de abastecimento responsável pelo processo de comprar ou obter mercadorias, produtos ou serviços de terceiros ou de fornecedores in-house. É uma atividade profissional, uma função formal, legal e estratégica da organização. Sua principal característica é a existência do processo de licitação e gerenciamento de contratos de fornecimento. Como atividade logística, ela tem o objetivo de atingir o melhor desempenho dos atributos de custo, qualidade, quantidade, lead time e local exato de entrega.

88- Link: <https://www.pwc.com.br/pt_BR/br/publicacoes/servicos/assets/consultoria-negocios/pesquisa-gecs-2014.pdf>.

89- STUKART, H. L. Ética & Corrupção – Os benefícios da conduta ética na vida pessoal e empresarial. São Paulo: Nobel, 2003.

90- Matéria estampada nos principais jornais brasileiros (como Folha de São Paulo e Jornal Valor) e repercutida em milhares de blogs. Publicada no jornal Valor, Centro Oeste, quarta-feira, 11 de março de 2015, página E1 (Legislação e Tributos). Publicada no site da Folha de São Paulo, por Nicolas Andrade, em 11/03/2015, 14h19 (atualizada às 16h47).

91- Link: <http://www.procon.sp.gov.br/pdf/kit_imprensa_2013.pdf>.

92- Link: <http://www.conar.org.br/>.

93- Greenwashing é um termo usado para descrever a prática de certas companhias para dar roupagem à apresentação de seus produtos e/ou serviços, de modo que sejam vistos como respeitosos ao meio ambiente. Não obstante, este estratagema é meramente de forma e não de conteúdo.

94- Bait-and-switch é uma forma de fraude utilizada nas vendas do varejo. Em primeiro lugar, os clientes são "iscados" (bait) por um preço baixo anunciado na publicidade de produtos ou serviços dos comerciantes. No entanto, quando visitam a loja os clientes descobrem que os produtos anunciados não estão disponíveis e acabam sendo pressionados pelos vendedores para que comprem um produto similar, mas com preços superiores ("switch").

95- O termo shilling trata de uma pessoa em publicidade encoberta. O figurante tenta endossar o produto de diversas maneiras, inclusive em propaganda, sempre demonstrando sinceridade e espontaneidade, quando, na verdade, ele está sendo pago por seus serviços.

96- BUAIZ, Sérgio. Marketing de Rede: a fórmula da liderança: tudo o que você precisa saber para irradiar energia e confiança dentro de suas organizações. Rio de Janeiro: Instituto MLM Brasil, 1998. Segundo o autor, no marketing multinível ou de rede é observado que alguns distribuidores estão mais preocupados em se utilizar de recursos antiéticos — mentiras, ilusão e pressão psicológica, por exemplo — para promover um crescimento mais acentuado em suas organizações. A consequência dessas atitudes é a desconfiança em massa em relação ao sistema de marketing multinível. Milhares de pessoas se decepcionam com o sistema quando descobrem que foram enganadas pela empresa "X" ou pelo distribuidor "Y". A impressão negativa difundida pelo senso comum resultou na comparação direta entre o sistema de marketing multinível e o esquema em pirâmide.

97- Link: <www.wikipedia.com> – Business Ethics and Corporate Ethics.

98- DeGEORGE, Richard. Business Ethics. Prentice Hall, Boston, 2009.

99- Baltazar Gracián (1601 – 1658). A Arte da Prudência, uma coletânea de 300 conselhos para aqueles que desejam vencer na vida empresarial.

100- FARHAT, Said. Lobby: O que é. Como se faz. Ética e transparência na representação junto a governos. São Paulo: Ed. Peirópolis, 2007.

101- O World Wide Fund for Nature (WWF) é uma organização não governamental internacional que atua nas áreas de conservação, investigação e recuperação ambiental, anteriormente chamada World Wildlife Fund, nome oficial ainda em uso nos Estados Unidos e no Canadá. Fonte: Wikipédia.

102- O Greenpeace é uma organização não governamental de defesa do meio ambiente com sede em Amsterdã, nos Países Baixos, e com escritórios espalhados em mais de 40 países. Fonte: Wikipédia.

103- Site: <www3.ethos.org.br/>.

104- O xador ou chador é uma veste feminina que cobre o corpo todo, com a exceção do rosto. O termo xador refere-se à veste usada no Irã e obedece ao Hijab, o código de vestimenta do Islã.

105- Referenciado em Wikipedia.com.

106- Esta citação é feita para evitar confundir a capital americana Washington, localizada no Distrito de Columbia, ou simplesmente Washington D.C., o distrito federal americano, com o importante Estado de Washington, cuja principal cidade é Seattle.

107- Wikipédia, citação de: SANTOS, Luiz Alberto dos. Regulamentação das atividades de lobby e seu impacto sobre as relações entre políticos, burocratas e grupos de interesse no ciclo de políticas públicas – análise comparativa dos Estados Unidos e Brasil. Brasília: UnB, 2007. A formação do estado regulador. Por Paulo Todescan Lessa Mattos. Novos Estudos Cebrap, n° 76, São Paulo, novembro de 2006. ISSN n° 0101-3300.

108- Baltazar Gracián (1601 – 1658). A Arte da Prudência, uma coletânea de 300 conselhos para aqueles que desejam vencer na vida empresarial.

109- SUNDFELD, Carlos (e outros). Direito Administrativo Econômico. São Paulo: Malheiros Editores, 2000.

110- Veja o link: <www.en.wikipedia.org – Business Ethics>.

111- Veja o link: <www.en.wikipedia.org – Business Ethics>.

112- HUGHES, Owen. Public Management and Administration: An Introduction. Palgrave Macmillan (3rd edition), UK, 2003.

113- Veja o link: <http://portal.anvisa.gov.br/wps/wcm/connect/520240804cf25c03bcc0be551355428f/C%C3%B3digo%2Bde%2B%C3%89tica%2Bda%2BAnvisa.pdf?MOD=AJPERES>.

114- Baltazar Gracián (1601 – 1658). A Arte da Prudência, uma coletânea de 300 conselhos para aqueles que desejam vencer na vida empresarial.

115- Link: <www.sebrae.com.br> – Sebrae – Conheça os tipos de associações existentes no Brasil.

116- Links: <www.sebrae.com.br> e <http://www.sebrae.com.br/sites/PortalSebrae/artigos/Conhe%C3%A7a-os-tipos-de-associa%C3%A7%C3%B5es-existentes-no-

Brasil>, consulta em 17/3/2015, às 16h22.

117- O Conar é uma organização não governamental de autorregulamentação publicitária que promove a liberdade de expressão e a propaganda comercial, impedindo a publicidade enganosa ou abusiva.

118- A proibição está na própria Lei das Eleições (Lei nº 9.504/1997). O inciso III do art. 24 veda aos partidos e aos candidatos o recebimento direto ou indireto de doação em dinheiro ou estimável em dinheiro, inclusive por meio de publicidade de qualquer espécie, procedente de: I - entidade ou governo estrangeiro; II - órgão da administração pública direta e indireta ou fundação mantida com recursos provenientes do Poder Público; III - concessionário ou permissionário de serviço público; IV - entidade de direito privado que receba, na condição de beneficiária, contribuição compulsória em virtude de disposição legal; V - entidade de utilidade pública; VI - entidade de classe ou sindical; VII - pessoa jurídica sem fins lucrativos que receba recursos do exterior; VIII - entidades beneficentes e religiosas; IX - entidades esportivas; X - organizações não-governamentais que recebam recursos públicos; XI - organizações da sociedade civil de interesse público. Parágrafo único. Não se incluem nas vedações de que trata este artigo as cooperativas cujos cooperados não sejam concessionários ou permissionários de serviços públicos, desde que não estejam sendo beneficiadas com recursos públicos, observado o disposto no art. 81.

119- Vide o link: <www.en.wikipedia.org> – Trade Association. Acesso em 18 de março de 2015, às 13h08.

120- Vide <http://www.trabalhosfeitos.com/ensaios/Ambev/191353.html> e também <http://ri.ambev.com.br/conteudo_pt.asp?idioma=0&conta=28&tipo=43353>.

121- Vide o link: <www.en.wikipedia.org> – Trade Association. Acesso em 18 de março de 2015, às 13h08.

122- Vide o link: <http://www.comcom.govt.nz/business-competition/guidelines-2/trade-associations/#Codes%20of%20conduct> – Commerce Commission, New Zeland. Acesso em 18 de março de 2015, às 23h09.

123- Vide o link: <http://www.ubabef.com.br/files/cartilha_sindicatos.pdf>. Cartilha de Combate a Cartéis em Sindicatos e Associações (SDE/MJ).

124- Vide o link: <http://www.ubabef.com.br/files/cartilha_sindicatos.pdf>. Cartilha de Combate a Cartéis em Sindicatos e Associações (SDE/MJ).

125- Vide o link: <http://www.ita.doc.gov/goodgovernance/adobe/bem_manual.pdf>.

126- Vide o link: <http://www.comcom.govt.nz/business-competition/guidelines-2/trade-associations/#Codes%20of%20conduct> – Commerce Commission, New Zeland.

Acesso em 18 de março de 2015, às 23h09.

127- Preservativos de madeira são todas e quaisquer substâncias químicas capazes de provocar o envenenamento dos nutrientes celulares da madeira, tornando-a resistente ao ataque e ao desenvolvimento de organismos xilófagos. Fonte: <http://www.remade.com.br/br/revistadamadeira_materia.php?num=1527&subject=Preservantes&title=Preservativos%20de%20madeira%20e%20suas%20caracter%EDsticas>.

128- Vide o link: <http://g1.globo.com/sao-paulo/noticia/2015/03/justica-aceita-denuncia-contra-cartel-de-trens-em-sao-paulo.html>. Acesso em 21 de março de 2015, às 23h11.

129- A American Airlines também cumpriu determinação do CADE, no processo administrativo nº 08012.011027/2006-02, fazendo publicação no Jornal Folha de São Paulo, edição de 13 de junho de 2015, página C5, informando a população que foi multada em processo administrativo conduzido pelo CADE que investigava acordos e trocas de informações concorrencialmente sensíveis. A empresa também pagou ao CADE R$ 16 milhões para encerrar o caso em que foi condenada por cartel no setor de transporte de cargas áreas. Apesar de negar participação no cartel, a companhia concordou em pagar a multa, segundo matéria publicada no Jornal Valor, edição de 15 de junho de 2015.

130- Vide o link: <http://www.valor.com.br/empresas/3250532/cade-condena-quatro-aereas-por-cartel-no-transporte-de-carga>. Jornal Valor Econômico on-line, 28/3/2013.

131- Vide o link: <http://pt.wikipedia.org/wiki/Organiza%C3%A7%C3%A3o_dos_Pa%C3%ADses_Exportadores_de_Petr%C3%B3leo>. Acesso em 21 de março de 2015, às 23h59.

132- Ministério da Justiça, Secretaria de Desenvolvimento Econômico (SDE).

133- Vide o link: <http://www.ubabef.com.br/files/cartilha_sindicatos.pdf>. Cartilha de Combate a Cartéis em Sindicatos e Associações (SDE/MJ).

134- Baltazar Gracián (1601 – 1658). A Arte da Prudência, uma coletânea de 300 conselhos para aqueles que desejam vencer na vida empresarial.

135- O termo inglês turnover representa a rotatividade de pessoal de uma organização. Uma empresa com alta taxa de demissões e admissões apresenta um “turnover alto”.

136- Vide o link: <www.en.wikipedia.org/wiki/Organizational_culture> – Comportamento organizacional. Acesso em 23 de março de 2015, às 14h37.

137- ANTONIK, Luis; e MÜLLER, Aderbal. O príncipe revisitado – Maquiavel e o mundo empresarial. São Paulo: Editora Almedina, 2012.

138- Vide o link: <www.glassdoor.com> – Get Hired. Love Your Job.

139- Geert Hofstede é um psicólogo holandês. Inspirada no culturalismo, sua visão de cultura é baseada na definição dada pelo antropólogo americano Kluckhohn, para o qual "a cultura é o modo de pensar, de sentir e de reagir de um grupo humano". Citado em: <www.en.wikipedia.org/wiki/Organizational_culture> – Comportamento organizacional. Acesso em 23 de março de 2015, às 14h37.

140- Vide o link: <www.en.wikipedia.org/wiki/Organizational_culture> – Comportamento organizacional. Acesso em 23 de março de 2015, às 14h37.

141- Vide os links: <www.harley-davidson.com> e <https://secure.ethicspoint.com/domain/media/en/gui/33305/index.html>. Acesso em 24 de março de 2015, às 22h43.

142- Vide o link: <http://en.wikipedia.org/wiki/Organizational_culture>. Acesso em 26 de março de 2015, às 22h11.

143- Academy of Management Journal 1991, Vol. 34, n0 3, 487-516. People and Organizational Culture: a Profile Comparison, Approach to Assessing Person-Organization Fit. Charles A. O'Reilly III, University of California, Berkeley; Jennifer Chatman Northwestern University; David F. Caldwell, Santa Clara University.

144- Vide os links: <www.en.wikipedia.org/wiki/Organizational_culture> e <http://en.wikipedia.org/wiki/Daniel_R._Denison>. Acesso em 26 de março de 2015, às 22h31.

145- O termo empowerment poderia ser traduzido como "empoderamento". Trata-se de um conceito da administração cujo significado é delegar, ou seja, descentralizar o poder. Em uma linguagem mais simples, seria conceder mais autonomia decisória aos colaboradores.

146- Vide o link: <http://en.wikipedia.org/wiki/Groupthink>. Acesso em 26 de março de 2015, às 23h12.

147- Vide o link: <http://en.wikipedia.org/wiki/Organizational_culture>. Acesso em 26 de março de 2015, às 23h33.

148- Vide o link: <http://en.wikipedia.org/wiki/Organizational_culture>. Acesso em 26 de março de 2015, às 23h54.

149- Baltazar Gracián (1601 – 1658). A Arte da Prudência, uma coletânea de 300 conselhos para aqueles que desejam vencer na vida empresarial.

150- Link: <http://www.significados.com.br/>. Acesso em 28 de março de 2015, às 04h22.

151- Doris S. Mok. Azusa Pacific University. Multiple/Dual Relationships in Counseling: Implications for the Asian Context. Asian Journal of Counselling, 2003, Vol. 10, no 1, 95–125. The Hong Kong Professional Counselling Association & The Chinese University of Hong Kong. Link: <http://hkier.fed.cuhk.edu.hk/journal/wp-content/uploads/2009/10/ajc_v10n1_95-125.pdf>. Acesso em 28 de março de 2015, às 04h49.

152- Link: <www.apa.org. A American Psychological Association (APA) (Associação Americana de Psicologia) é uma organização que representa psicólogos dos Estados Unidos da América e do Canadá. Tem por volta de 150 mil membros, sendo a maior do gênero no mundo. Acesso em 28 de março de 2015, às 05h12.

153- Link: <www.iupsys.org>. Acesso em 28 de março de 2015, às 05h12.

154- Rics – Maintaining Professional and Ethical Standards. Citado em: <www.en.wikipedia.org/wiki/Professional_ethics>. Acesso em 28 de março de 2015, às 05h53.

155- Link: <www.eticaempresarial.com.br>.

156- Portal do Código de Ética. Link: <http://codigo-de-etica.info/etica-empresarial.html>. Acesso em 28 de março de 2015, às 06h15.

157- Portal do Código de Ética. Link: <http://codigo-de-etica.info/etica-empresarial.html>. Acesso em 28 de março de 2015, às 07h23.

158- Baltazar Gracián (1601 – 1658). A Arte da Prudência, uma coletânea de 300 conselhos para aqueles que desejam vencer na vida empresarial.

159- Link: <http://www.eticaempresarial.com.br/>.

160- Link: <http://www.eticaempresarial.com.br/>.

161- Links: <http://www.crasp.gov.br/crasp/conteudo/Apresenta%C3%A7%C3%A3o%20CRA-SP%20Resultados%20Pesquisa%202012.pdf> e <www.eticanosnegocios.org.br/>.

162- Link: <www.wto.org/english/docs_e/legal_e/gatt47.pdf

163- Link: <http://www.idec.org.br/

164- Link: <http:/en.wikipedia.org/wiki/Consumers_International>.

165- Link: <http://www.consumersinternational.org/>.

166- Link: <http://www.bellman.com.br/site/>. Empresa que atua na área de nutrição animal.

167- Link: <http://www.bellman.com.br/site/>. Empresa que atua na área de nutrição animal.

168- Link: <http://www.walmartbrasil.com.br/etica/>. Conheça o código de ética do Walmart em: <http://www.walmartbrasil.com.br//arquivos/1/156/156_codigo%20de%20etica%202010/174_156_codigo%20de%20etica%202010.pdf.pdf>.

169- Link: <http://www.walmartbrasil.com.br/etica/>.

170- Link: <http://www.bellman.com.br/site/>. Empresa que atua na área de nutrição animal.

171- Link: <http://empresasemercados.blogspot.com.br/2011/08/o-acionista-uma-licao-da-bioetica-para.html>. O blog Empresas e Mercados apresenta o artigo recente como uma teoria na área de finanças e, em especial, de investimentos e mercados de capitais.

172- Link: <http://www.serasaexperian.com.br/quem-somos/institucional/codigo-conduta/acionistas/>. Serasa Experian.

173- Link: <http://telefonica.mediagroup.com.br/pt/Governanca/Politica_Etica.aspx>.

174- Link: <www.eticanosnegocios.org.br/>, citação de Alberto Augusto Perazzo, do Conselho de Curadores da Fides, na pesquisa Código de Ética Empresarial, do Instituto Brasileiro de Ética nos Negócios (2008).

175- Exxon Valdez foi um navio petroleiro que ganhou notoriedade em 24 de março de 1989, quando volumes calculados entre 50.000 m^3 a 150.000 m^3 do petróleo que ele transportava foram lançados ao mar, na costa do Alasca, depois que o navio encalhou. Fonte: Wikipédia.

176- Cidade da Índia, Bhopal ficou tristemente famosa por um grave acidente tóxico que matou milhares de pessoas na década de 1980. O desastre foi causado pela empresa Union Carbide, hoje Dow Chemical Company. Fonte: Wikipédia.

177- O desastre de Chernobyl foi um acidente nuclear catastrófico ocorrido em 1986 na central nuclear de Chernobyl, cidade da antiga União Soviética, atual Ucrânia. Fonte: Wikipédia.

178- Link: <http://en.wikipedia.org/wiki/Environmental_ethics>.

179- A Ecoteologia é uma forma de teologia construtiva que incide sobre a inter-relação da religião com a natureza, em especial à luz das preocupações ambientais.

180- Jano foi um deus romano que deu origem ao nome do mês de janeiro. Era o porteiro celestial, sendo representado com duas cabeças. Na citação, Gracián faz referência ao personagem mitológico, cuja característica era a de olhar as coisas duplamente.

181- Segundo vários autores, Argos foi, na mitologia grega, a primeira mortal a ser possuída por um deus. Na citação, Gracián faz referência a Argos por ser um exemplo de pessoa cautelosa.

182- Na mitologia greco-romana, Momo (nome feminino) era uma das filhas de Nix (a deusa da noite). Conta a mitologia que Momo foi convidada para avaliar a criação de três deuses: Atena, Posseidon e Hefesto. Ela criticou Atena por ter criado a casa sem rodas de ferro em sua base. Com rodas, o dono de uma casa poderia levá-la quando viajasse. Zombou de Posseidon, deus do mar, por ter criado o touro com os olhos sob os chifres, quando deveriam na verdade estar no meio, para que o animal pudesse ver suas vítimas. Por fim, criticou Hefesto, ferreiro dos deuses, por ter fabricado Pandora sem uma porta em seu peito, pois assim seria possível ver o que ela mantinha oculto em seu coração.

183- Baltazar Gracián (1601 – 1658). A Arte da Prudência, uma coletânea de 300 conselhos para aqueles que desejam vencer na vida empresarial.

184- Link: <www.ibase.br> – Instituto Brasileiro de Análises Sociais e Econômicas (Ibase).

185- Link: <http://www.balancosocial.org.br/cgi/cgilua.exe/sys/start.htm?sid=2>.

186- Link: <https://en.wikipedia.org/wiki/Corporate_social_responsibility>.

187- Link: <https://en.wikipedia.org/wiki/John_Elkington>.

188- Link: <https://en.wikipedia.org/wiki/Triple_bottom_line>.

189- Link: <https://en.wikipedia.org/wiki/Triple_bottom_line>.

190- Asbestose é uma doença causada pelo pó de amianto.

191- Link: <www.ibase.br> – Instituto Brasileiro de Análises Sociais e Econômicas (Ibase).

192- A International Finance Corporation (IFC) é uma instituição financeira global fundada em 1956, de propriedade do Banco Mundial, presente em 184 países-membros em todo o mundo, com sede nos Estados Unidos.

193- Link: <http://www.balancosocial.org.br/cgi/cgilua.exe/sys/start.htm?sid=2>.

194- Link: <www.ibase.br> – Instituto Brasileiro de Análises Sociais e Econômicas (Ibase).

195- Link: <http://www.eumed.net/cursecon/ecolat/br/07/acq.htm>.

196- Emitidas pelo Conselho Nacional de Contabilidade, as Normas Brasileiras de Contabilidade estabelecem regras de conduta profissional e procedimentos técnicos que devem ser observados quando da realização dos trabalhos contábeis.

197- Link: <http://www.portaldecontabilidade.com.br/tematicas/teoria_da_contabilidade.htm>.

198- O Comitê de Pronunciamentos Contábeis (CPC) foi idealizado a partir da união de esforços e da comunhão de objetivos das várias entidades que regulam normas contábeis no Brasil, entre as quais o CFC, a CVM e o Ibracon. Link: <www.portaldecontabilidade.com.br/contabil/cpc.htm>.

199- Link: <http://www.essenciasobreaforma.com.br/colunistas_base.php?id=4>. Artigo publicado pelo contador Theodoro Versolato Júnior. DVA – Demonstração do valor adicionado (elaboração e análise).

200- Demonstração do Valor Adicionado (DVA).

201- Baltazar Gracián (1601 – 1658). A Arte da Prudência, uma coletânea de 300 conselhos para aqueles que desejam vencer na vida empresarial.

202- A Arthur Andersen era uma das "Big Five", entre PricewaterhouseCoopers, Deloitte Touche Tohmatsu, Ernst & Young e KPMG, na área de auditoria, impostos, consultoria e serviços para grandes corporações. Em 2002, a empresa devolveu voluntariamente suas licenças para a prática de contabilidade (Certified Public Accountants – CPA) nos Estados Unidos depois de ter sido considerada culpada de acusações criminais relativas às suas atividades com a Enron, uma empresa de energia, com sede no Texas, que pediu falência em 2001, lesando investidores. O CPA é um título de contadores qualificados nos Estados Unidos, aprovados no Union Certified Public Accountant Examination, que cumpre com requerimentos de formação acadêmica e experiência em certificação.

203- Link: <http://www.gartner.com/technology/home.jsp>.

204- Link: <http://pt.wikipedia.org/?title=ISO/IEC_17799>.

205- Link: <http://pt.wikipedia.org/?title=ISO/IEC_17799>.

206- Link: <https://www.isc2.org/cissp/default.aspx>.

207- Link: <http://www.clavis.com.br/curso/seminario-oficial-cissp-isc2-certified-information-systems-security-professional/>.

208- Link: <http://exame.abril.com.br/negocios/noticias/10-casos-de-espionagem-industrial>. Acesso em 13/11/2011, às 16h10.

209- Business Intelligence (BI) (Inteligência de Negócios) é o conjunto de técnicas e ferramentas para a transformação de dados brutos em informações significativas e úteis para fins de análise de negócios. Tecnologias de BI são capazes de lidar com grandes quantidades de dados não estruturados para ajudar a identificar, desenvolver e criar oportunidades estratégicas de negócios. O objetivo da BI é permitir a fácil interpretação de grandes volumes de dados. As atividades de identificar novas oportunidades e implementar uma estratégia eficaz com base em percepções podem fornecer às empresas uma vantagem de mercado e estabilidade a longo prazo competitivo. Fonte: Wikipédia.

210- Market Intelligence (Inteligência de Mercado) refere-se a informações relevantes para os mercados de uma empresa, que são recolhidas e analisadas especificamente com o propósito de tomada de decisões precisas e confiantes na determinação da estratégia em domínios como a oportunidade de mercado, a estratégia de penetração no mercado e desenvolvimento de mercado. Fonte: Wikipédia.

211- Electronic Discovery (e-discovery) é qualquer método de busca, pesquisa, localização e obtenção de dados e informações eletrônicos com a intenção de utilizá-los como provas em um processo judicial. O tema é tão importante que, nos EUA, existe uma lei específica sobre o tema (E-Discovery Law). Mesmo malwares (malicious softwares), trojans e spywares podem ser obtidos e investigados. O e-mail pode ser, sobretudo, uma valiosa fonte de provas em processos judiciais. A computação forense (cyber forensics) é uma forma especializada de e-discovery, pela qual é executada uma investigação sobre o conteúdo do disco rígido de um computador. Após isolarem fisicamente o computador, os investigadores fazem uma cópia digital da unidade de disco rígido. Em seguida, o computador original é bloqueado numa instalação segura, para manter a sua condição original. Toda a investigação é feita sobre a cópia digital. Todavia, mesmo nos EUA, o e-discovery é uma área ainda em consolidação. Por suas implicações, que vão muito além de aspectos meramente tecnológicos, suscitam-se questões de ordem jurídica, política, de segurança e de privacidade que ainda não foram resolvidas. Fonte: Wikipédia.

212- Link: <http://www.kroll.com/>.

213- Link: <http://pt.wikipedia.org/wiki/Kroll_Inc>.

214- Link: <http://en.wikipedia.org/wiki/Educational_accreditation>.

215- Link: <http://en.wikipedia.org/wiki/United_States_Department_of_Education>. United States Department of Education.

216- Link: <http://www2.ed.gov/admins/finaid/accred/accreditation_pg7.html>. Accreditation in the United States. Specialized Accrediting Agencies.

217- Link: <http://www.timeshighereducation.co.uk/news/alma-mater-index-global-executives-2013/2007032.article>.

218- Link: <http://www.timeshighereducation.co.uk/world-university-rankings/>.

219- Link: <http://www.mbaworld.com>.

220- Insper Instituto de Ensino e Pesquisa. Link: <www.insper.edu.br>.

221- Link: <www.anamba.com.br>.

222- Link: <www.aacsb.edu/>. Existem 727 instituições-membros que possuem acreditação da AACSB. No geral, 48 países e territórios estão representados por escolas credenciadas pela AACSB.

223- Aprovisionamento (procurement) é um processo que abrange vários aspectos na relação entre fornecedores e empresas, constituindo um conjunto de atos de administração, compras e abastecimento (matérias-primas, componentes de produção sobressalentes, módulos, produtos acabados e semiacabados, transporte e linhas de montagem). Fonte: Wikipédia.

224- Coordenação-Geral de Normatização e Programas (CGNOR/DSST/SIT). Esplanada dos Ministérios, Bloco “F”, Anexo “B” – Brasília/DF. CEP: 70056-900. Endereço na internet: <www.mte.gov.br/>. Endereços de e-mail: <epi.sit@mte.gov.br> e <http://caepi.mte.gov.br/v>.

225- Sucesso da banda Titãs. Compositores: Arnaldo Antunes, Sérgio Brito e Marcelo Fromer.

226- Link: <http://www2.uol.com.br/aprendiz/n_noticias/consumo/id100602.htm>.

227- Link: <http://www.empresaresponsavel.com/#!sobre-1/c10xc>.

228- Link: <http://www.iisd.org/>. Pesquisa realizada por Environics International.

229- International Institute for Sustainable Development. Link: <www.iisd.org/>.

230- Link: <http://www.iisd.org/>. Pesquisa realizada por Environics International.

231- Link: <http://environicsresearch.com/>.

232- Prof. Marcos Rogério Maioli. Link: <http://www.cni.unc.br/realizacao/pos/des_sustentavel/texto5.pdf>. Universidade do Contestado. Faculdade Internacional de Curitiba, MBA em Planejamento e Gestão Estratégica, Estratégias e Desenvolvimento Sustentável.

233- Link: <http://www.inmetro.gov.br/qualidade/responsabilidade_social/iso26000.asp>.

234- Link: <www.inmetro.gov.br>.

235- Prof. Marcos Rogério Maioli. Link: <http://www.cni.unc.br/realizacao/pos/des_sustentavel/texto5.pdf>.

236- Link: <http://www.cgu.gov.br/>.

237- Link: <http://www3.ethos.org.br/>.

238- Link: <www.patripoliticaspublicas.com>.

239- Cadastro Nacional de Empresas Inidôneas e Suspensas (CEIS) é um banco de informações mantido pela CGU que tem como objetivo consolidar a relação de empresas e pessoas físicas que sofreram sanções cujos efeitos restritivos impedem-nas de participar de licitações ou de celebrar contratos com a Administração Pública.

240- Cadastros Nacionais de Empresas Punidas, mantidos pela CGU, no Portal da Transparência, para atender às determinações da Lei nº 12.846/13 (Lei da Empresa Limpa).

241- O Cadastro de Entidades Privadas Sem Fins Lucrativos Impedidas (CEPIM) é um banco de informações mantido pela CGU a partir de dados fornecidos por órgãos e entidades da Administração Pública Federal, com o objetivo de consolidar e divulgar a relação das entidades privadas sem fins lucrativos que estão impedidas de celebrar convênios, contratos de repasse ou termos de parceria com a Administração Pública Federal, nos termos do Decreto nº 7.592/11.

242- Link: <www.patripoliticaspublicas.com>.

243- Baltazar Gracián (1601 – 1658). A Arte da Prudência, uma coletânea de 300 conselhos para aqueles que desejam vencer na vida empresarial.

244- Link: <http://en.wikipedia.org/wiki/Accountability>.

245- Link: <http://pt.wikipedia.org/wiki/Accountability>.

246- Link: <http://pt.wikipedia.org/wiki/Accountability>.

247- JABBRA, J. G.; DWIVEDI, O. P. (eds.). Public Service Accountability: A Comparative Perspective. Kumarian Press, Hartford, CT, 1989. Citado em: <www.pt.wikipedia.org/wiki/Accountability>. Acesso em 25/3/2015, às 22h14.

248- Link: <http://www.ibam-concursos.org.br/documento/accountability.pdf>. Accountability na Administração Pública: Modelos Teóricos e Abordagens. Arlindo Carvalho Rocha, Universidade do Estado de Santa Catarina.

249- Arlindo Carvalho Rocha.

250- Link: <http://www.businessdictionary.com/definition/accountability.html#ixzz3WL7UYvIx>.

251- Link: <http://www.planalto.gov.br/ccivil_03/_ato2011-2014/2011/lei/l12527.htm>.

252- Link: <http://www.acessoainformacao.gov.br/assuntos/conheca-seu-direito/a-lei-de-acesso-a-informacao>.

253- Link: <http://pt.wikipedia.org/wiki/Accountability>.

254- ANTONIK, Luis. A Arte da Prudência – Gracián e o mundo empresarial. São Paulo: Editora Livros de Safra, 2014. Aforismo número 54.

255- Link: <http://www.journals.elsevier.com/journal-of-public-economics/>.

256- BRUNETTI, Aymo; WEDER, Beatrice (2003). "A free press is bad news for corruption", Journal of Public Economics.

257- BRUNETTI, Aymo; WEDER, Beatrice (2003). "A free press is bad news for corruption", Journal of Public Economics.

258- ADSERÀ, Alícia; BOIX, Charles; PAYNE, Mark (2000). "Political Accountability and Quality of Government", Working Paper (Inter-American Development Bank Research Department).

259- Deflagrada pela Polícia Federal, esta operação investiga o esquema de lavagem de dinheiro que teria movimentado ilegalmente bilhões de reais, envolvendo empregados e executivos da empresa, bem como políticos, lobistas e empreiteiros.

260- Trata-se de uma alusão ao ditador da Coreia do Norte, Kim Jong-il.

261- Link: <http://www.nber.org/>.

262- SCHULHOFER-WOHL, Sam; GARRIDO, Miguel (2009). Do newspapers matter? Short-run and long-run evidence from the closure of the Cincinnati Post. NBER Working Paper Series (14817), National Bureau of Economic Research.

263- Link: <www.accountability.org.uk>.

264- Link: <http://www.citinv.it/associazioni/CNMS/archivio/lavoro/Presentazione_SA8000.html>.

265- Link: <http://www.responsabilidadesocial.com/o-que-e-responsabilidade-social/>.

266- Caio Júlio César (100 – 44 a.C.) foi um patrício, líder militar e político romano. Desempenhou um papel crítico na transformação da Repúplica Romana e no Império Romano. As suas conquistas na Gália estenderam o domínio romano até o oceano Atlântico. Aqui, em sentido figurado, Gracián o cita porque, embora César tenha tido grandes defeitos, sabia controlá-los.

267- Baltazar Gracián (1601 – 1658). A Arte da Prudência, uma coletânea de 300 conselhos para aqueles que desejam vencer na vida empresarial.

268- Maurício Fernandes Pereira é professor e doutor pela Universidade Federal de Santa Catarina. "Quando uma empresa é cidadã?". Link: <http://mauriciofpereira.com.br/arquivos/periodicos/14.pdf>.

269- Link: <www.mauriciofpereira.com.br/>.

270- Link: <http://mauriciofpereira.com.br/arquivos/periodicos/14.pdf>.

271- Link: <http://www.significados.com.br/sustentabilidade/>.

272- Link: <http://pt.wikipedia.org/wiki/Sustentabilidade>.

273- Rogéria Taragano é psicóloga organizacional, mestre em Administração pela Carnegie Mellon University (EUA) e diretora da Gecko Socioambiental (www.gecko.com.br), empresa que idealizou, no Brasil, o GR® – Grau de Reputação, instrumento que avalia a reputação corporativa.

274- Link: <http://pt.wikipedia.org/wiki/Reputa%C3%A7%C3%A3o>.

275- MINGUEZ, Norberto. Un marco conceptual para la comunicación corporativa. Revista de Estudios de Comunicación, n. 7, maio 1999, Bilbao.

276- Link: <http://pt.wikipedia.org/wiki/Responsabilidade_socioambiental>.

277- Link: <http://corporate.walmart.com/global-responsibility/ethical-sourcing/>.

278- Link: <http://www.scielo.br/scielo.php?script=sci_arttext&pid=S1415-65552003000400004>. Revista de Administração Contemporânea. Rev. Adm. Contemp., vol. 7, n. 4, Curitiba (PR), oct./dec. 2003. Link: <http://dx.doi.org/10.1590/S1415-65552003000400004>. André Cauduro D'Angelo.

279- Link: <https://www.ama.org/Pages/default.aspx>.

280- Link: <https://www.ama.org/resources/Best-Practices/Pages/default.aspx?k=AMAContentType:%22Best%20Practice%22>.

281- Link: <https://www.ama.org/AboutAMA/Pages/Statement-of-Ethics.aspx>.

282- Link: <https://www.ama.org/AboutAMA/Pages/Statement-of-Ethics.aspx>.

283- Link: <https://www.ama.org/AboutAMA/Pages/Statement-of-Ethics.aspx>.

284- Bait-and-switch é uma forma de fraude utilizada nas vendas a varejo. Em um primeiro momento, os clientes são "iscados" ("bait") por um preço baixo anunciado na publicidade de produtos ou serviços dos comerciantes, mas quando visitam a loja, os clientes descobrem que os produtos anunciados não estão disponíveis e são pressionados por vendedores a comprar produto similar, mas com preço superior ("switch").

285- Link: <http://www.abmn.com.br/>.

286- Link: <www.ampro.com.br>.

287- Link: <http://www.abemd.org.br/pagina.php?id=23>.

288- Link: <http://www.abpmarketing.com.br/>.

289- Link: <http://www.abmra.org.br/>.

290- Os sistemas metafísicos, em sua forma clássica, tratam de problemas centrais da filosofia teórica: são tentativas de descrever fundamentos, condições, leis, estrutura básica, causas ou princípios, bem como o sentido e a finalidade da realidade como um todo ou dos seres em geral. Fonte: Wikipédia.

291- Publisher (editor): Thomas Nelson. Reprint edition (October 18, 2011). Nashville, Tennessee, USA.

292- Trata-se de uma alusão a uma frase de São João da Cruz, autor do poema "A Noite Escura da Alma", escrito no século XVI. João da Cruz ensina que o caminho do sucesso ou da felicidade será sempre precedido pela renúncia e pelo sacrifício.

293- ANTONIK, Luis. A Arte da Prudência – Gracián e o mundo empresarial. São Paulo: Editora Livros de Safra, 2014.

294- Carlos Alves de Brito (Rio de Janeiro, 1960) é um empresário brasileiro. É CEO da AB InBev.

295- Baltazar Gracián (1601 – 1658). A Arte da Prudência, uma coletânea de 300 conselhos para aqueles que desejam vencer na vida empresarial.

296- Link: <http://www.ilo.org/brasilia/lang--pt/index.htm>.

297- Link: <http://pt.wikipedia.org/wiki/Ass%C3%A9dio_sexual>.

298- Link: <http://portal.mte.gov.br/data/files/8A7C812D3CB9D387013CFE571F747A6E/CARTILHAASSEDIOMORALESEXUAL%20web.pdf>.

299- Link: <http://pt.wikipedia.org/wiki/Nepotismo>.

300- Link: <http://www.significados.com.br/nepotismo/>.

301- Link: <http://www.qualidadebrasil.com.br/artigo/motivacao/como_motivar_e_conseguir_apoio_e_respeito_de_seus_colaboradores>. Como motivar e conseguir apoio e respeito de seus colaboradores. Qualidade Brasil - O seu portal brasileiro de Gestão.

302- Link: <http://www.significados.com.br/respeito/>.

303- FRANKL, Viktor. Man's Search for Meaning. Boston: Beacon, Random House/Rider.

304- Álvaro Leandro Barbosa Rodrigues. Link: <http://www.stiueg.org.br/MostraNoticias.asp?CodNoticia=6987&CodTipoNoticia=2>. Sindicato dos Trabalhadores nas Indústrias Urbanas no Estado de Goiás (Stiueg).

305- ANTONIK, Luis; e MULLER, Aderbal. O Príncipe Revisitado – Maquiavel e o Mundo Empresarial. São Paulo: Editora Almedina, 2012.

306- Professor Epitácio Rodrigues. Link: <http://filosofiaprofrodrigues.blogspot.com.br/2011/03/etica-empresarial-na-relacao-com-o.html>.

307- Link: <http://www.transparency.org/search>.

308- Link: <https://www.nyse.com/index>.

309- Link: <http://www.transparency.org/whatwedo/publication/business_principles_for_countering_bribery>.

310- Link: <www.3m.com.br/>.

311- Link: <http://solutions.3m.com.br/wps/portal/3M/pt_BR/about-3M/information/corporate/responsibility/environment/>.

312- Link: <http://www.3m.com.br/3M/pt_BR/Country-LA/?WT.mc_id=www.3m.com.br>.

313- Link: <http://pt.wikipedia.org/wiki/Capitalismo>.

314- Link: <http://pt.wikipedia.org/wiki/Capitalismo>.

315- Erich Honecker, político alemão, governou a Alemanha Oriental de 1976 até 1989. onte: Wikipédia.

316- Pyongyang é a capital da Coreia do Norte.

317- Link: <http://www.cnpq.br/web/guest/view/-/journal_content/56_INSTANCE_0oED/10157/42998>.

318- Link: <http://www.ebah.com.br/content/ABAAABUOOAK/glossario-sobre-alguns-termos-utilizados-administracao-publica>. O insulamento burocrático é o processo de proteção do núcleo técnico do Estado contra a interferência oriunda do público ou de outras organizações intermediárias. Ao núcleo técnico é atribuída a realização de objetivos específicos. O insulamento burocrático significa a redução do escopo da arena em que interesses e demandas populares podem desempenhar um papel. Esta redução da arena é efetivada pela retirada de organizações cruciais do conjunto da burocracia tradicional e do espaço político governado pelo Congresso e pelos partidos políticos, resguardando estas organizações contra tradicionais demandas burocráticas ou redistributivas.

319- Link: <http://www.cnpq.br/web/guest/view/-/journal_content/56_INSTANCE_0oED/10157/42998>. A Estrutura Normativa da Ética na Administração Pública Federal Brasileira, de José Leovegildo Oliveira Morais. Colaborador: Dalmácio José de Souza Madruga. Escola de Administração Fazendária (Esaf). Projeto: Identificação de Modelos e Práticas de Gestão da Ética na Administração Pública Brasileira (Executivo Federal). Supervisor do projeto: José Carlos Soares Azevedo. Brasília (DF), 3/8/2001.

320- Link: <http://www.stf.jus.br/portal/jurisprudencia/menusumario.asp?sumula=1227>.

321- Link: <http://www.pr.gov.br>. Código de Conduta da Alta Administração Federal, normas complementares e legislação correlata. Brasília (DF), 2015.

322- Decreto-Lei nº 2.848, de 7 de dezembro de 1940.

Índice